교회건설연구소 총서 2

고신교회 70년과 나아갈 길

성희찬 ◆ 안재경

이 책자는 장상환 장로(잠실중앙교회)의 후원으로 만들어졌습니다.

목차

발간사 _4

머리말 _6

4차 산업혁명시대에 고신교회의 정체성과 하나됨을 위해

1부_ 고신교회 70년을 돌아본다

2부_ 고신총회 70년의 중요 결정을 돌아본다

해방 후 장로교회에서 축출당한 믿음의 선배들이 신앙의 정통과 생활의 순결을 부르짖으며 고신교회를 세운지 70년이 지났습니다. 고신교회는 지난 70년동안 개혁주의 교회의 대한교회 건설과 개혁주의 교회의 세계교회 건설에 매진했습니다. 하지만 세상과 타협하므로 바벨론 포로기라고 할 수 있는 치욕을 경험하기도 했습니다. 향후 70년은 인류 마지막 혁명이라고 하는 제4차 산업혁명의 이름을 단 세속주의와 다원주의, 기술주의와 배금주의의 거센 공격을 받게 될 것입니다. 이 거대한 파고를 넘어 오직 성경과 오직 그리스도로 오직 은혜와 오직 은혜를 고백하면서 오직 하나님께 영광을 돌리는 고신교회가 되기를 바라마지 않습니다.

고신총회 산하 교회건설연구소는 고신교회의 과거 70년을 회고하기로 했습니다. 고신레포500의 작업을 교회와 성도들의 삶에 구체적으로 적용하기 위해 세워진 저희 연구소는 『교회건설매뉴얼』(총회출판국)을 필두로 고신교회를 개혁주의 교회, 공교회를 세우기 위해 필요한 매뉴얼들을 만들어가고 있습니다. 이번 작업은 고신교회 70년의 단순한 회고가 아니라 지난 70년간의 총회 결정들을 세밀하게 살피면서 제반 영역의 발걸음을 추적한 것입니다. 고신교회설립 70년을 맞으면서 개혁주의 원리로 교회를 건설하려고 애써온 고신교회의 역사를 차분하게 살피고 정리하는 것이 꼭 필요하기 때문입니다. 고신교회가 그동안 걸어왔고 현재 서 있는 자리를 냉정하게 확인해야만 앞으로 나아갈 길을 제대로 찾을 수 있기 때문입니다.

70년간의 고신교회, 특히 총회 결정 추적을 위해 많은 분들이 자료를 제공해 주었고, 이 책의 집필에 직간접적으로 도움을 주었습니다. 고마움을 전합니다. 저희는 지난 70년간의 총회 결정사항을 주제별로 일일이 살피고 정리하였습니다. 성희찬 안재경 목사의 큰 수고에 감사드립니다. 이 70년의 역사추적이 출간되도록 후원해 준 장상환 장로(잠실중앙교회)께 진심으로 감사드립니다. 지난 70년간의 총회결정들을 살피고 정리한 이 내용이 향후 고신교회가 나아갈 길을 모색하는데 나침반과 더듬이가 되었으면 합니다.

제73회 총회를 앞둔 2023년 9월
교회건설연구소

4차 산업혁명시대에
고신교회의 정체성과 하나됨을 위해

한국교회가 억압과 전쟁의 아픔을 딛고 새롭게 일어설 무렵 만유의 주 하나님께서는 교회의 순결한 신앙을 위해 우리 고신교회를 세워 주셨다. 믿음의 선배들이 목숨을 걸고 바른 믿음의 길을 닦았고 그들의 인도를 따라 살아온 세월이 이제 70년에 이르면서 지금까지 인도하신 하나님의 은혜를 새기고 이 뜻깊은 시점에 하나님이 원하시는 것이 무엇인지 살피는 것이 합당하다고 생각된다.

세상이 우리를 미워할 것이라고 하신 주님 말씀(요 15:19)대로 교회는 언제나 세상의 도전과 공격 가운데 믿음의 투쟁을 계속해 왔다. 때로 시련이나 유혹에 넘겨져 교회의 순결함을 지키지 못하고 주님의 영광을 가리는 경우도 적지 않았다. 일제강점기에는 무력에 무릎 꿇어 군국주의 우상을 섬기는 죄를 지었고 그 이후로는 수량에 집착하는 성공주의 우상, 재물에 권력이나 쾌락을 탐하는 물질주의 우상을 섬겨 왔음을 인정하지 않을 수 없다. 그렇지만 그런 가운데서도 바른 믿음을 지키고자 몸부림친 이들이 있었기에 한국교회가 주의 긍휼 가운데 오늘까지 이어올 수 있었다고 믿는다.

고신교회의 태동 70주년이 된 지금 한국교회의 상황은 그리 호락 호락하지 않다. 최근 몇십 년 어간에 한국교회는 유례를 찾아볼 수 없는 새로운 도전을 여러 분야에서 맞이하고 있다. 지난날 우리를 괴 롭히던 갖가지 우상들이 여전히 만연해 있는 상황 가운데 전체 교회 를 향해 전개되는 전방위적인 공격은 2020년 초 들이닥친 코로나19 로 인해 그 힘을 더 뚜렷하게 보여주고 있다. 코로나19가 3년 이상 계 속되었고, 아직도 완전히 물러가지 않고 있는 상황에서 주일과 예배 의 모습 뿐만 아니라 우리 성도들의 삶이 엄청나게 바뀌어 버렸다. 이 제는 예배당에 모여서 예배하는 것마저 힘겨워지고 있다. 소위 말하 는 비대면에 익숙해진 성도들은 예배의 자리에 나오는 것조차 꺼려 하고, 힘들어하고 있다. 교인수의 감소 특히 젊은 층의 감소는 이런 공격의 결과일 수 있다. 따라서 또 한 번의 70년을 준비하는 일은 다 음 세대를 세우는 일에 집중해야 할 필요가 제기된다.

코로나19가 가속화시키기는 했지만 오늘날 세계는 유례없는 큰 변화를 경험하고 있다. 지난 세기말부터 영향력을 나타내던 포스트 모더니즘이 첨단 기기를 통해 급속히 퍼져 다음 세대의 마음 상당 부분을 장악하게 되었다. 포스트모더니즘은 모더니즘, 즉 근대성에 대한 반발로 나온 것인데 절대적인 것에 대한 혐오가 기본인 만큼 이 사상은 아름다운 전통 가치관을 거부하며 인간이 본능적으로 느끼 는 절대자의 존재에 대해서도 강한 거부감을 드러내고 있다. 그 결과

'무엇이든 다 괜찮다' 하는 식의 과도한 상대주의가 팽배하여 삶의 중심을 뒤흔들고 있고 진실에 대한 무관심으로 대충 사는 인생, 무책임한 삶을 양산하고 있다.

우리 시대에 과학은 예전에 종교가 했던 역할을 고스란히 물려 받은 것처럼 보인다. 이제는 사람들이 종교가 아니라 과학기술을 믿고 있다. 천문학과 생물학 등 자연과학의 발전으로 우주가 얼마나 큰지 알게 되고 생물의 기본 역학까지 파악할 수 있게 되어 지금까지 인류가 가졌던 기본적인 세계관 곧 위로 창조주를 섬기고 아래로 인간이 중심이 되어 다른 피조물을 다스리는 그런 구도를 근본적으로 뒤흔들고 있다. 오늘날의 학문과 문화는 창조주를 인정하지 않는다. 인간의 존엄성마저 팽개치고 동물 수준으로 낮아지려 한다. 그런 가운데 인공지능의 급속한 발전으로 사람과 자연 사이의 구분마저 희미해지고 있다.

그런 가운데 다음 세대는 이전과 다른 새로운 방식의 삶에 점점 더 익숙해지고 있다. 스마트폰보다 늦게 태어난 청소년들은 이제 스마트폰을 세계로 가는 통로로 삼아 온갖 정보를 습득하며 자신의 세계관을 만들어가고 있다. 또 새로 생겨난 사이버 공간의 비중이 점점 커지면서 가상현실, 증강현실 등 메타버스 위주의 삶을 익혀 배우고 자라는 일, 인간관계를 맺는 일, 삶을 대하는 원리와 태도 등에 있어서 전혀 새로운 패러다임의 필요성을 보여주고 있다. 교회에서 자라는 청소년 역시 그런 어마어마한 정보의 홍수에 휩쓸려 바른 세계관으로 바른 중심을 잡아가는 노력을 제대로 하지 못하고 있다.

메타버스라는 말로 요약되는 4차 산업혁명은 섣부른 장밋빛환상이며, 그것이 결국에는 기업이 전세계를 지배하는 결과를 낳을 것이라고 우려하는 이들이 많다. 문제는 이것이 너무나 급속하게 진행되고 있기에 오늘날 학자들은 5차 산업혁명의 가능성을 아예 생각하지 않는다는 것이다. 이 4차가 마지막이라는 인식은 어쩌면 주님의 재림이 가까워졌음을 온 인류로 하여금 인식하게 만드는 계기가 될 수도 있다. 재림을 대비하는 일과 주 예수의 복음을 전하는 사명이 그만큼 다급해졌다는 뜻이다. 우리가 고신교회 설립 70주년을 기념하는 순간은 어쩌면 장기적인 미래 계획을 세움과 함께 주님의 갑작스러운 재림도 함께 대비해야 하는 시기일 수 있다.

고신교회 설립 70주년을 지나고 있는 지금 우리의 정체성에 관한 이야기가 심심찮게 오가고 있다. 이것을 부정적으로 생각할 이유가 없다. 오히려 아주 바람직한 현상이라고 해야 할 것이다. 개혁한 교회의 특징이 바로 이것이기 때문이다. 개혁되었으니 날마다 개혁해 가야 한다. 개혁은 선물이면서 동시에 사명이다. 누가 뭐래도 우리의 정체성은 신앙의 순결이요, 그 순결의 내용은 오직 성경만을 기준으로 하는 철저한 개혁신앙, 개혁신학이다. 개혁신앙과 신학은 절대 주권의 하나님을 향한 찬양이요, 은혜 하나로 사는 인생의 끝없는 감사이다. 우리 선배들은 이 아름다운 신앙을 우리에게 물려 주었고, 이제는 우리가 이 귀한 신앙을 다음 세대에 전해 줄 차례다. 우리 선배들이 목숨을 걸고 한 일인 만큼 우리 역시 우리의 모든 것을 다하는 철저함이 요구된다.

시대가 아무리 변해도 핵심은 오직 하나이다. 핵심은 말씀을 배우고 익히는 일이다. 우리가 함께 기도와 경건을 훈련하는 일이다. 자녀들에게도 말씀을 가르치고 경건을 훈련시켜야 한다. 합당하게 예배드리는 법과 예배적 인격을 삶의 다른 영역에서도 구현하는 법을 연습시켜야 한다. 우리가 개인적으로, 가정에서, 교회에서 경건의 훈련을 하지 않는다면 우리는 이 세상에 줄 것이 전혀 없다. 로마교회처럼 교회가 하나님 나라의 전부인 것처럼 생각해서는 안되겠지만 교회야말로 하나님 나라의 첨병이라는 것을 잊지 말아야 할 것이다. 교회에서 안되는 것은 세상 어디에서도 될 수 없다. 그와 더불어 반드시 필요한 것이 세계관 교육이다. 지금은 과거에 너무나 다르다. 교회에서 배우는 것이 전부이던 시대가 아니다. 우리 청소년들이 평소 습득하는 정보는 대부분 변화된 새로운 세계관에 근거한 것들이다. 그런 정보가 쌓이면 쌓일수록 아이들의 세계관 역시 그 정보와 함께 굳어지게 되고 전통적으로 가져왔던 세계관 곧 성경이 담고 있는 세계관에서 점점 멀어져 성경에 담긴 영원한 구원의 메시지 또한 생소하게 여길 가능성이 크다. 따라서 두 세계관 사이의 먼 거리를 인지하고 그 둘 사이를 최대한 좁혀 청소년들이 성경에 담긴 구원의 복음을 아무런 장애 없이 받아들일 수 있도록 도와야 한다.

세계관을 다루는 작업은 또한 사회와 소통하는 방법이기도 하다. 한국교회는 여러 가지 사회 이슈가 제기될 때마다 성경적 원칙을 바로 알리는 일은 잘해 왔으면서도 그 과정에서 사회와 소통하는 일에는 아쉬움이 적지 않았다. 성경의 가치와 정반대인 여러 행태가 법으로 자리를 잡으려 하는 이즈음 성경적 가치를 지켜내기 위해서는 사회의 건전한 세력과 공감하는 일이 시급하다. 사회와의 관계는 또한 성경이 가르치고 있는 영역주권에 대한 순종으로서 성경이 말하는 그대로 희생과 관용을 기본으로 하고 온유함과 두려움으로 모두를 대함으로써 우리가 가진 소망의 이유를 그들에게도 잘 말해줄 수 있어야 한다.

세계관 문제 외에 우리 한반도는 최근 한류의 확산으로 인해 전 세계의 관심을 한 몸에 받고 있다. 남북관계의 진전에 따라 어쩌면 동아시아, 나아가서는 세계의 리더로 부상할 수도 있는 상황이다. 이런 중차대한 시국에서 교회가 현실을 바로 파악하고 하나님의 나라와 복음을 위해 활용하는 일은 너무나 시급하고 중요한 일이 아닐 수 없다. 하나님이 한국을 세계의 관심 대상으로 만드시는 뜻을 잘 살펴 우리의 모든 것을 다해 순종해야 할 때다.

우리 신앙의 핵심 요체들과 그 신앙을 훈련하고 전하는 방법 그리고 그 신앙으로 세상을 변화시키는 올바른 방법에 대해 깊고도 넓게 논의하여 지금까지 걸어온 70년보다 더욱 아름답고 귀한 앞날을 준비할 필요가 있다. 우리 선배들이 자신들의 시대상황속에서 개혁주의 신앙을 붙잡고 힘겹게 투쟁해 왔듯이 우리는 물질주의, 과학주의가 만연한 이 세상속에서 새롭게 하나님께서 우리를 부르고 계심을 볼 수 있어야 할 것이다. 이 세상과 우리가 살아가는 삶의 현장을 바라보면 어느 것 하나 쉬운 것이 없고, 우리 자신을 바라보면 더더욱 절망할 수밖에 없다. 그러나 지난 70년을 한결같이 인도하신 하나님이 오늘도 살아 계시고 우리를 바라보고 계시다는 것을 잊지 말아야 하겠다. 우리가 절망하거나 적당히 타협하지 말고 하나님의 긍휼을 구하면서 믿음을 가지고 최선을 다하는 것이야말로 오늘 이 시대를 살아가는 그리스도인, 그리고 고신교회의 가장 복된 책무일 것이다. 이 세상은 여전히 교회를 필요로 한다. 앞으로의 70년도 복음을 굳게 붙잡고 선하신 하나님의 손길을 바라며 나아가자. '우리에게 교회가 있어서 다행이다'라는 소리를 들을 수 있기를 바란다.

1부

고신교회 70년을 돌아본다

1장

고신교회 70년과 고신정신의 계승

고신교회는 개혁주의라는 <진리 운동>과 함께, 일제 강점기 동안 목숨을 바쳐서라도 "나 외에 다른 신을 두지 말라" "다른 형상을 만들지 말라"는 제1계명, 제2계명을 지키기 위해 일제가 강요한 신사참배를 거부한 <순교 정신>으로 출발하였다. 그리고 조선예수교 장로교회가 공적으로 신사참배는 우상 숭배가 아니라 국민의례라고 결의(제27회 총회, 1938년 9월)한 것과 개인이 신사참배에 참여한 것에 대한 <회개 운동>을 하다가 대한예수교장로회 총회의 부당한 교권 행사로 축출되어 1952년 9월에 태동하였다. 처음에는 경남 지방을 중심으로 시작한 고신교회는 총회가 설립된 1956년에는 전국으로 확산했다.

이보다 앞선 1946년 9월 20일 신사참배 문제로 폐교한 평양신학교를 영적으로 계승하여 한국교회 신학의 정통과 신앙의 순결을 보전하는 사명을 가지고 부산에서 시작된 고려신학교가 바로 고신교회의 중심이 되었다. 해방 직후 서울에는 평양신학교를 잇는 조선신학교가 생겼지만 일본 황도 정신과 타협해서 운영하므로 혼란한 신학 사상이 도입되고 자유주의 신학이 범람하던 터였다.

이같이 <진리 운동>과 함께, 우상 숭배 금지와 예배와 관련한 하나님의 계명만큼은 목숨을 다해 지키고자 한 <순교 정신>과 이에서 벗어난 언행에 대한 <회개 운동>은 한국장로교회에서 고신교회가 시작되는 이유이자 명분이었다.

고신교회의 최고 치리회인 총회의 결정을 중심으로 지난 70년을 돌이켜보면 한국에 있는 여러 장로교회 중에서 유독 고신교회 안에 있는 고유한 전통이 있다. 다른 교단에서는 볼 수 없는 것이다. 분명히 그 교단이 가지고 있는 교리표준이나 관리표준이 고신 교회와 비교할 때 거의 대동소이함에도(예를 들면 예장 합동 교단) 그들에게는 없는 것이 고신교회에는 있는 전통이 있다. 이것들은 고신교회의 태동에 배경이 된 <진리 운동>, <순교 정신>, <회개 운동>을 떠나서는 결코 이해할 수 없는 것들이다.

고신교회가 다른 교회들과 다른 것들은 무엇인가? 첫째, 엄격한 주일 성수, 둘째는 국기 경례 거부 운동, 셋째는 단군상 철거 운동이다. 최근 고신교회 총회는 코로나19로 인해 정부가 행정명령으로 교회의 대면 예배를 제한하고 금지한 조치를 두고 헌법 소원하기로 하고 이를 추진하는 예배 회복을 위한 자유시민연대(대표 김승규, 이하 예자연)를 지지하며 3천만 원의 헌금을 후원하였다. 어느 장로교회도 총회적으로 하지 않은 결정을 고신교회는 지난 제70회 총회(2020

년 10월)에서 결의하였다. 바로 이런 것이 다른 장로교회 안에는 전혀 없는 것은 아닐지라도 고신교회 안에는 유독 두드러지게 있는 것들이다.

위에서 열거한 네 가지를 보면 모두 십계명 중에서 특별히 우상숭배나 예배와 관련한 계명들(제1계명에서 제4계명까지)과 관련된다. 엄격한 주일 성수는 예배를 지키기 위한 제4계명과 관련되고, 정부의 대면 예배 제한 조처에 대한 헌법소원 역시 이 연장선에서 이해할 수 있다. 국기 경례 거부와 단군상 철거 운동은 우상숭배를 금지하는 제1, 제2, 제3계명과 연관 지을 수 있다. 적어도 여기서 고신교회는 목숨을 각오하고, 아니 순교를 각오하고 이를 지키려고 하였다. 우리는 이를 통해서 장로교회의 교단마다 가지고 있는 표준문서(웨스트민스터 신앙고백서, 대교리문답, 소교리문답 등)가 같거나 유사하다고 할지라도 각 교회가 시작부터 가지고 있는 고유한 역사적 경험과 영성과 전통이라는 것이 실재할 뿐 아니라 또 이는 서로를 확연하게 구분짓는 것임을 알 수 있다. 적어도 위에서 실례로 든 전통은 고신 교회의 설립 배경이 된 <진리 운동> <순교 정신> <회개 운동>에서 비롯된 것이었다.

지난 70년의 고신교회 역사를 돌이켜 보며 이 기간에 형성된 고신교회의 고유한 전통을 어떻게 평가해야 할까? 고신교회의 고유한 전통을 다른 말로 고신정신이라고 바꾸어 말할 수 있다면, 70년 설립을 맞는 이 시대에 미래를 향해 고신정신은 어디서 어떻게 어떤 모습으로 계속 유지되고 계승되어야 하는 것일까? 어떻게 우리가 다음 세대에 고신정신을 물려줄 수 있을까?

1. 70년 역사에 나타난 고신교회의 전통 실례

1) 엄격한 주일 성수

초창기 고신교회의 주일 성수는 외부로부터 율법주의로 불릴 만큼 아주 엄격했다. 당시 교회는 개혁주의 주일 성수관이라기 보다는 엄격한 청교도주의적 주일 성수 관념을 가지고 있었다.[1] 대표적인 실례를 들면 6.25 사변 때 거창 지역의 배추달 집사는 주일에 인민군이 주일에 마당을 쓸라고 했을 때, 주일 성수를 위해 이를 거절하다 순교한 일이 있었다. 6.25 사변 후 어려운 시절에 거창교회를 시무하던 남영환 목사가 부산에서 구제품을 트럭에 싣고 거창으로 돌아오다 화물차 고장 때문에 주일 오후 1시 반에야 거창에 도착하게 된 일이 있었다. 그는 이것으로 주일을 범한 줄을 알고 노회에 자원하여 6개월을 근신하게 된 일도 있었다. 이와 같은 엄한 주일 성수는 10계명 중에서 제4계명에만 관련되는 것이 아니었다. 제1, 제2 계명을 범하지 않기 위해 일제에 항거하다 오랜 옥고를 치른 충복들의 계명 준수 생활이 제4계명을 지키는 데도 철저하게 반영되었던 것이라고 이해할 수 있다.

이러한 고신교회의 배경에서만 1960년 7월 어느 주일에 안식년을 맞아 미국으로 가는 스푸너 선교사(Rev. A.B. Spooner)를 전송하러 부두에 갔다가 시간이 늦어 예배 시간을 놓쳐 주일 예배에 참석하지 못한 고려신학교 교장 박윤선 교수의 사건을 이해할 수 있다. 박윤선

---

1 허순길, *한국장로교회사*(서울: 도서출판 영문, 2008), 465.

교수는 "부득이하게 또는 자비 또는 선을 위하여" 그렇게 되었다는 자신의 양심에서 나오는 해명을 하였음에도 불구하고 이사회가 도의적인 책임을 지고 그의 교수직을 중지시킨 결정을 내렸다. 이 사건으로 인해 1946년 9월 고려신학교 설립 이후 15년 동안 고려신학교의 신학의 터를 놓고 고려신학을 주조하고 교역자를 양성해 온 박윤선 박사는 1960년 9월 말 고려신학교를 영구히 떠나고 말았다.[2]

고신교회는 주일 성수와 관련하여 다른 교단과 협력하여 적극적으로 정부에 건의도 하고 정부와 교섭하기도 하였다. 예를 들어 제27회 총회(1977년 9월)는 총회 운영위원회 보고 중에서 주일 성수 문제 건을 받고 이를 해결하기 위해 특별위원회를 둔 적이 있었는데, 당시 정부가 절전을 이유로 타 요일을 휴일로 정하고 주일에는 취업하게 함으로 주일 성수가 어렵게 되는 상황이 되었기 때문이었다. 총회는 특별위원을 내어 타 교단과 협력하여 정부에 시정하도록 교섭하는 일을 맡겼다(민영완 박치덕 한학수 목사 김경래 명돈의 장로).[3]

특별히 주일에 실시하는 각종 행사 및 각종 시험과 고시를 변경해달라는 건의 결정은 여러 총회에서 하였다(제37회, 1987년 9월; 제61회, 2011년 9월; 제68회, 2018년 9월).

십일조, 음주 문제와 함께 헌법(예배지침)에 나오는 주일 성수의 의무를 율법적인 것으로 이해하는 자들에 관한 처리 문제도 총회에서 다루어졌다(제51회, 2001년 9월; 제52회, 2002년 9월, 제53회,

---

2　허순길, 465.

3　제27회 총회록, 21.

2003년 9월).[4] 또 제52회 총회(2002년 9월)는 당시 사회에서 주 5일 근무제가 점점 확대 시행되는 것과 관련하여(2002년 은행권에서 시행, 2004년 공공기관에서 시행, 2005년 학교에서 시행) 반대 입장을 표명하기로 하고 이에 대한 구체적 이유와 대처 방안은 고려신학대학원 교수들에게 맡겨 연구 보고하기로 한 적이 있다.

심지어 교회 직원의 임직식도 최근까지 주일에 시행하는 것을 금지하였으나(제47회, 1997년 9월; 제56회 총회(2006년 9월), 제69회 총회(2019년 9월)는 직원 임직이 하나님께 서약하는 일이며 그 자체가 예배 요소 중 하나이므로 주일에 임직식을 거행하는 것이 가능하다는 고려신학대학원 교수회의 보고를 받음으로 비로소 이를 허용할 수 있었다.[5]

2) 국기 경례 거부 운동

---

4   제51회 총회의 결정은 다음과 같다: "「헌법(신앙고백, 대소교리문답, 교회정치, 예배모범)을 인정치 않거나 수용치 않아도 본 총회산하 노회원이 될 수 있는지요?」라고 한 건은 예배지침 제2장 주일성수 제3조 주일성수의 의무와 헌법적 규칙 제10장 예배지침 제2조 임직식 1항 서약에 위배 되는 것이오며, 이러한 사상을 가진 자들에 대하여는 어떻게 처리하여야 하는지요? 라고 한 건은 헌법대로 처리(권징조례 제1장 총론 제4조 권징의 범위 3항 성경을 기초해서 교회가 정한 교회, 법규 또는 관례에 위배된 일)하기로 가결하다." 제52회 총회의 결정은 다음과 같다: "주일성수와 십일조 문제에 대한 경남노회장 김영래 목사와 경북노회장 이인영 목사의 질의건은 고려신학대학원 교수회에 의뢰하여 다음 총회시에 답변하기로 가결하다." 제53회 총회의 결정은 다음과 같다: "헌법 관계의 건(주일성수, 십일조, 음주문제 등)을 율법적이요 헌법에 나타난 십일조와 주일관은 틀렸고 개정의 대상이라고 주장하는 것은 헌법에 위배되지 않는지요?"라는 질의는 예배지침 제1장 제2조, 제2장 제3조, 제2장 제4조, 제3장 제15조 2항, 3항에 의거 그 주장은 헌법에 위배되는 것으로 하다."

5   "부산노회장 김인수 목사가 청원한 주일 임직식을 거행하는 문제에 대한 재고 청원"건과 경남노회장 박규남 목사가 청원한"주일에 임직식을 거행하는 문제에 대한 신학적 답변 요청"건은 병합하여 처리하기로 하고 고려신학대학원 교수회에 맡겨 1년간 연구한 후에 다음 총회에 보고하기로 한 건에 대해, 임직은 하나님께 서약하는 일이며 그 자체가 예배요소 중 하나이므로 주일에 임직식을 거행하는 것이 가능하다는 고려신학대학원 교수회의 보고대로 받기로 가결하다."

고신교회의 국기 경례 거부 운동을 살피기 전에 먼저 해방 이후부터 1952년 고신교회 설립까지 기독교계에서 일어난 국기 배례 거부 운동을 참고하는 것이 순서일 것 같다.

1945년 8월 15일 해방으로 일본 강점기 동안 일장기를 게양하던 학교와 교회에 태극기가 게양되자 많은 신자들은 당황하였다. 이들에게 태극기는 국가 의례라는 미명하게 강요된 신사참배와 일장기 배례를 연상하게 하는 트라우마였기 때문이다. 특히 일부 학교에서는 일본 강점기와 동일하게 국기에 대한 배례를 실시하고 있었다. '배례'는 말 그대로 허리를 꾸부려 절을 하는 행동으로서 참배나 다름없는 것이었다. 일장기와 신사 대신에 태극기로 바뀌었을 뿐이었다. 당시 부산 금성중학교에 재학 중이던 손양원 목사와 손명복 목사의 자녀들은 학교 조례 시간에 국기 배례를 거부했다고 알려져 있다. 안동에 살던 이원영 목사(퇴계 이 황의 18대손)도 초등학교에서 국기 배례를 강요하자 자녀들을 학교에 보내지 않았다. 1947년 3월에는 안동 농림중학교에서 국기 배례를 거부한 학생 5명이 정학 처분을 받는 일이 있었는데, 이때 손양원 목사는 1947년 11월 16일 주일 예배에서 사도행전 14장 8~18절, 마태복음 24장 24절을 본문 삼아 '국기 경배에 대하여'라는 제목으로 설교했다. 그 일부를 보면 다음과 같다: "…국기는 경배하기 위하여 만든 것이 아닙니다. 국기에 대한 의무는 이 세 가지입니다. 국기의 원리가 지나치면 나라가 망합니다. 조선의 태극기에는 태음(太陰), 즉 우주가 들어 있습니다. 우주의 주인이 누구입니까? 주인은 경배하지 않고 주인이 만든 물건에게 경배하니 죄입니다. 저도 태극기를 사랑합니다. 그러나 절은 아니합니다."[6]

　1948년 대한민국 정부가 수립되고 헌법은 종교의 자유를 보장했으나, 정부가 진행하는 국가 의례는 일본 강점기 때의 그것과 다를 바가 전혀 없었다. 1949년 4월 28일에는 경기도 파주 조리면 죽원리 교회의 주일학교에 출석하는 초등학생 수십 명이 국기 배례를 거부한다는 이유로 42명이 퇴학 처분되는 사건이 일어났다. 이에 1949년 4월 19일에서 23일까지 열린 제35회 대한예수교장로회 총회는 경남노회와 군산노회의 헌의안을 받아서 "국기에 대한 건은 주목하기로 하고 당국에 교섭하기로 하다"로 결정하고 이를 손양원 목사에 맡겼다. 한국기독교연합회는 다음과 같이 결의하고 5월 11일에 이승만 대통령에게 국기 배례를 '주목례'로 변경하자는 진정서를 제출하였다: "국기는 우상이 아니다. 현재의 국기 배례 방법은 일제 잔재적인 형식이다. 따라서 그 결과는 우상숭배할 염려가 있다. 국기를 우상화하던 일본과 나치 독일은 패망하였다. 기독교는 애국적인 양심에서 국기의 우상화를 방지하려는 것이다."[7]

　결국 1950년 4월 25일에 열린 국무회의에서 종전에 실시하던 국기에 대한 예식을 변경하기로 결정하였다. 즉, 허리를 꾸부리고 배례하는 것에서 국기를 주목한 채 부동자세로 '차렷'한 후에 오른손을 왼편 가슴 심장 위에 대기로 하였다. 국기 배례에서 주목례로 변경되었음에도 다양한 유형의 국기 배례 강요는 일부 지역에서 계속 이어

6　손양원, "국기 경배에 대아어", 1947년 11월 16일 주일 예배 설교, 한국 기독교 지도자 강단 설교(홍성사, 2009), 55~56.

7　"국기 배례 문제에 기독교 각 파 의견 일치", <동아일보> 1949년 5월 23일자 2면.

졌고, 또 이를 거부하는 행위와 이에 따른 탄압 사건 역시 간헐적으로 발생하였다.

고신교회는 국기 배례에서 주목례로 변경한 직후인 1952년 9월에 설립되었기에 초창기에는 국기와 관련하여 갈등은 전혀 없었다. 다만 1946년 9월에 고려신학교가 부산 좌천동 일신 여학교 2층을 빌려 개교할 당시, 여학교 학생들이 국기 배례를 하는 모습을 본 신학생들이 이에 항의한 사례가 있었다는 기록이 있다.[8] 적어도 1972년 유신 체제 이전까지는 그러했다. 문제는 1972년 유신 체제부터 다시 국가주의가 강화되면서 국기와 관련한 사건들이 발생하였다. 유신 체제는 국기에 대한 주목이 아니라 국기에 대한 경례와 국기에 대한 맹세를 했던 것이다. 이에 제22회 총회(1972년 9월)는 "국기경배 구호 변경 문제는 신학부에 맡겨 널리 발표하고, 정부 당국에 전 교단적으로 진정하되, 본 교단과 뜻을 같이하는 타 교단과도 규합하여 적극 추진키로 하고 이를 사무부에 일임하다"로 결정하였다. 그리고 국기에 대한 맹세와 순국선열에 대한 묵념 건은 신학교육부에 맡겨 연구 발표토록 하였다.

바로 이때 1973년 9월에는 김해여고에서 국기 경계를 거부한 기독교인 학생 6명이 제적을 당하는 안타까운 일이 발생하였다. 이 학생들은 모두 고신교회에 속한 자녀들이었다. 교련 검열 대회 준비 과정에서 35명의 국기 경례 거부자가 적발되자 추후 서약서에 연명하지 않는 6명을 교장 직권으로 제적한 것이다. 이에 학생들은 헌법이

---

8   흥승표, "국기 배례와 주목례 사이에서", 2021년 6월 11일 기독교 인터넷 웹진 <뉴스앤조이> 기사. 출처: http://www.newsnjoy.or.kr/news/articlePrint.html?idxno=302884.

보장한 양심과 종교의 자유를 침해당했다면서 제적 처분 취소 소송을 냈지만 3년의 재판 끝에 대법원은 학교의 손을 들어 줬다.

제24회 총회(1974년 9월)는 계속해서 "우리(대한예수교장로회 고신측)는 국기에 대하여는 주목으로 한다. 구호도 주목으로 변경해 주기를 바란다"로 정부에 진정하기로 결정하였다. 국기에 대한 경례 문제는 제22회 총회(1972년 9월)에서부터 제26회 총회(1976년 9월)까지 매년 총회마다 다루어졌고, 제23회 총회(1973년 9월)는 순국선열에 대한 묵념과 국기에 대한 맹세 문제는 총회장 남영환 김경래 3인에게 맡겨 연구 발표하도록 하였으며, 제25회 총회에서는 이 문제를 전담하는 <국기경례문제대책위원>을 선정하였다.[9] 마침내 제26회 총회(1976년 9월)는 다음과 같이 결정하였다: "국기에 대한 구령 문제는 제22회 총회결의대로 관철되도록 관계 당국에 계속 교섭하되 신학적인 해석 문제는 신중을 기해야 하므로 총회 임원회가 선정하는 위원 7인(신학대학 정교수 2인 포함)에게 맡겨 차기 총회에 연구 보고토록 하고 실제 당면 문제는 당회장이 재량껏 지도하도록 가결하다." 동상과 국기에 대해 절하게 하는 문제 대책도 국기경례문제대책위원에게 맡기도록 하였다. 아쉽게도 차기 총회에서 국기 구령 문제에 대한 신학적 해석 연구 보고는 이루어지지 않는다.

유신 체제가 종식된 이후 제39회 총회(1989년 9월)는 또 다시 국기에 대한 경례를 주목으로 변경해 줄 것을 정부에 건의하도록 결정

---

9   제25회 총회(1975년 9월)에서 구성된 국기경례문제대책위원은 다음과 같다: (장)남영환 (기)전은상 (계) 명돈의 변종수 윤은조; 대회대책위원은 다음과 같다: 오병세 한학수. 제26회 총회(1976년 9월)에서 구성된 국기경례문제 대책위원은 다음과 같다: 전성도 오병세 이근삼 민영완 남영환 최해일 방해주.

하였다. 이 건의는 제45회 총회(1995년 9월), 제46회 총회(1996년 9월)에서도 이어서 가결되었다. 제49회 총회(1999년 9월)는 국기에 대한 경례의 구호변경 촉구건에 관한 해답을 신학대학원 교수진에 맡기기로 가결하였다. 어떤 연유인지는 모르겠으나 이후 이와 관련하여 고려신학대학원의 답변을 찾을 수 없고, 이후 총회 역시 이 문제를 가지고 다시 언급하지 않는다.

고신교회가 국기 경례를 국기에 대한 주목으로 변경할 것을 정부에 건의하기로 한참 노력을 기울일 때 예장 합동교회 역시 제58회 총회(1973년)에서 "본 총회는 국기 경례와 맹세하는 것을 할 수 없는 일이므로 각 교회에 지시하기로 하고…"라고 결정한 적이 있다, 그러나 고신교회와 같은 교리표준을 가지고 있는 예장 합동 총회는 이후 이 문제를 다루지 않았고, 일선에서 합동 측 교회 소속 교인이 국기 경례를 거부한 일이 있었다는 말을 들은 적이 없다. 이 점은 적어도 국기 경례 거부와 관련해서 다른 교회와 달리 고신교회가 신사참배 거부 운동에서 비롯된 전통을 이어갔음을 잘 보여준다.

3) 단군상 철거 운동

한문화운동연합(현 홍익문화운동연합)이라는 단체에서 1998년 11월부터 1999년 6월까지 8개월 동안 전국 초·중·고등학교 교정, 공원, 공공장소에 불법으로 369기의 단군상을 기습적으로 세운 적이 있었다. 겉으로는 단군 조형물을 세워놓고 단군의 민족정신을 함양하고 남북통일의 국민 염원을 이루고자 하는 목적이라 하였다. 자기들은 기독교를 포함한 다양한 종교를 가진 시민들의 문화단체이지 종교단체가 아니라고 주장했다. 사실 단군상 건립은 단군신화를 기초로 단군을 국조로 섬기면서 숭배하는 종교적 행위이고 그 배후에는 대종교 단군교 한얼교 등의 교단이 포함되어 있었다. 따라서 이러한 단군상을 공교육이 이루어지는 학교나 공공장소에 건립하는 것은 용납할 수 없는 일이었다.

일찍이 고신교회 제37회 총회(1987년 9월)는 단군신화 사실화 반대를 위하여 7인 위원을 선정하고 정부에 대하여 건의하고 계속 투쟁하기로 결정한 적이 있었다.

단군상 건립이 공공장소에 기습적으로 이루어진 1998년-1999년이 지난 직후인 2000년 9월에 열린 제50회 총회는 '단군상 건립반대와 대책 촉구 안'과 '단군상 건립반대 및 철거를 위한 총회 기구 설치 건'과 '단군상 철거 촉구를 위한 총회적 강구 대책 청원 건'을 다루고 '총회 단군상 철거 대책위원회'(위원장 박종수 목사, 총무 전호진 목사, 서기 김명석 목사)를 설치하고 활동하기 시작하였다.

제50회 총회가 마친 직후 2001년 10월 12일에 총회 임원회를 통해 구성한 단군상 철거 대책위원회는 각 지역마다 위원을 1인씩 선정하였으며, 2001년 10월 23일에 모인 제2차 위원회에서는 위원을 보강하여 범교단적 대책위원회를 조직하기로 하였다. 단군상 철거 대책위원회가 제51회 총회(2001년 9월)에 보고한 활동 보고를 보면, 총회 산하 전 교회가 날을 정하여 특별 기도한 것(2001년 3월 11일 주일 낮 예배 시 설교 작성)과 2만 명의 교인이 서명날인하여 한국기독교총연합회에 송부한 일, 2001년 6월 25일을 전후하여 지역별 노회별로 공공장소에 설립된 단군상 철거를 위한 연합 집회를 실시한 것과 집회 시에 단군상 철거 운동으로 구속 중인 본 고신교회 소속 최흥호 목사(영주시민교회 담임목사)를 위한 특별헌금을 한 것(총 2천 5백만 원)과 최흥호 목사를 2회 방문 위로한 것 등이다.[10] 최흥호 목사는 당시 경부 영주시 기독교연합회 회장으로서 1999년 12월 23일에 영주시 한 초등학교 내에 설치된 단군상 철거를 강력하게 요구해 오다 학교 측으로부터 거부당하자 망치를 비롯한 도구로 연합회 소속 5명의 목사와 1명의 장로와 함께 강제로 철거하였다. 이 일로 경찰서로 연행되고 불구속 상태에서 1년 4개월여 재판을 진행해오다 2001년 4월 24일 1심판결 직전 변호사를 통해서 '깊이 반성하고 사과하면 선처하겠다'는 언질을 받았으나 이를 단호히 거부하고 재판 자체를 거부함으로 전격적으로 구속되었다. 한편 단군상 철거 대책위원회는 제51회 총회에 단군상 철거를 위해 보다 지속적이고 조직적인 노력을 위해 총회 차원에서 대정부 건의와 성명서를 발표하도록 청원도 하였다.

제53회 총회(2003년 9월)에서는 노회별로 단군상 철거를 위한 대책위원회를 조직하였는데, 일부 교회는 자기 지역에 있는 단군상 철거를 위한 위원회를 조직하였고, 상당수의 노회는 시찰 단위로 위원회를 조직하기도 하였다. 그래서 30개 노회 산하 70여 개의 지역 위원회가 조직이 완료되어 구체적 활동에 들어갔다. 위원회(위원장: 곽삼찬 목사)가 제53회 총회에 보고한 활동에서 특별히 눈에 띄는 것은 각 교단별로 단군상 철거를 위한 관심을 고조시키고 강력한 기도 운

---

10   제51회 총회록, 78-80.

동이 일어날 수 있도록 본 교단이 앞장서기로 했다는 보고이다. 이 일에 한국기독교총연합회와 함께 연합하여 단군상 철거 운동을 하기로 하고 9월 초에는 단군상 통합 공과(초등부~장년부)를 발간하기로 하고, 11월 중에는 서울에서 범교단적 철거 규탄대회 및 기도회를 개최하기로 했지만 실상은 고신교회가 한국기독교총연합회에 강력하게 건의한 것이었으며, 고신 교회는 이 일에 5천만 원을 후원할 정도로 주도적이었다.11 또 고신교회는 이 문제로 헌법소원을 하기로 했다.12

제54회 총회(2004년 9월)는 시국선언문을 발표할 때 선언문 항목에 단군상 철거를 적시하였고, 이 위원회는 2021년 현재까지 꾸준히 활동하고 있다(반기독교사회문화대책위원회 산하 세 소위원회 중 '단군상대책위원회' 이름으로 활동). 20여 년 전에 세워진 단군상 369기 가운데 아직도 270여 기가 남아 있는 것으로 추정되기 때문이다. 현재 고신교회와 함께 단군상 철거 운동에 앞장서는 교회는 예장 통합 교회이다. 예장 통합 총회는 "이슬람 및 단군상 대책위원회"를 구성하고 있고 매년 "총회 단군상문제대책기도주일"을 지키고 있다.

초창기 단군상 철거 운동에 한국기독교총연합회 소속 교회들이 함께 하고, 예장 통합 교회는 현재도 관련 위원회를 구성하고 있으나, 이 일에 고신교회만큼 주도적으로, 가장 열심을 내어 앞장선 곳은 없다. 분명코 고신교회의 남다른 단군상 철거 운동은 고신교회의 태동 배경이 되는 순교 정신과 신사참배 거부 운동 맥락에서 이해하지 않으면 안 된다.

---

11 제52회 총회록, 89.

12 제53회 총회록, 729-732.

4) 대면 예배 제한 조처에 대한 헌법소원

제70회 총회(2020년 10월)는 김해노회(노회장 신성철 목사)가 청원한 '국가의 예배 금지 명령에 대한 질의' 건을 다루며 국가의 예배 금지는 부당하므로 고신총회에서 이에 대한 헌법소원과 부당행정 명령에 대하여 사법적 절차를 진행하는 것을 총회 임원회에 맡겨서 처리하기로 가결하였다. 이 결정은 한국교회에서 유독 고신교회 총회만이 내린 것이었다. 교파와 교단을 넘어 특정 교회나 단체와 개인이 참여하기는 하였으나 총회 차원에서 헌법소원을 하고 부당행정명령에 대해 사법적 절차를 진행하기로 하고 후원금을 모금한 교단은 현재까지 고신교회 외에는 없는 것으로 알려지고 있다. 이를 어떻게 이해해야 할까?

한편 제70-13차 총회임원회(2021.1.14.)는 위의 사법적 절차 진행을 총회 특별위원회인 반기독교사회문화대책위원회에 맡겨서 처리하기로 하였고, 반기독교사회문화대책위원회는 다시 소위원회인 악법저지대책위원회에 본 안건을 맡겼다.[13] 2021년 3월 2일에 회집한 제70-1차 총회 운영위원회는 반기독교사회문화대책위원회 산하 악법저지대책위원회에서 작성한 성명서를 수정해서 받기로 가결하고, 예배회복을 위한 헌법소원과 악법(차별금지법 등)저지를 위한 특별재정 모금 계획에 35개 노회가 적극 협조하기로 가결하였다.

총회가 직접 헌법소원을 낼 수 없고 피해를 입은 교회나 단체는

13 　제69회 총회(2019년 9월)에서 반기독교사회문화대책위원회(위원장 박영호 목사)가 조직되었고, 반기독교사회문화에 효과적으로 대처하기 위하여, 3개의 소위원회를 두었다: 악법저지대책위원회, 낙태법방지위원회, 단군상대책위원회.

가능하다는 이유로 예배회복을위한자유시민연대(이하 예자연, 대표: 김승규)와 연합하여 이 일을 추진하기로 하였다. 고신총회장 박영호 목사가 예자연이 진행 중인 헌법소원 소송 비용을 지원하기 위해 1차로 3천만 원의 후원금을 전달하기도 하였다(2021년 6월 10일 오후 2시에 부산 세계로 교회[담임 손현보 목사]에서 반기독교사회문호대책위원회 산하 소위원회인 악법저지대책소위원회[위원장 원대연 목사]와 예배회복을위한자유시민연대가 공동으로 주관하여 '악법 동향 세미나'를 개최한 자리에서).

이에 앞서 2021년 3월 10일에 서울 한국프레스센터에서 악법저지대책위원회는 예자연 임원들과 기자회견을 열고 "현장 예배 제한 및 금지 명령을 철회하고 사과하라"는 제목의 성명서를 발표했다.[14]

---

14   "코로나 19 방역을 위해 힘써 수고하시는 의료종사자들과 공무원들의 노고에 감사하며 효과적인 방역과 코로나 종식이 속히 이루어지기를 간절히 기원한다. 고신 교회와 한국교회는 지난 1년간 정부의 방역 정책에 따라 최대한 방역에 협력하며 동참해 왔다. 그런데도 정부는 교회를 차별적인 시각으로 보면서 교회 예배에 대하여 일방적으로 행정명령을 내리고 법적인 처벌을 더 강화하고 있다. 질병 관리청의 발표에 의하면 지난 1년간 전체 확진자 중 종교 전체(불교·천주교 등) 감염자가 8.2%이다. 실제 감염자의 91.8%에 대한 보도보다 상대적으로 종교 특히 교회의 감염자에 대해 편파적이고 왜곡적인 보도로 인하여 일반 국민의 44~48%가 코로나가 교회발이라고 오인하고 있다는 것은 심각한 문제가 아닐 수 없으며, 이에 대해 정부와 언론의 책임도 크다고 할 수 있다. 지난 2월 1일 질병 관리청 방역 총괄 반장은 "교회의 경우 밀집도가 낮고 사전의 방역 조치들이 이뤄져 지금까지 대면 예배를 통한 감염은 거의 없었다"라고 공식 발표를 했다. 그런데도 정부와 지자체들은 형평성 없이 교회의 예배를 제한하고 교회 폐쇄 명령 등으로 교회를 탄압하고 있다. 이로 인해 고신 교회 35개 노회 40만여 성도들은 정신적으로 영적으로 큰 피해를 보았기에 우리는 다음과 같이 요구한다. 정부와 지자체는 예배 제한과 금지 명령을 철회하고 사과하라.
1. 예배는 기독교 교회의 정체성임을 정부는 인식하고 예배의 자유를 인정하라. 교회는 자체적으로 방역지침을 성실히 지킬 것이며, 방역에 관한 정부의 지침에 협조하고 있다. 교회의 예배는 기독교의 정체성이며, 기독교인의 사명이기에 어떤 경우에도 방해받아서는 안 된다.
2. 정부와 지자체는 교회에 대하여 정중히 사과하라. 지난 2월 1일 질병 관리청은 "대면 예배를 통한 감염이 거의 없었다"라고 발표했다. 그러므로 정부와 지자체는 헌법 제20조를 침해한 불법을 인정하고 1년 동안 교회의 예배를 제한한 것에 대해 정부는 마땅히 사과해야 할 것이다.
3. 언론은 코로나 "교회발"이라는 편파적 왜곡적 보도를 중단하고 사실에 입각한 정정 보도를 하라. 언론은 우리나라 국민의 44% 이상이 코로나 확산의 원인을 교회발로 인식하게 만든 것에 대한 책임을 통감하고 정정 보도를 하고 사실에 근거하여 보도해야 할 것이다.
4. 정부와 지자체는 일반 사회적 거리 두기 단계에 따라 다중이용시설과 동일한 기준을 교회에도 적용하고

고신교회가 유독 다른 교파와 교단과 달리 총회 차원에서 결의하고 후원하고 있는 대면 예배 제한 조처에 대한 헌법소원은 현재도 진행되고 있다. 이러한 일은 고신교회의 태동 배경이자 이후 고신교회의 전통으로 자리 잡은, 우상숭배금지와 예배와 관련한 하나님의 계명을 지키기 위해서는 목숨까지도 불사한 순교 정신을 떠나서는 이해하기 어렵다. 최근 낙태와 관련된 개정법안을 반대하고 평등에 관한 법률안을 반대하는 일에는 고신교회는 물론 다른 보수 교단이 더러 동참하였다. 그런데 행정명령으로 대면 예배를 금지한 조처에 대한 헌법소원을 총회적으로 제기한 곳은 고신교회가 최초이다.

2. 평가와 전망

고신교회의 출발 배경과 이후에 이어진 고신교회에 고유한 전통의 실례들을 보면 우리 고신교회는 무엇보다 하나님의 계명(특히 십계명)에 민감한 전통을 가지고 있다는 것을 알 수 있다. 이 맥락에서

예배 제한 정책(10%~30% 등)을 철폐하라. 다중이용시설(병원, 은행, 영화관, 공연장 등)보다 감염 확산이 거의 없는 정규예배를 비대면 예배 원칙을 세우고, 좌석의 10%~30% 등 인원 제한을 하는 것은 심각한 차별이며 사실상 종교탄압이라고 할 수 있다.
5. 교회 소그룹 모임을 단계별 제한으로 개편하라. 교회는 예배를 드리는 장소일 뿐만 아니라 소그룹 모임을 통하여 성도들을 교육하거나 사회봉사(나눔, 구제 등) 사역을 할 수 있으므로 소그룹 모임을 단계별 제한으로 방역수칙을 개편하라.
6. 헌법 20조를 침해하는 감염병의 예방 및 관리에 관한 법률 제49조 3항~5항을 즉시 폐지하라. 감염병의 예방 및 관리에 관한 법률을 2020년에 4번이나 변경 신설하여 헌법 20조를 침해하는 위법적인 적용을 중단하고 제49조 3항~5항을 즉시 폐지하라.
7. 정부는 차제에 감염병 사태에 따른 예배 제한조치가 필요할 시에는 정중한 자세로 교계의 협조를 구하고 총회가 자율적으로 결정해서 각 교회에 지침을 전달하는 방식으로 방역 대책이 이루어지도록 하라. 어떤 경우에도 예배에 대한 명령의 권한이 정부나 방역 당국에 있지 않다는 사실을 명심하고 교회의 예배에 대하여 존중하는 태도로 임하기를 바란다. 2021. 03. 10. 대한예수교장로회(고신) 악법 저지대책위원회 위원장 원대연 목사 김재은 목사, 손현보목사, 김희종 목사, 강동명 목사, 이병권 목사, 박석환 목사, 윤종은 장로."

엄격한 주일성수, 국기경례거부, 단군상 철거 운동, 행정명령으로 대면 예배를 금지한 조처에 대한 헌법소원과 같은 일을 이해할 수 있다. 이는 단지 총회의 결정에서만 나타나지 않고 고신교회의 강단과 고신교회에 속한 성도들의 생활에서도 강하게 드러났다.

이러한 전통에 바탕 해서 어디서든 특별히 법이오 라고 외치면 누구도 나서지 못하고 순종하였다. 성경과 하나님의 계명, 하나님의 법을 향한 경외심, 심지어 그것이 총회와 노회의 법이라고 할지라도 근본적으로 이 경외심으로 대하였다. 그래서 고신교회는 성경공부에 열심을 내고 성경을 요약한 신앙고백서와 교리문답을 공부하는 일에도 게을리하지 않은 전통을 가지고 있다.

지난 70년을 지나오면서 이러한 고신교회의 전통을 계승하는 일에 어두운 그림자도 있었음을 부인할 수 없다.

첫째, 국기경례거부와 단군상 철거 운동을 통해 순교 정신으로 우상 숭배에는 민감하고, 주일성수와 대면예배 금지에 대한 헌법소원을 통해 예배를 지키려는 열심은 가졌으나, 막상 눈에 보이지 않는 우상에는 상대적으로 둔감하였다는 사실이다. 예를 들면 학교법인 고려학원 이사회의 이사장을 지낸 강영안 교수는 '큰 것에 대한 욕망'이 특별히 고신대학교와 고려신학대학교, 복음병원을 통해 발전되었다고 지적하였다.[15] 우상 숭배 금지를 통해 생겨난 교단이 눈에 보이지 않는 우상들을 숨기고 있다면 심각하게 자신을 돌아보아야 할

---

15 강영안, "고신의 정체성과 방향성 및 정책 발전을 위한 제안: 평신도의 관점에서"(남서울노회 서울포럼 위원회 주관 제2회 서울 포럼 책자, 32-35). 제2회 서울 포럼은 2013년 8월 29일에 서울 영동교회당에서 열렸다. 주제는 '고신 총회의 과거 20년 미래 20년'이었다.

고신교회 70년과 나아갈 길 _ 31

것이라고 하였다. 눈에 보이는 우상은 과감하게 거부하나 눈에 보이지 않는 우상, 곧 돈과 명예와 권력으로부터 고신 교회의 지도자들이 과연 자유로운가 자문해 보아야 한다. 종교개혁가 칼빈은 우리 마음이 우상을 만드는 공장이라고 하였다. 다음 70년을 바라보는 고신 교회는 종교개혁의 후예로서 무릇 마음의 탐욕에서 비롯되는 우상을 경계하는 일에 힘써야 할 것이다.

둘째, 하나님의 법을 소중하게 여기고 말씀의 권위에 대한 존중이라는 전통을 가진 고신교회가 시간에 지남에 따라서 극단적인 두 경향을 보이게 되었다. 하나는 모든 것을 법으로 규칙으로 해결하고자 하는 경향이다. 소위 율법주의 경향이다. 그래서 2011년 개정헌법을 보면 헌법에서 권징조례의 조항 수가 무려 이전과 비교할 때 세 배나 늘어난 것을 알 수 있다. 가능한 법 조항을 많이 만들어서 모든 것을 규정하려고 한 것이다. 그뿐 아니라 헌법과 헌법적 규칙을 구분하지 않고, 시행세칙에 해당하는 이전의 헌법적 규칙의 많은 조항을 헌법 조항으로 이동한 것도 이 맥락에서 이해할 수 있다. 사실 이러한 점은 이미 1992년 개정헌법에서 주일 예배 순서 중 하나인 헌금을 단순히 교인의 의무로 제시한 것에서도 나타났다.

교회법 조항은 복음에서 비롯되기에 가능하면 원칙과 원리만 규정을 하는 것이 세상 법과 다른 점이다. 그래야 당회와 치리회가 자율적으로 이를 적용할 수 있고 이로써 신자의 자유를 지킬 수 있기 때문이다. 모든 것을 지나치게 상세하게 법으로 규정하려고 함으로써 법을 위한 법, 규정을 위한 규정을 만들고 제정하여 신자가 가지고 있는 양심의 자유를 억압한 유대인과 바리새인들, 중세교회와 로

마천주교를 닮아가고 있지 않은지를 심각하게 돌아보아야 한다.

다른 극단적인 경향은 하나님의 법은 존중하면서 세상의 사회법은 상대적으로 경시하는 것으로 나타났다. 하나님의 법은 두려워하면서도 정부와 공직자의 권위는 상대적으로 무시하고 사회법은 쉽게 어기는 자세이다. 대표적인 예가 바로 1967년에 일어난 '사조 이사회' 사건이다. 고려신학교를 고려신학대학으로 당시 문교부로부터 인가를 받기 위해 임의로 이사회를 구성해서 서류를 위조해서 보고한 사건이다. 하나님의 일을 위해 사회법은 어겨도 된다는 생각이 그 저변에 깔려 있다고 할 수 있다.

고신교회 설립 70년을 지나면서 우리는 하나님의 계명을 귀히 여기는 전통을 이어갈 때 나타나는 이 양 극단적인 경향을 피하는 것에 무엇보다 주력해야 한다. 나아가 우리의 일상의 생활이 모두 하나님의 법과 하나님의 주권 아래에 있다는 신앙으로 발전시켜 나가야 할 것이다.

셋째, 70년 전 우리 믿음의 선배들은 고신교회 설립을 통해 진리 운동, 순교 정신, 회개 운동이라는 좋은 신앙의 유산을 물려주었다. 이것이 지난 70년 동안 엄격한 주일 성수 운동, 국기 경례 거부, 단군상 철거 운동, 대면 예배 금지에 대한 헌법소원 등으로 나타났다.

이제 우리는 지난 70년 역사에서 나타난 이 전통들의 명암을 구분하고 다시 평가하면서, 어떻게 하면 고신교회의 귀한 전통을 4차 산업혁명 시대를 맞은 우리 시대에서 적절하게 적용하며 계승해 나갈 수 있을지를 연구해야 한다. 이 점에서 고신교회 총회가 2021년 1년 동안 4차례에 걸쳐 각 분야에 최고 전문가를 강사로 초청하여

"한국교회 미래를 준비하는 고신 70주년 기념 콘퍼런스"(1차: 포스트 코로나와 하나님의 창조, 2차: 포스트 코로나와 인간에 대한 이해, 3차: 포스트 코로나와 미래 목회, 4차: 포스트 코로나와 시대를 진단하기)를 개최한 것은 진리 운동, 순교 정신, 회개 운동으로 대변하는 고신정신을 지금 이 시대에 적용하여 고신교회가 진정으로 미래로 나아가기 위해 무엇을 준비할지를 보여준 좋은 예라고 평가할 수 있다.

2장

고신교회 70년과 교리표준

고신교회는 믿음과 교리와 교회 생활에 표준이 되는 표준문서를 헌법에 담고 있다. 표준문서는 다시 교리표준과 관리표준으로 구분할 수 있는데,[16] 교리표준으로는 웨스트민스터신앙고백서와 대교리문답, 소교리문답이 있고 관리표준으로는 예배지침, 교회정치, 권징조례가 있다. 당연히 성경이 믿음과 생활에 절대적이고 유일한 법칙이지만, 표준문서들은 성경을 잘 요약하였다. 그래서 같은 교훈, 같은 예배, 같은 질서, 같은 권징을 통해 고신교회 안에서 우리가 진정한

---

16 '교리표준'과 '관리표준' 용어는 곽안련 선교사가 1919년 신학지남에 기고한 글에서 그 발단을 볼 수 있다: "세계 각국 장로교회헌법 중에 두 가지 부분이 있으니 하나는 도리(道理)상 헌법이니 곧 신경과 성경요리문답 등이요 다른 하나는 치리(治理)상 헌법이니 곧 정치와 권징조례와 예배모범인데 이 두가지가 합하여 한 헌법이 되느니라"("조선예수교장로회신헌법", 『신학지남』 제6호[1919년 7월], 70). 그런데 곽안련 선교사는 신학지남 다른 곳에서는 '치리상 헌법'을 '관리(管理)상 헌법'이라고 부르기도 하였다:"본 교회 헌법 내에는 위에 말한 바와 같이 5개 조목이 있으나 본 잡지 제2권 제1호에 우리가 그 도리상 헌법에 대하여 이미 언론을 길게 하였으니 이에 그 도리상 헌법만 강구하고자 하노라 세계교회 중 현금하는 정치는 셋이 있으니 곧 감독정치 독립정치 장로정치라"("본장로교회신헌법", 『신학지남』 제7호[1919년 10월], 90).

하나를 꿈꾸며 참된 연합을 이루어갈 수 있게 되었다.

70년을 맞은 우리 고신교회가 교리표준인 웨스트민스터신앙고백서와 대교리문답과 소교리문답을 지난 70년 동안 언제 어떻게 채택하고 수용하였을까? 그리고 이 교리표준은 지난 우리 교회 생활에서 어떻게 작동하였고, 지금도 어떻게 기능하고 있을까? 새로운 70년을 맞는 우리에게 교리표준은 어떤 것이 되어야 하는 것일까?

1. 교리표준의 채택과 수용(번역 등) 역사

1) 고신교회가 가지고 있던 헌법

1952년 9월에 노회를 조직하고 발회한 당시 고신교회가 가지고 있던 헌법은 조선예수교장로회에서 오랫동안 사용해온 1934년 판 헌법(12신조, 성경소요리문답, 교회정치, 예배모범, 권징조례)이었다.

가. 1934년 헌법: 12신경, 성경소요리문답, 교회정치, 예배모범, 권징조례

1934년 개정헌법은 1927년에 시작하여 개정한 것으로 교회정치, 권징조례, 예배모범 등 소위 관리(管理)상 헌법뿐 아니라 12신경 성경소요리문답 등 소위 도리(道理)상 헌법을 포함한 것이다. 그러나 도리상 헌법인 12신경과 성경소요리문답은 이미 1907년 대한예수교장로회 제1회 독노회에서 채택한 것이었다.

나. 1907년 대한예수교장로회 독노회가 채택한 12신경, 성경소요

리문답

　1907년 9월 17일 대한예수교장로회 독노회가 설립되기 전까지 교회를 다스린 기관은 장로회 선교사 공의회(1893-1906)였다. 1901년부터는 한국인들 장로들과 조사들이 초청을 받아 이 중앙 공의회에서 선교사들과 자리를 같이하였고 회의는 영어회와 한국어회 이중으로 열렸다. 이 공의회는 정치적인 권한까지 행사하게 되어 1907년 독노회를 설립하기까지 한국장로교회를 다스리는 정치기구 역할을 하였다.[17]

　제1회 독노회는 무엇보다 공의회가 준비한 교회정치 외에 신경을 채용하였다. 그러나 임시로 일 년만 채용하여 검사하기로 하고 조사위원 7인을 선정하여 내년 노회에서 보고하도록 하였다(조사위원: 이눌서, 마삼열, 게일, 방기창, 한석진, 배위량, 량전백).[18] 제2회 독노회(1908년)는 조사위원을 일 년 더 유임할 것과 마삼열, 한석진 2인을 특별히 조사할 위원으로 선정해달라는 보고와 요청을 듣고 이를 가결하기도 하였다.[19] 제3회 독노회(1909년)는 마삼열 씨가 특별 조사한 결과 교회정치를 급하게 개정할 것이 없다는 보고를 듣고 정치와 신경 책을 출판하기로 결정하였다.[20] 제1회 독노회에서 보고하여 채용한 신경은 교회정치와 함께 달리 개정할 것이 없어서 제3회 독

17　곽안련, 『한국교회사전휘집』(1918년), 17.

18　제2회 독노회록(1908), 11-12.

19　제2회 독노회록(1908), 18. "정치조사위원 한석진씨가 보고하여 여좌하니 (1) 작년 조사위원을 일 년 동안 더 인임할 일 (2) 조사위원 중 마삼열 한석진 양씨를 한 위원으로 정하여 특별히 조사할 일 등."

20　제3회 독노회록(1909), 27.

노회(1909년)에서 이를 출판하기로 결정한 것이다. 따라서 교회정치와 함께 12신경은 제1회 대한예수교장로회 제1회 독노회(1907년)에서 채용된 것으로 보는 것이 옳다.

다. 12신경의 기원

공의회와 대한예수교장로회 독노회가 채택한 신경은 새롭게 제정된 것이 아니라 1905년 공의회에 이를 보고한 시점으로부터 "몇 개월 전에 새로 조직한 인도국 자유장로회에서 채용한 신경과 동일한 것"[21]을 채용하였다. 이것은 이후 "12신경"이라 불려왔는데 이는 웨스트민스터신경보다 간단하여도 그 요긴한 것은 다 있기 때문이라고 하였다. 이 12신경은 서문을 약간 수정한 것을 제외하고는 1904년 인도장로회에서 채택한 신조를 그대로 옮긴 것으로 성경의 무오, 삼위일체, 하나님의 창조, 예수 그리스도의 구속, 성령의 역사, 성화의 삶, 부활과 심판 등을 다루고 있다.

곽안련 선교사는 대한예수교장로회의 신경을 해설하면서 1902년에 공의회에서 선정한 위원들이 대한예수교장로회가 설립할 때 사용할 신경을 연구하고 준비하면서 새로운 신경을 제정하고자 하였지만 마침 새로 조직된 인도국연합장로회의 신경을 읽어본즉 조선교회 형편에 제일 적합하다고 판단하고 이 신경을 통해 조선, 인도 두 나라 장로회 신경이 될 뿐만 아니라 아시아 각국 장로회의 신경이 되어 각 교회가 서로 연합하게 되기를 희망한다고 하였다고 1905년에 공

---

21 "조선예수교장로회信經論", 『신학지남』 제5호[1919년 4월], 77.

의회에 보고하였다는 것을 전하고 있다.[22]

곽안련 선교사는 "우리 신경이 만국장로회 신경에 최고 좋은 것이니 웨스트민스터신경과 기타 유명한 일곱 신경보다 나으니, 우리 신경은 간단하고 명백하여 알기가 용이한 것이라…"고 하였다.[23] 결국 허순길 교수가 평가한 대로 이때 장로교회의 교리표준인 웨스트민스터신앙고백서와 대소요리문답을 교회의 신경으로 채용하지 않고 이 간단한 12신조를 채용하게 된 것은 간단하고 명백하여 알기가 용이하다고 하지만 사실은 한국교회가 아직 역사가 옅고 그 내용을 감당하기 어렵다는데 그 주된 이유가 있던 것으로 보인다.[24]

한편 계명대학교의 황재범 교수는 대한예수교장로회 독노회가 채용한 12신경을 인도장로교회의 12신경 원문과 비교 연구한 후에 몇 가지 중요한 사실을 지적하였다.[25]

첫째, 12신조 서문 원문에는 다음 번역에서 보는 것처럼 당시 인도에서 활동 중인 서구 여러 나라의 개혁파 교회들의 신조들 즉 웨스트민스터신앙고백서와 웨일즈 칼빈주의 신앙고백, 돌트 신경과 표준서를 명기하고 있지만, 우리 12신조에는 오직 웨스트민스터신앙고백서와 대소요리문답만을 언급하고 있는 점이다. 황재범 교수가 소개하는 원문의 12신경 서문은 다음과 같다:

22 "조선예수교장로회信經論", 『신학지남』 제5호[1919년 4월], 77.

23 "조선예수교장로회信經論", 『신학지남』 제5호[1919년 4월], 80.

24 허순길, 한국장로교회사(서울: 도서출판 영문, 2008), 145.

25 황재범, "대한장로교회 신경 혹은 12신조의 작성 및 수용과정에 대한 연구", 기독교사상 2006년 9월호, 211.

"인도장로교회는 다음의 신조들을 본 교회의 신앙고백으로 채택하고자 하는데, 이는 목사 강도사 장로들이 이를 공적으로 승인하도록 하기 위함이다. 이렇게 하는 것은 본 교회는 모교회(서양 제 장로교회들)의 교리표준을 버리려 하는 것이 아니라 오히려 찬성하고자 함이니, 특히 웨스트민스터신앙고백, 웨일즈 칼빈주의 신앙고백, 돌트 회의의 신앙고백과 표준서는 하나님의 말씀의 믿을만한 설명서로서 그리고 우리 교회와 신학교에서 교육되어야 할 교리체계로 인정되어야 할 것이다."

12신조의 서문을 번역할 때 재한 장로회 선교사들은 이유도 밝히지 않은 채 다양한 구미의 다양한 개혁교회의 소중한 자산을 잘라버림으로써 한국장로교회의 개혁주의 신학이 웨스트민스터 표준서를 중심으로 축소되는 길을 열고 말았다.

둘째, 한국장로교회 12신조의 서문에는 지금의 "대교리문답" "소교리문답"을 "성경요리문답"으로 번역하여 소개했다는 점이다. 이는 곽안련 선교사가 조선예수교장로회의 신경을 해설하면서 성경과 신경이 서로 대적하지 않으며 참된 신경은 다 신구약성경에서 산출되는 연고라고 한데서 그 이유를 찾을 수 있지 않을까 추정할 수 있다.[26]

라. 성경소요리문답

---

26 "조선예수교장로회信經論", 『신학지남』 제5호[1919년 4월], 71.

1907년 제1회 독노회에서 채용한 12신경 서문을 보면 "특별히 웨스트민스터신경과 성경요리문답대소책자는 성경이 밝히 해석한 책인즉 우리 교회와 신학교에서 마땅히 교수할 것으로 알며 그중에 성경소요리문답을 더욱 교회문답책으로 삼느니라"고 하였다. 이로써 우리는 대한예수교장로회가 12신경을 채용하면서 동시에 성경소요리문답을 교회의 문답책으로 채용한 것으로 이해할 수 있다. 이 "성경요리문답"은 "성경문답"이라는 이름으로 고신교회에서 1992년 개정헌법까지 주일예배의 순서 가운데 자리를 잡았다(8. 성경문답[히 5:12, 딤후 3:14-17]).[27] 2011년 개정헌법에서 이 순서는 아무 이유도 없이 삭제되고 그 대신 "성경교독"으로 대체되었다(예배지침 제3장 주일예배 제8조(주일예배의 순서와 요소)). 성경문답과 성경교독은 전혀 다른 것인데도 이를 같은 것으로 오해하여 성경교독으로 바꾼 것은 성경문답이 본래 성경요리문답에서 온 것임을 모르는데서 온 것이라 할 수 있다.

2) 웨스트민스터 신앙고백서(33장)와 대교리문답 채택(제19회 총회, 1969년 9월)

장로교회의 교리표준인 웨스트민스터신앙고백서(33장)와 대교리문답을 고신교회가 공적으로 채택한 것은 제19회 총회(1969년 9월)에서다. 이는 장로교의 한국 선교가 시작된 지 85년째 되는 해였다.[28] 이제야 고신교회가 교리표준문서를 가지므로 장로교회로서 제대로

---

27 1992년 개정헌법 예배지침 제3장 제8조(주일예배의 순서).

28 허순길, 『한국장로교회사』, 483.

된 면모를 갖추었다. 이는 노회 수의를 거쳐 제22회 총회 중인 1972
년 9월 26일에 공적으로 선포되었다.

가. 표준문서 연구위원회의 활동(제16회 총회, 1966년 9월~)

이러한 배경에는 제16회 총회(1966년 9월)에서 조직한 표준문서
연구위원회가 큰 역할을 하였다. 제16회 총회는 고신교회의 정체성
과 관련하여 중요한 결정을 하였는데, 즉 경북노회(노회장 장성도 목
사)가 청원한 표준문서 정비와 연구 안건을 허락하고 3개년 계획으
로 교리표준에 해당하는 웨스트민스터신앙고백서와 대교리문답, 소
교리문답을 각각 새롭게 번역하여 연구하기로 하고, 관리표준에는
교회정치, 권징조례와 예배모범을 포함한 것이다. 당시 표준문서연구
위원회 조직은 다음과 같다: 위원장(박손혁), 서기(한학수), 회 계(서
완선), 분과위원과 과목 담당: 웨스트민스터신앙고백서(오병세), 대교
리문답서(이근삼), 소교리문답(홍반식), 정치(한학수), 권징조례와 예
배모범(서완선), 검토위원(박손혁 한명동).

마침내 1년을 연장하여 1969년 9월 제19회 총회는 표준문서연구
위원회의 연구보고를 받고 특히 웨스트민스터신앙고백서와 대교리문
답을 본 고신교회의 표준문서로 채용하고, 제22회 총회(1972년 9월)
에서 공포하였으며 이 모두는 1974년에 출판하게 되었다.

**나. 웨스트민스터 소교리문답과 장년 공과 발간 결정(제15회 총회,
1965년 9월)**

제16회 총회(1966년 9월)에서 표준문서연구위원회가 결성되기

이전 직전 총회인 제15회 총회(1965년 9월)가 종교교육부(부장: 오병세 목사)가 청원한 종교교육에 관한 교육이념, 교육목적, 주교교육목표, 교과과정의 설정과 공과집필을 허락하고 이를 오병세 홍반식 이근삼 민영완 허순길 석원태 양승달 최해일 박정덕 윤종하 이만열 이정대 제씨(諸氏)를 위촉하기로 한 결정에 주목해야 한다. 이때 총회는 1966년 1967년 장년 공과를 웨스트민스터 소교리문답을 교재로 할 것을 허락하였다.[29]

이 결정을 한 제16회 총회에서 우리는 또 이와 연관하여 중요한 결정을 하나 보게 된다. 즉, 섭외부(부장 오병세 목사)의 청원으로 화란개혁교회(해방 측)와 친선 관계를 맺도록 가결하고 동시에 개혁주의세계대회(Reformed Ecumenical Synod, RES) 가입 청원을 1년 유보하기로 한 결정이다.[30] 개혁주의세계대회에 가입한 화란개혁교회(총회 측)에서 1944년에 화란개혁교회(해방 측)가 독립했기 때문이다. 당시 화란개혁교회(해방 측) 신학교에는 이미 고신교회에서 보낸 차영배, 양승달 목사가 수학하고 있었다. 세계적으로 일부 교파들이 웨스트민스터 신앙고백서를 버리고 새로운 신앙고백서를 제정하고 있으므로 당분간 우리 자신의 처신을 삼가도록 하는 결정도 하였다.[31] 그래서 본 교단에 소속한 교직자 중에서 일본서 열리는 아세아 복음연맹회의에 가담하기 위해 해외에 가는 일은 교계에 심상하지 않는 움직임이 있는 만큼 국내외를 막론하고 삼갈 것을 결정하였

---

29   제11회-20회 총회록, 105.

30   제11회-20회 총회록, 99.

31   제11회-20회 총회록, 102.

다.[32]

따라서 우리는 고신교회가 표준문서연구위원회를 구성하고 제19회 총회(1969년 9월)에서 신앙고백서와 대교리문답을 교리표준으로 채택한 배경을 여러 문맥에서 이해할 수 있다. 그중에 하나는 화란개혁교회와의 친선 관계 체결이며, 또 웨스트민스터 신앙고백서를 버리고 새로운 고백서를 제정하려는 세계적인 추세, 1960년 승동 측과의 합동과 1963년 환원 이후 새로운 교단의 명분을 찾으려는 움직임 등을 꼽을 수 있을 것이다.

다. 1967년 미국연합장로교회의 새 신앙고백 반대 성명

1966년 9월에서 1969년 9월까지 기간에 이루어진 표준문서연구위원회의 활동과 함께 주목해야 할 것은 제17회 총회(1967년 9월)가 소위 미국연합장로교회의 1967년 새 신앙고백서에 대해 반대 성명을 낸 것이다. 이는 본래 경북노회(노회장 오병세 목사)에서 상정한 것으로 위원 5명(송상석 오병세 홍반식 이근삼 송명규)에 맡겨 검토한 후에 총회 명의로 반대성명을 내기로 하고, 홍반식 목사가 폐회예배 설교에서 1967년도 '새 신앙고백서'의 잘못된 점을 지적하였다. 이는 고신교회의 정체성을 신앙고백의 차원에서 1967년의 '새 신앙고백서'와 차별을 둔 중요한 일이었다. 1967년의 '새 신앙고백서'는 미국연합장로교회(UPCUSA)가 1967년에 만든 것으로 기존 웨스트민스터신앙고백서와는 다른 새로운 신앙고백서로서 전체적으로 신학자

---

32   제11회-20회 총회록, 104.

칼 바르트의 신학(특히 화해의 신학)을 추종하고 있는 것으로 알려졌다.

3) 교단 이념 설정(제26회 총회, 1976년 9월)

교리표준으로 기존의 12신경, 소교리문답에 이어 웨스트민스터 신앙고백서와 대교리문답을 채택한 고신교회는 제26회 총회(1976년 9월)에서 다음과 같이 교단의 이념을 결정하였다:

「신구약 성경과 본장로회 표준서들(웨스트민스터 신앙고백과 대소요리문답 교회정치 권징조례 예배모범)에 의한 개혁주의 신학을 따라 믿고 전하고 생활한다.」

이는 1년 전 제25회 총회(1975년 9월)에서 경북노회의 헌의로 구성한 교단발전연구위원회(오병세 이금도 한학수 이 선 최해일 최일영 민영완 심군식 한명동)가 교단의 존재의의와 이념설정을 큰 과제로 삼고 제안한 것이었다. 이 배경으로는 과거에는 신사참배 반대와 회개 운동이라는 분명한 명분이 있었으나 1960년 교단 합동 이후로는 그 명분이 소멸하고 있다는 점 등이 고려되었다.[33]

4) 웨스트민스터 신앙고백서 제34, 35장 추가(제30회 총회, 1980년 9월)

가. 34조(성령에 관하여)와 35조(하나님의 사랑과 선교에 관하여)

---

33 제26회 총회록, 35-36.

삽입 결의

제4차 개정헌법 출간 1년을 앞두고 1980년 9월에 열린 제30회 총회는 현 33장으로 이루어진 웨스트민스터 신앙고백서에다 34조(성령에 관하여)와 35조(하나님의 사랑과 선교에 관하여)를 삽입하도록 결의하였다.[34]

> "신앙고백에 제34조와 제35조를 삽입하도록 결의하니 별책과 같다 (별책 책자 NO. 7. pp.12-13)"

본래 웨스트민스터 신앙고백서 작성 당시는 33개 조항이었으나 1903년에 미국장로교회가 이 두 조항을 삽입한 것이다. 사실 첨부한 이 두 조항은 미국합동장로교회가 1906년에 조건적 선택과 무제한적 속죄를 표방하는 컴버랜드(Cumberland) 노회와 합동하면서 채택한 것이어서 문제의 소지가 약간 있는 것이었다.[35] 1년간 연구를 하고 토의를 거쳐 결정했으면 하는 아쉬움이 남는다.

나. 오병세 교수의 웨스트민스터 신앙고백서 번역

제4차 개정헌법은 제25회 총회(1975년 9월)에서 헌법수정위원회를 구성하면서 작업이 시작되었다. 이때 전문위원 5인을 선정하여 작업을 맡겼는데 "신도게요서"(웨스트민스터신앙고백서)는 특별히 오병

---

34 제30회 총회록, 51.

35 조건적 선택과 무제한적 속죄는 전통적인 장로교 교리(무조건적 선택과 제한적 속죄)와 상충되는 새로운 관점이었다.

세 교수에게 위임되었다. 오병세 교수는 이미 제19회 총회(1969년 9월)가 웨스트민스터 신앙고백서와 대교리문답을 채용할 때 웨스트민스터 신앙고백서 번역을 맡은 적이 있다.

다. 34장(성령에 관하여)과 35장(하나님의 사랑과 선교에 관하여)의 추가에 대한 필요성 역설

1977년 8월 15-17일에 개최된 교단창립 30주년 개념대성회에서 제작한 책자 <순교 정신 계승하자>에 오병세 교수는 "고려파 신학의 정립 문제"라는 짧은 글을 기고하였는데, 여기서 오병세 교수는 "우리 교단은 1972년 9월 26일 제22회 총회 시 웨스트민스터 신앙고백을 우리의 신앙고백으로 선포하였다. 그래서 우리가 사용하던 12신조는 참고자료가 되었다. 그런데 우리는 1647년판을 그대로 사용하므로 전체 33장으로 되어 있다"고 하였다. 이어서 "이 신앙고백이 개혁주의 신학의 성숙한 표현이지만 18, 19세기의 선교 운동과 아울러 새로운 강조점이 신앙고백에 삽입되어야 할 필요성을 느껴서 웨스트민스터신앙고백 미국판에는 제34장에 「성령에 관하여」는 장과 제35장에 「하나님의 사랑과 선교에 관하여」라는 장이 첨가되어 총 35장이 되었다"는 사실을 지적한 후 다음과 같이 제안하고 있다: "우리의 신앙고백에도 성령과 선교가 더욱 강조되어야 할 것이다. 이렇게 개혁주의는 매일 새로워짐으로 모든 시대에 생명을 주는 운동이 되는 것이다."[36]

---

36   오병세, "고려파 신학의 정립문제", 36: 대한예수교장로회 교육부, 교단창립 30주년 기념 대성회(순교 정신 계승하자)(1977년 9월 15일 발행).

바로 이런 과정을 거쳐 1981년에 출간한 제4차 개정헌법에서 웨스트민스터신앙고백서 제34장 제35장이 추가되었다.

5) 교리표준의 훈련강화와 개체 교회에서 신앙고백 강해 권장(38-39회 총회, 1988-1989년)

제38회 총회(1988년 9월)에서는 직전 총회인 제37회 총회(1987년 9월)가 본 교단의 발전과 운영을 위해 구성한 교단발전연구위원회(위원장 총회장, 서기 박종수, 회계 손창희, 위원: 박두욱 박창환 이금도 오병세 이금조 조긍천 조재태 김정남 박현진)가 2000년대를 바라보며 교단의 정책 수립에 관한 문제들을 연구한 것을 보고하고 총회는 이를 결정한다. 그중에 우리가 주목할 것은 교리표준의 강화를 위한 훈련을 하기로 했다는 것과, 9월 둘째 주일(총 노회 조직 1952년 9월 11일)을 교단 주일로 지키도록 건의하기로 한 것이다. 다음 총회인 제39회 총회(1989년)에서도 이어서 교리표준의 훈련강화를 위해 개체 교회에서 신앙고백서를 강해하도록 권장하기로 결정하였다. 이 모든 정책 수립의 배경에는 오병세 교수가 있었다. 오 교수는 교단발전연구위원회의 위원이기도 했지만, 그가 주도하여 모든 미래정책의 방향을 설정하고 위원회에 발표하기도 하였다. 물론 얼마나 각 교회가 총회의 결정을 이행했는지는 별개의 문제이지만, 총회가 교리표준의 훈련강화를 위해 결정한 것 자체는 큰 의미가 있는 것이었다. 다만 아쉬운 것은 이로부터 20여 년 전 제15회 총회(1965년 9월)가 종교교육부(부장: 오병세 목사)가 청원한 종교교육에 관한 교육이념, 교육목적, 주교교육목표, 교과과정의 설정과 공과 집필을 허락하고

1966년, 1967년 장년 공과를 웨스트민스터 소교리문답을 교재로 할 것을 허락한 것처럼[37] 총회 차원에서 적극적이고 구체적으로 공적으로 교재 발간을 하고 자료를 제공하는 후속 조처가 없었던 점이다.

6) 제5차 개정헌법과 교리표준의 새로운 번역(제42회 총회, 1992년 9월)

제39회 총회(1989년 9월)는 제37회 총회(1987년 9월)가 구성한 교단발전연구위원회의 제안으로 헌법 전반에 걸쳐 수정을 연구하는 15인의 헌법수정연구위원회를 만들었다(위원장 오병세, 서기 백종우, 회계 지득용, 위원: 이금도 정판술 최해일 김인규 이지영 조긍천 김종삼 신명구 박창환 유윤욱 김장수 이재술).[38] 그리고 제40회 총회에서 헌법개정위원회(위원장 오병세 목사)로 변경된 동 위원회는 1년 동안 준비를 하여 제41회 총회(1991년 9월)에 개정안을 제출하였고, 총회는 이를 심의하고 원안대로 받아서 각 노회의 1992년 4월 정기 노회에서 수의하기로 하였다.[39]

노회에 수의한 헌법개정안은 헌법 전반을 망라한 것이었다. 특별히 교리표준은 신앙고백에서 제6장, 제11장, 제14장, 제17장, 18장, 제19장, 제21장, 제22장, 제23장에서, 그리고 대교리문답과 소교리문답 역시 전반적으로 새롭게 번역하였다.

---

37   제11회-20회 총회록, 105.

38   제39회 총회록, 14, 17-18.

39   제41회 총회록, 13.

7) 교리표준 문서 재번역, 헌법 전문과 3대 공교회 신경 수록(제61회 총회, 2011년 9월)

가. 교리표준 문서 재번역

교리표준을 번역한 지 15년 후인 제56회 총회(2006년 9월)는 동부산노회와 전남동부노회의 헌의로 교리표준 문서를 재번역하기로 하고 이를 고려신학대학원 교수회에 맡겨 추진하기로 결정하였다. 마침내 헌법 전문과 함께 새롭게 번역된 교리표준 문서는 노회 수의를 통과하여 제61회 총회에서 공포되고 2011년에 개정헌법에 수록되었다.

나. 부록에 있던 십이 신조(12신조)를 생략하고 3대 공교회 신경으로 대체하여 수록하다

1992년 개정헌법에서 부록으로 실린 12신조는 2011년 개정헌법에서 마침내 사라지게 되고 3대 공교회 신경(사도신경, 니케아 신경, 아타나시우스 신경)으로 대체되었다. 12신조를 삭제하고 3대 공교회 신경을 수록한 것은 고신 교회가 공교회임을 다시 천명하는 일이다.

여기서 간략하게 1907년 대한예수교장로회 독노회에서 채용한 십이신조의 위치 변천의 역사를 개관하면 다음과 같다:

1934년 헌법: 신조-성경요리문답-교회정치-예배모범-권징조례

1974년 (고신): 신앙고백서-대교리문답-소교리문답-십이신조-교회정치-예배모범-권징조례

1981년 (고신): 신앙고백서-대교리문답-소교리문답-십이신조-교

회정치-예배모범-권징조례

1992년 (고신): 신앙고백서-대교리문답-소교리문답-교회정치-예배지침-권징조례-십이신조(부록)

2011년 (고신): 삭제하고 3대 공교회 신경으로 대체

8) SFC 강령 중 "전통적 웨스트민스터 신앙고백서"에서 '전통적'의 의미 연구 청원과 보고

가. 남마산 노회와 부산노회의 청원(제62회 총회, 2012년 9월)

제62회 총회(2012년 9월)에는 두 노회로부터 SFC 강령에 들어가 있는 "전통적 웨스트민스터 신앙고백서"에서 "전통적"의 의미를 밝혀달라는 청원이 제기되었다. 이 청원에는 '전통적' 웨스트민스터 신앙고백서는 한마디로 34장과 35장이 추가되지 않은, 1647년 스코틀랜드 총회가 받은 33장으로 구성된 본래의 웨스트민스터 신앙고백서를 가리킨다는 전제가 깔려 있었다. 즉, 34장과 35장이 추가된, 지금 고신교회가 채택한 웨스트민스터 신앙고백서는 전통적인 것이 아니라는 것이며, 1903년에 두 장을 첨가한 미국연합장로교회의 신앙고백서는 당시 성경고등비평 등 새로운 신학적 흐름에 호의적인 신학파와 이에 비판적인 구학파 사이에 타협이라는 것이다.[40]

나. 교수회의 보고(제64회 총회, 2014년 9월)

---

40 손성은, "고신 총회 설립 60주년: 고신은 어디로 가고 있는가?."
출처: http://www.kscoramdeo.com/news/articleView.html?idxno=5354.

2년이 지난 후인 2014년 9월에 열린 제64회 총회에서는 "전통적 웨스트민스터신앙고백서"에서 '전통적'이라는 말은 의미가 확실하지 않다고 보고 앞으로 더 연구해야 할 과제로 제시하였다. "전통적 웨스트민스터신앙고백서"가 반드시 33장으로 구성된 1647년의 웨스트민스터신앙고백서를 가리키지 않는다고 하였다. 기존에다 추가된 34장, 35장의 내용에 대한 신학적 평가는 상당히 서로 엇갈리는 점이 있다면서 원만한 결론적 평가에 이르기까지는 상당히 길고 지난한 과정의 논쟁을 거쳐야 할 것이라고 하였다.[41]

9) 교리표준 해설서 발간(제64회 총회에서 허락, 2014년 9월)

제64회 총회(2014년 9월)는 관리표준(예배지침, 교회정치, 권징조례) 해설 발간 후 헌법해설집발간위원회(위원장 윤희구 목사)가 청원한 교리표준(웨스트민스터신앙고백서, 대교리문답, 소교리문답) 해설을 공적인 인준과 함께 출간 허락도 받았다.[42] 교리표준해설은 고려신학대학원에서 교의학 과목을 가르치는 유해무 교수가 전문위원과 집필위원으로 위촉을 받아 집필을 맡았다. 이로써 고신교회는 총회에서 교리표준을 공식으로 채택된 지(제19회 총회, 1969년 9월) 45년 만에 총회가 인준하는 공적인 해설서를 갖게 되었다.

2. 교리표준사용에 대한 평가

---

41   제64회 총회록, 208-214.

42   제64회 총회록, 60.

교리표준이 지난 70년동안 고신교회의 신학과 생활에서 어떻게 사용되었는지를 평가해 보아야 한다. 아래에 몇 가지 예만 들었는데, 모두 각각 결정의 근거로 교리표준을 제시하였다.

1) 교단과 단체 교류, 강사 선정과 강단 교류

고신교회가 채택한 교리표준은 무엇보다 타 교단이나 단체와 맺는 교류 문제에서 적용되었다. 고신교회가 왜 1960년대 중후반에 개혁주의세계대회(RES)를 탈퇴하고 맥킨타이어 박사가 이끄는 국제교회협의회(ICCC)와 우호 관계를 단절하고 화란개혁교회(해방 측)와 교류하며 개혁주의교회협의회(ICRC)의 회원이 되었는지는 오직 이 관점에서만 이해할 수 있다. ICCC는 미국의 페이스(Faith) 신학교와 성경장로교회를 중심으로 칼 매킨타이어(ICCC의 총재) 박사가 주도하는 국제교회연합단체로서 이들의 신학성향은 복음주의나 개혁주의라기보다 근본주의에 가까웠기 때문이다. 그리고 화란개혁교회(해방 측)와 교류하고 개혁주의교회협의회(ICRC)의 회원이 되는 것은 곧 이와 반대 노선을 걷는 개혁주의세계대회(RES)를 탈퇴하는 것을 의미하였다.

고신교회가 가지고 있는 교리표준은 제21회 총회(1971년 9월)에서 강단 교류에도 적용되었다. 즉, 국내외를 막론하고 칼빈주의 보수 교단으로 본 교단의 신앙 신학 생활에 맞지 않는 교단은 거부하기로 하고 제27회 총회(1977년 9월) 역시 타 교단과의 교류와 강단 교류 문제에 관해서 선명하게 입장을 밝혔다. 타 교단과의 연합집회에서는 사도신경을 고백하는 교단과 가능하지만, 교육 관련 집회에서는 강사는 반드시 해 지도기관의 인준을 받기로 하였다.

이러한 견지에서 제35회 총회(1985년 9월)가 강단 교류 문제와 관련하여 몇 년간의 연구와 유보와 고심을 거듭한 끝에 종전의 입장에서 후퇴하여 해 교회 당회의 재량에 위임하는 결정을 내린 것은 교리표준이 시간이 지남에 따라서 이제 강단 교류와 관련하여 점점 느슨해져가고 있음을 반증하는 것이라 할 수 있다. 개체교회의 강단 교류를 해 당회에 위임하였기에 총회는 이제 이 문제, 강단 교류와 관련하여 교리표준을 잣대로 개체교회를 지도할 수 없게 되었다. 교리표준은 무엇보다 바른 교훈을 설교하고 전하는 강단에 가장 엄격하게 적용되어 강단에서 하나님의 말씀이 정확하고 순전하게 선포되는 교회의 표지를 지켜야 했다. 그럼에도 총회가 해 교회에 강단 교류의 일을 위임하므로 이 일에 직무를 유기한 것과 다름이 없다.

2) 신학 교수의 사상

교리표준을 총회는 목회자를 양성하는 신학교와 신학교의 교수들에게 엄격한 잣대를 대었다. 성령론 문제로 안영복 교수가 학교를 떠나는 일이 발생하였고 이후 이성구 교수와 양낙흥 교수는 총회에서 신학 사상을 검증받아야 했으며 종교개혁 500년을 맞는 제67회 총회(2017년 9월)와 제68회 총회(2018년 9월)에서는 신학대학원 교수들이 이신칭의 복음에 근거한 신학을 총회 앞에서 천명해야 했다.

3) 이혼한 성도의 직원 임직

제53회 총회(2003년 9월)는 "이혼한 경력자 임직 불가의 총회 결의는 조건 불문하고 모든 경우에 유효한 것인지에 관한 질의"에 대해 교리표준에 근거하여 대답을 하였다. 이전 총회는 이혼한 경력을 가진 자는 항존 직원 임직이 불가한 것으로 결정을 내린 바가 있었다. 그러나 제53회 총회는 웨스트민스터 신앙고백서 제24장 5조, "만약 결혼 후에 간음한 사실이 있을 때, 순결한 편이 상대편을 죽은 것으로 간주하여 이혼 소송을 하고, 이혼 후에 다른 사람과 결혼하는 것은 합법적이다" 라고 명시한 것을 제시하며 합법적으로 이혼한 경우에는 임직이 가한 것으로 결정을 내렸다.

4) 생활

성도 간에 사회 법정에 소송하는 것에 대해 제24회 총회(1974년 9월)는 소송 문제에 관한 제23회 총회 결의는 우리의 교리표준(신앙고백, 대요리문답, 소요리문답)에 위배된 결의이므로 다음과 같이 수정하도록 가결하였다: "사회법정에서의 성도간의 소송행위가 결과적으로 부끄러울 수 있으므로 소송을 남용하지 않도록 하는 것이 총회의 입장이다." 앞선 제23회 총회(1973년 9월)는 "성도간의 세상 법정 제소는 이유 여하를 막론하고 신앙적이 아니며 건덕 상 방해됨으로 하지 아니하는 것이 총회의 입장이다"라고 하였다.

고신교회는 고려 교단과 통합한 제65회 총회(2015년 9월)에 이 문제를 양 교단의 통합원칙에서 표명하였다: "통합추진위원회가 청원한 대로 고린도전서 6장 1-10절의 말씀의 가르침에 따라 '의료법인, 학교법인, 유지재단, 은급재단, 고신언론사 등 운영상 부득이 한 경우는 예외로 할지라도 총회 산하의 목회자와 교회와 성도는 사회법정 소송은 불가한 것'을 전원찬성으로 가결하다." 즉, 이 결정은 다시 제 23회 총회 결정으로 돌아가는 것이다. 그렇다면 제23회 총회 결정이 교리표준에 위배된다고 한 제24회 총회의 결정은 어떻게 이해해야 할까? 이때 교리표준은 어떤 잣대로 어떤 용도로 사용되었으며, 또 이는 과연 바람직한 것이었는가? 우리는 여기서 교리표준이 언제든 지 우리의 주장을 관철하기 위해 남용될 수 있음을 볼 수 있다.

한편 제43회 총회(1993년 9월)에는 제42회 총회(1992년 9월)에서 공포하고 출간된 개정헌법과 관련한 질의가 들어왔다. 즉, 구 헌법 (1981년 개정헌법) 헌법적 규칙 제2조(교인의 의무) 3항에서 적시하고 있는 술, 담배 금지가 신 헌법(1992년 개정헌법)에 삭제된 이유에 관한 질의였다. 이에 대해 총회는 구 헌법에서 규정한 술 담배 금지 는 교회정치 제3장 제22조(교인의 의무)에 넓게 포함되어 있고 특히 세부적인 것은 대교리문답 119문, 136문에 명시되어 있으므로 '술 담 배 금지'라는 구체적인 것을 나열하지 아니하였다는 답변을 하였다. 총회는 새 헌법이 술과 담배를 금지한다는 구체적인 내용을 삭제하 였지만 교리표준인 대교리문답 119문답과 136문답에서 그 원리가 명 시적으로 제시되었다는 것을 근거로 답변을 한 것이다.

5) 대정부 관계(시국선언문)

제55회 총회(2005년 9월)에는 충청노회에서 제출한 문의가 들어 왔는데, 내용인즉 직전 총회인 제54회 총회(2004년 9월)에서 결의한 시국선언문 채택이 우리의 신앙고백서와 일치하거나 옳은지에 대한 것이었다. 그때 채택한 시국선언문은 다음과 같다:

"나라를 위한 우리의 결의

대한예수교장로회 제54회 총회는 이 나라가 당면한 갖가지 혼란과 갈등, 체제와 안보, 경제와 사회전반에 걸친 위기상황을 염려하고 하나님 앞에 우리의 허물과 죄를 통회하며 간절히 기도하면서 우리의 입장을 다음과 같이 밝힌다.

1. 우리는 일제 때 신사참배를 거부하고 처참한 옥중에서 신앙의 순결을 지키다가 해방으로 출옥한 성도들이 주축이 되어 세운 교단이다. 우리는 단군상이란 새로운 우상이 전국 곳곳에 세워져 국민정신과 국가 위상의 손상은 물론 어린 생명들에게 악 영향을 끼치고 있어 이의 철거를 위해 정부는 보다 적극적인 대책을 수립할 것을 촉구한다.

2. 최근 우리사회는 자유민주주의 시장경제체제와 건국이념을 부정하는 친북, 반미 좌경세력이 각계각층에서 공공연히 활동함으로서 우리들의 우려와 불안을 심화시키고 있다. 우리는 대통령이 헌법이 규정한 국가의 정체성을 확고히 지켜줄 것을 간곡히 촉구한다.

3. 우리는 지난 수년 여간 급속도로 좌경화 되어지는 대한민국의 생존공간을 바라보면서 좌시할 수 없는 현상들에 대해서는 분명한 목소리를 내어야 한다. 국민 여론을 오도하며 편파보도를 일삼는 어용 매체들을 분변하여 그들의 존립을 어렵게 만들어야 한다.

4. 우리는 국가보안법 개폐에 관련한 헌법 재판소와 대법원의 판시를 옳게 여기며 현행 국가 보안법이 정권안보와 특정사안을 위해 악

용되지 않기를 바란다. 특히 이의 폐지를 선동하는 김정일 세습독재 집단의 지령에 동조하는 자들을 가려내어 처벌할 것을 촉구한다.

5. 우리는 정부가 북한 인권에 대해 계속 침묵하는 이유를 알지 못하며 오히려 의아하게 생각한다. 탈북난민 보호와 북한 인권에 대한 국제 사회와의 공조에 적극적으로 임해 줄 것을 촉구한다.

6. 우리는 정부가 천도를 의미하는 행정수도 이전 문제로 국론이 분열되고 있는 현실을 안타깝게 여긴다. 대통령은 선거 전후에 약속한 대로 적당한 시기에 국민투표를 실시하여 이전 여부를 결정 할 것을 간곡히 촉구한다.

7. 여당이 추진하는 사립학교법 개정 문제는 결과적으로 건학이념과 장학정신의 훼손을 가져올 것이 우려된다. 특히 기독교 신앙을 부정하고 거역하는 좌파 성향조직들의 사학침투 음모가 예견되는 이때 우리는 합심하여 사학 이념수호 육성에 매진 할 것을 천명한다.

8. 우리는 현 정권이 민심의 소재를 정확히 파악하며 좌로나 우로 치우치지 않는 공의와 진리를 위해 굳게 서서 세계 12위의 국가발전과 선교한국의 기틀을 견고히 지켜 나갈 것을 진심으로 기원한다.

2004년 9월 23일 대한예수교장로회(고신) 총회"

이 문의에 대해 제55회 총회(2005년 9월)는 제54회 총회(2004년 9월)가 합당하게 결의한 것으로 가결하였다. 충청노회는 시국선언문이 신앙고백서와 일치하거나 옳은 것인지를 문의하였다. 아마도 신앙고백서 제31장(대회와 공의회) 제4항의 내용인 "대회와 공의회는 교회적 사안만을 다루어야 한다. 비상시국에 겸허한 청원이나 국가공직자의 요청을 받아 양심상 행하는 조언 외에는 국가와 연관된 시민적 사안에 개입하지 말아야 한다"을 염두에 한 질의였을 것이다. 위 신앙고백서는 분명히 총회는 교회적 사안만을 다루어야 한다고 하였다. 다만 비상시국일 때는 겸허한 청원을 할 수 있다고 하였다. 따라서 위 선언문이 과연 비상시국에서 나온 겸허한 청원인지가 관건이다. 어쨌든 제55회 총회는 위 선언문이 합당하다고 판단하였다.

3. 과제

고신교회가 지난 70년 동안 교리표준을 언제 어떻게 채용하고 수용하였는지 그 역사를 살펴보았다. 나아가 그 교리표준이 지난 70년 동안 어떻게 기능하였는지를 살펴 보았다. 이를 토대로 교리표준과 관련하여 70년을 맞는 고신교회가 이루어야 할 과제는 어떤 것일까?

첫째, 고신교회는 하나님의 특별한 섭리로 장로교회의 표준문서를 모두 공적으로 채용하였다. 또 적당한 때에 새롭게 번역도 하고, 교리표준 해설서도 총회가 허락하여 출판하였다. 2011년에는 3대 공교회 신경을 수록하여 고신교회가 공교회임을 천명하였다. 이 모든 것은 하나님께서 자기 교회를 사랑하시고 자기 백성을 보전하시는 특별한 은혜이다. 다만 이 교리표준을 각 개체교회에서 광범위하게 (어린이, 학생, 청년, 장년 용 교재) 사용될 수 있도록 총회교육원과 연계하여 다양한 교재와 자료를 계발하고 보급하는 것이다. 학습과 세례, 입교 교육 교재로, 구역이나 주일학교 공과 교재로도, 청년을 위한 심화 교재, 목회자를 위한 설교 교재로도 사용될 수 있도록 다양한 교육 방법과 교육 재료를 동원해야 한다. 고려신학대학원에서 먼저 교리표준이 성경적으로 신학적으로 해설되어야 하며, 교수들이 자기 분야에서 이 교리표준을 연구하여 교회의 유익과 교회 건설을 위해 풍성한 열매를 내놓아야 한다. 교리표준을 토대로 성경 공부 교재와 좋은 설교집도 나와야 한다.

둘째, 당회와 노회와 총회는 중요한 결정을 내릴 때마다 교리표준을 토대로 해야 하며 또 이를 교회 질서와 공예배와 교회 생활, 성도의 믿음과 생활, 교류와 선교에 적용해야 할 것이며, 그리고 결정하기 전에는 먼저 교리표준을 바르게 적용하기 위한 충분한 성경 연구와 활발한 토의가 반드시 있어야 한다. 성도 간 송사 문제나 시국 선언문 채택 문제 등은 교리표준이 얼마든지 자칫 남용될 수 있음을 보여주었다. 타 교단과의 교류와 통합은 물론 특별히 강단 교류에도 교리표준을 엄격하게 적용해야 한다. 강단을 지켜야 하나님의 말씀이 정확히 선포되는 교회의 표지를 가질 수 있고, 이로써 고신 교회의 정체성을 지킬 수 있기 때문이다.

3장

고신교회 70년과 '교인의 의무와 권리'

16세기 종교개혁을 통해 회복한 이신칭의(以信稱義) 복음은 바른 교훈의 회복을 넘어 교회정치에서 교인 한 사람 한 사람이 얼마나 중요한지를 각성시켰다. 특히 교회에서 교인이 갖는 권리에 지대한 영향을 미쳤다. 이는 당시 성직자들의 교직 제도(hierarchy) 위에 지탱되는 중세교회 상황에서 가히 혁명적이었다. 교인의 권리가 이신칭의의 복음에서 시작되고 16세기 종교개혁을 통해 얻은 열매라면 지난 70년 고신교회 역사에서 이 점이 어떻게 드러났을까? 나아가 교인의 의무는 어떠했을까?

헌법의 역사를 개관하면서 <헌법>이나 <헌법적 규칙>에 명시적으로 '교인의 의무와 교인의 권리'라는 이름으로 규정된 조항을 중점적으로 살피는 것이 필요하다. 또 헌법 <예배모범>(예배지침)에서 '헌금'을 어떻게 서술하였는지에 주목하고, 그리고 교인으로서 갖는 권리 중에서 공동의회를 소집할 수 있는 권리를 다룬 조항을 중심으로 살펴야 한다. 그리고 간략하게 한국 장로교회의 중요한 교단에서 이 주제를 다룬 조항을 살피려고 한다.

1. 헌법의 역사에 나타난 교인의 의무와 교인의 권리

1884년 선교사의 입국 이후 1907년에 최초로 대한예수교 장로회 노회가 세워지고 이때 12개 신조와 교회정치가 채용되었으나, 이후 1960년 고신 교회와 승동 측 교회가 합동할 때 만든 헌법(1961년) 이전까지는 한국 장로교회의 헌법에서 교인의 의무와 교인의 권리에 관한 규정을 찾을 수 없다.

1) 1961년 승동측과의 합동 헌법 <헌법적 규칙> 제2조와 제3조

고신교회가 예장 승동측 교회와 합동할 때 합동 개정헌법을 제정하는데, 합동 제46회 총회(고신 제11회 총회, 1961년 9월 21일)는 헌법 외에 헌법의 내용을 보완하고자 <헌법적 규칙>으로 총 13조를 채택하였다. <헌법적 규칙>이란 헌법의 내용을 보충하기 위해 만든 시행세칙과 같은 성격을 띤 것이다. 이는 상황에 따라 얼마든지 변경하기 쉬운 것으로서 수정할 때는 각 노회의 동의를 구하는 수의 과정을 거칠 필요가 없고 곧장 총회에서 결정할 수 있다. 바로 1961년 9월에 열린 총회, 즉 고신교회와 승동 측 교회가 합동한 총회가 제정한 <헌법적 규칙>에서 제2조는 교인의 의무를 제3조는 교인의 권리를 다음과 같이 규정하였다:

"제2조 교인의 의무

1. 교인은 교회의 정한 예배회와 기도회와 모든 교회 집회에 출석하여야 한다.

2. 교인은 노력과 협력과 거룩한 교제로 교회 발전에 진력하며 사랑과 선행(善行)으로 하나님을 영화롭게 하여야 한다.

3. 교인은 교회의 경비와 사업비에 대하여 성심 협조하며 자선과 전도 사업과 모든 선한 일에 노력과 금전을 아끼지 않아야 한다.

4. 성경 도리를 힘써 배우며 전하고 성경 말씀대로 실행하기를 힘쓰며 예수 그리스도의 정신을 우리 생활에서 나타내어야 한다.

5. 교회의 직원으로 성일(聖日)을 범거나 미신(迷信) 행위나 음주흡연(飮酒吸煙) 구타하는 등의 행동이나 고의(故意)로 교회의 의무(義務)금을 드리지 않는 자는 직임(職任)을 면(免) 함이 당연하고 교인으로는 의무를 이행하지 않는 자로 간주한다.

6. 교인은 진리(眞理)를 보수(保守)하고 교회 법규(法規)를 잘 지키며 교회 헌법에 의지하여 치리함을 순히 복종하여야 한다.

제3조 교인의 권리

교회의 주권과 모든 권리는 교인에게 있다.
1. 교인은 교회 헌법대로 순서를 따라 청원(請願) 소원(訴願) 상소(上訴)할 권리가 있다.
2. 교인은 지교회에서 법규대로 선거 및 피선거권이 있다. 그러나 무

고히 6개월 이상 본 교회 예배회에 계속 출석치 아니한 교인은 위의 권리가 중지된다.

3. 무흠 입교인은 성찬에 참례하는 권한이 있다.

4. 교인은 그리스도의 몸된 교회를 위하여 분량(分量)에 따라 일할 [奉仕] 특권이 있다."

불행하게도 자료의 부재로 우리는 어떤 배경에서 헌법적 규칙에 교인의 의무와 교인의 권리를 담았는지를 알 수 없다. 다만 분명한 것은 고신교회와 승동 측 교회, 두 교회의 합동 이전에 고신교회는 1957년에 개정한 교회정치를, 승동 측 교회는 1955년에 개정한 교회 정치를 각각 가지고 있었는데 이 모두에는 <헌법적 규칙 자체>가 없 었다는 점이다.[43]

2) 고신교회의 환원과 무효가 된 '교인의 의무와 교인의 권리'

고신교회는 환원을 위해 소집한 제13회 총회(1963년 9월)에서 1961년의 합동 헌법을 무효화하고 1957년 개정헌법으로 다시 돌아감 으로 위 '교인의 의무와 교인의 권리' 규정은 고신교회에서 자연스럽 게 사라지고 말았다.

3) 1981년 개정헌법 <헌법적 규칙> 제2조, 제3조

1974년에 헌법이 개정되지만, 1981년에 제정한 개정헌법에 가서

---

43 예장 승동(합동) 제40회 총회회록(1955년 9월), 319-320.

야 합동 제46회 총회/고신 제11회 총회(1961년 9월 21일)가 채택한 '교인의 의무와 교인의 권리' 조항이 일부 수정되어 신설한 <헌법적 규칙>에 다음과 같이 실렸다

"제2조(교인의 의무)

교인은 교회의 정한 예배회와 기도회와 모든 교회 집회에 출석해야 할 의무가 있다.

교인은 교회의 경상비와 기타 주님의 사업에 성심으로 헌금하며 협조하여야 한다.

교회의 직원으로서 성일을 범하거나 미신행위나 술을 약용 외에 마시거나 담배를 피우거나 구타하거나 헌금을 드리지 아니하는 일들을 계속적으로 하면 당회는 살펴서 면직시킴이 가하고 교인의 의무를 행하지 아니하는 자로 간주한다.

교인은 진리를 보수하고 교회의 법규를 잘 지키고 치리를 잘 순종하여야 한다.

제3조(교인의 권리).

교인은 교회 헌법에 따라 진정, 청원, 소원, 상소할 권리가 있다. 교인이 노회에 어떤 서류를 제출하고자 할 때는 당회를 경유하여야 하나 거부할 때는 그 회가 이유서를 첨부하여 한다.

교인은 지교회에서 법규대로 선거투표권 및 피선거권이 있으나 무고히 6개월 이상 본교회 예배에 계속 출석하지 아니한 교인은 권리가 중지된다."

이를 다음의 표에서 1961년 합동 헌법의 헌법적 규칙과 1981년 고신 헌법 헌법적 규칙을 비교하자.

<표>

	1961년 합동 헌법 헌법적 규칙	1981년 고신 헌법 헌법적 규칙
제2조 교인의 의무	1. 교인은 교회의 정한 예배회와 기도회와 모든 교회 집회에 출석하여야 한다.	1. 교인은 교회의 정한 예배회와 기도회와 모든 교회 집회에 출석해야 할 의무가 있다.
	2. 교인은 노력과 협력과 거룩한 교제로 교회 발전에 진력하며 사랑과 선행(善行)으로 하나님을 영화롭게 하여야 한다.	
	3. 교인은 교회의 경비와 사업비에 대하여 성심 협조하며 자선과 전도 사업과 모든 선한 일에 노력과 금전을 아끼지 않아야 한다.	2. 교인은 교회의 경상비와 기타 주님의 사업에 성심으로 헌금하며 협조하여야 한다.
	4. 성경 도리를 힘써 배우며 전하고 성경 말씀대로 실행하기를 힘쓰며 예수 그리스도의 정신을 우리 생활에서 나타내어야 한다.	
	5. 교회의 직원으로 성일(聖日)을 범하거나 미신(迷信) 행위나 음주 흡연(飮酒吸煙) 구타하는 등의 행동이나 고의(故意)로 교회의 의무(義務)금을 드리지 않는 자는 직임(職任)을 면(免) 함이 당연하고 교인으로는 의무를 이행하지 않는 자로 간주한다.	3. 교회의 직원으로서 성일을 범하거나 미신행위나 술을 악용 외에 마시거나 담배를 피우거나 구타하거나 헌금을 드리지 아니하는 일들을 계속적으로 하면 당회는 살펴서 면직시킴이 가하고 교인의 의무를 행하지 아니하는 자로 간주한다.
	6. 교인은 진리(眞理)를 보수(保守)하고 교회 법규(法規)를 잘 지키며 교회 헌법에 의지하여 치리함을 순히 복종하여야 한다.	4. 교인은 진리를 보수하고 교회의 법규를 잘 지키고 치리를 잘 순종하여야 한다.

제 3 조 교 인 의 권 리	교회의 주권과 모든 권리는 교인에게 있다. 1. 교인은 교회 헌법대로 순서를 따라 청원(請願) 소원(訴願) 상소(上訴)할 권리가 있다.	1. 교인은 교회 헌법에 따라 진정, 청원, 소원, 상소할 권리가 있다. 교인이 노회에 어떤 서류를 제출하고자 할 때는 당회를 경유하여야 하나 거부할 때는 그 회가 이유서를 첨부하여야 한다.
	2. 교인은 지교회에서 법규대로 선거 및 피선거권이 있다. 그러나 무고히 6개월 이상 본 교회 예배회에 계속 출석치 아니한 교인은 위의 권리가 중지된다.	2. 교인은 지교회에서 법규대로 선거투표권 및 피선거권이 있으나 무고히 6개월 이상 본교회 예배에 계속 출석하지 아니한 교인은 권리가 중지된다.
	3. 무흠 입교인은 성찬에 참례하는 권한이 있다.	
	4. 교인은 그리스도의 몸된 교회를 위하여 분량(分量)에 따라 일할[奉仕] 특권이 있다."	

1981년의 규정을 중심으로 1961년의 규정을 비교하면 다음의 변화를 뚜렷하게 알 수 있다.

첫째, 교인의 의무에서 2항과 4항을 삭제하였다.

둘째, 교인의 권리에서 3항과 4항을 삭제하였다. 대신 교인이 가지는 교회 헌법에 따라 청원, 소원, 상소할 권리와 함께 '진정'할 권리도 포함하였다. 그리고 "교인이 노회에 어떤 서류를 제출하고자 할 때는 당회를 경유하여야 하나 거부할 때는 그 회가 이유서를 첨부하여야 한다"를 첨가하였다.

이러한 변화를 어떻게 평가할 것인가?

첫째, 무슨 이유로 교인의 의무 2항과 4항을 빠뜨렸을까? 아마도 이 두 조항이 다른 조항과 비교해서 너무 광범위하고 일반적이며 구체적이지 않기 때문이 아니었을까, 조심스럽게 추정할 수 있다. 그러나 어떤 이유로든 2항과 4항의 내용을 첨가하지 않은 것은 결코 잘한 것이 아님을 알 수 있다.

둘째, 교인의 권리에서 3항과 4항을 빠뜨린 것은 치명적이라 할 수 있다. 3항은 교인이 성찬에 참여하는 권리를 가리키는데 이것만큼 중요한 교인의 권리가 어디에 또 있을까? 이 권리가 너무나 중요하기에 교인이 어떤 잘못으로 수찬정지(受餐停止)라는 책벌을 받을 때 성찬에 참례하는 권한을 제한하지 않는가? 그런데 이 성찬 참여하는 권리를 교인의 권리로 규정한 조항을 빼버렸으니 이로써 성찬을 경시했다는 비난을 피할 수 없다.

또 4항은 교인은 교회를 위하여 분량에 따라 일할(봉사) 특권이 있다고 한 것인데, 이를 삭제하고 말았다. 1992년 개정헌법부터 현 개정헌법에 이르기까지 '봉사'는 이제 특권이 아니라 '의무'가 되고 말았다. 적어도 믿음의 선진들은 교인이 그리스도의 몸인 교회를 위하여 분량에 따라 일하는 것을 특권으로 보았다.

4) 1981년 헌법 <예배모범> 제18장 헌금(1934년 헌법 <예배모범> 제18장 헌금과 동일)

1981년 헌법의 <예배모범> 제18장(헌금)을 여기 싣는 것은 이후 헌법(1992년 헌법, 2011년 헌법)에서 어떻게 헌금이 교인의 의무로 탈바꿈하는지를 살펴보기 위함이다. 아래에서 보는 것처럼 1981년 헌법 <예배모범>에서는 헌금을 교인의 의무로만 제시하지 않았고,

헌금의 순서와 어느 예배에서 시행하는 등 헌금에 관한 것은 각 교회의 목사와 당회의 결의대로 할 것이라고 하였다. 이 내용이 이후 헌법 역사에서 어떻게 변형되는지 주목해야 한다. 한편 1981년 개정헌법 예배모범 제18장(헌금)은 시간을 거슬러 올라가면 순서와 내용에서 조선예수교장로회 1934년 헌법 <예배모범>와 동일하다. 물론 고신 교회의 1974년 개정헌법 <예배 모범>과도 동일하다:

"1. 교회의 각 신도는 주께로부터 받은 재물을 가지고 정한 규례대로 헌금하는 일을 배양할지니, 이로써 주 예수 그리스도의 명하신대로 복음을 천하 만민에게 전파하는 일을 도움이 옳으니, 주일마다 이 일을 위하여 회중으로 헌금하는 기회를 정하는 것이 합당하고, 매우 아름다운 일이다. 성경에 가르치신대로 이같이 헌금하는 것은 전능하신 하나님께 엄숙히 에배하는 것의 일부분으로 한다.

2. 헌금은 어느 예배회에서 할 것과 그 순서는 목사와 당회의 결의대로 할 것이요, 목사는 헌금하는 일을 예배의 일부분이 되게 하기 위하여 헌금 전 혹 후에 특별히 간단한 기도로 복주시기를 구하고 주의 물건으로 봉헌할 것이다.

3. 그 수납금은 당회의 감독하에서 교회 각 대리국과 기타 자선 사업과 그리스도의 사업을 위하여 분배한다. 분배 다소와 일체 계획은 시시로 의결하되, 혹 헌금하는 자가 특별한 소원이 있을 때는 그의 원을 따라 삼가 행할 것이다.

주일 학교와 기타 부속회와 기관에서 수납하는 헌금액은 정기적으로 교회 당회에 보고하여 인가를 얻을 것이요, 당회의 허가 없이는 대한 예수교 장로회와 관계 없는 무슨 사업을 막론하고 헌금이나 모금할 수 없다.

4. 목사마다 자기 교회가 단 마음으로 헌금하는 습성을 배양하는 것이 마땅하니, 신자마다 다소를 막론하고 자기 힘대로 바치게 한다."(예배모범 제18장 헌금)

5) 1992년 개정헌법

헌법개정위원회 위원장 오병세 교수의 주도로 제42회 총회(1992년 9월)에서 공포한 개정헌법은 교인의 의무와 교인의 권리 측면에서 몇 가지 중요한 개정을 하였다. 먼저 이 1992년 개정헌법이 2011년 개정까지 약 20년을 고신교회에서 교인과 교회의 생활을 주도하고 영향을 끼쳤다는 것을 기억할 필요가 있다.

무엇보다 헌법 <교회정치>에서 '교인'(제3장)이라는 이름으로 한 장을 신설하였다. 기존 헌법은 '교인'에 별도로 한 장을 할애하여 교인으로서 의무와 법적 지위를 규정하지 않았다. 그냥 <헌법적 규칙>에서 다루었을 뿐이다. 그런데 1992년 개정헌법에서는 교인의 권리와 교인의 의무 규정이 <헌법적 규칙>에 있던 것이 <교회정치>로 격상되어 다루어졌다. <교회정치> 제1장에서 교회 정치 8대 원리를 서술한 후에 제2장(교회)과 제4장(교회직원) 사이에 제3장을 신설하여 '교인' 전반을 다루었다. 이는 아주 획기적인 시도로서 교회에서 '교인'이 가지는 법적 지위와 관련한 여러 내용을 일목요연하게 그리고 아주 중요하게 다루고 있기 때문이다. 예를 들면 교인의 권리와 관련하여 교인의 이명(제23조), 신고(제24조), 교인의 자격정지(제25조),

교인의 복권(제26조)을, <헌법적 규칙>에서 교인의 권리, 교인의 이명, 교인의 신고, 교인의 자격정지, 교인의 복권을 보완하여 다시 다루고 있다.

우선 제21조는 '교인의 권리'를 다음과 같이 규정하고 있다:

"입교인은 성찬에 참여할 권리와 공동의회 회원권과 교인으로서의 모든 청구권과 영적 보호를 받을 권리를 가진다."

기존에다 "교인으로서 청구권과 영적 보호를 받을 권리"를 첨가하였다. 특별히 영적 보호를 받을 권리를 첨가한 것은 대단히 긍정적으로 평가할 수 있다. 교인은 설교와 성례와 기도, 심방과 상담 등을 통해 또 목사와 당회와 장로, 기타 교회 직원에게 영적으로 보호를 받을 권리를 주장할 수 있다.

그러나 다음에 나오는 권리는 <헌법적 규칙> 제3조(교인의 권리)에서 예전처럼 <헌법적 규칙>으로 다루었다:

"교인이 노회에 어떤 서류를 제출하고자 하면 당회를 경유하여야 하나, 당회가 이를 거부할 때는 그 이유서를 첨부하여야 한다"

제22조는 '교인의 의무'를 다음과 같이 간략하게 다루고 있다:

"교인은 공적예배 참여, 헌금, 전도, 봉사와 교회치리에 복종할 의무를 가진다."

그리고 <예배지침> 제15조에서 '예배와 헌금'을 다루었다. 여기서 '헌금의 의무'(1항)와 '십일조의 의무'(3항)라는 표현을 사용하였다:

"1. 헌금의 의무: 모든 신자는 예배시에 하나님으로부터 받은 은혜를 기억하고 예배의 일부분으로서 헌금을 드려야 할 의무를 가진다.

2. 헌금의 의의와 종류: 헌금은 성경이 가르치는 원리를 따라 십일조와 헌물로 구분하되 십일조는 교인의 당연한 의무이며, 그 외에 감사헌금, 주일헌금, 기타 건출, 구제 선교헌금 등으로 구별한다. 교회에 드리는 헌금은 강요될 수 없으며 교인 각자의 자유로운 헌납이 되어야 한다.

3. 십일조의 의무: 모든 입교인은 성경에 가르친 대로 소득의 십일조를 이행하여야 하며 이 십일조는 마땅히 소속한 본 교회에 드려야 한다."

위 1992년 헌법에서 규정하여 20년 동안 고신교회의 잣대가 된 교인의 의무와 교인의 권리를 어떻게 평가해야 할까?

첫째, 위에서 지적한 대로 '교인'에 한 장을 할애하여 교인의 지위와 관련된 여러 문제, 예컨대 교인의 이명, 교인의 신고, 교인의 자격 정지, 교인의 복권 등을 일목요연하게 다룬 점에서 크게 평가해야 한다.

둘째, 제22조에서 교인의 의무를 다룰 때 아주 간략하게 공적 예배 참여, 헌금, 전도, 봉사, 교회 치리에 복종할 의무를 제시함으로

"주일성수를 범하는 것과 미신행위나 술을 약용 외에 마시거나 담배를 피우는 것, 헌금을 드리지 아니하는 것 등" 기존에 교인의 의무로 제시할 뿐 아니라 이로써 당회가 직분을 면직까지 할 수 있도록 지나치게 상세하게 언급한 내용을 삭제한 것은 혹시라도 신자의 자유를 제한하고 율법주의로 흐를 수 있는 소지를 예방하는 측면에서 일단 긍정적으로 평가할 수 있다.

셋째, 교인의 권리에서 "청원, 소원, 상소할 권리"를 삭제한 것은 양심의 자유에 근거한 교인의 권리를 제한시킨 치명적인 개정이다. 물론 교인으로서 모든 청구권을 언급하기는 했으나 이 청구권이 구체적으로 무엇인지 말하지 않는다.

넷째, 무엇보다 예배지침 제15조(예배와 헌금)에서 헌금의 의무와 십일조의 의무를 규정한 점에 주목해야 한다. 예배에서 '헌금'이라는 순서와 요소가 갖는 의의에 관해서는 크게 강조하고 있지 않다. 1992년 개정헌법은 1981년에서 규정한 것처럼 이 의무에 앞서 교인과 목사가 먼저 주님에게서 받은 재물을 가지고 단 마음으로 헌금하는 일을 배양하는 것을 삭제하였다. 이는 헌금을 감사가 아니라 의무로 바꾸고 예배의 요소인 헌금을 무미건조하게 만들었다는 인상을 받지 않을 수 없다. 1981년 헌법 <예배모범>에서 헌금에 관한 전반적인 문제를 목사와 당회의 소관에 맡겼다. 그런데 1992년 헌법은 심지어 헌금의 여러 종류를 열거함으로 율법주의의 오해를 불러일으키는 소지를 주고 있다. 개체교회의 목사와 당회가 얼마든지 가르치고 설교하고 또 규정할 수 있는 일을 이렇게까지 그것도 <예배지침>에서 교인의 의무로만 상세하게 언급한 점은 개혁주의 예배 원리에서 너무 벗어났다고 단언할 수 있다.

다섯째, 마지막으로 지적할 것은 공동의회의 소집과 관련한 교인의 권리이다. 1992년 개정헌법은 제105조(공동의회)에서 공동의회를 소집하는 경우를 열거하였다. 그런데 여기서 1981년 개정헌법의 조항과 비교하면 차이점을 알 수 있다.

1981년 교회정치 제49조는 공동의회 소집을 다루는데, "매년 말 혹은 년초에 정기적으로 회집하고, 제직회의 원서나 무흠 교인 3분지 1의 이상의 청원이나 상회의 명령이 있을 때는 (이런 때에 하회가 소집하지 아니하면 상회가 직접 소집한다) 당회의 결의로 임시회가 소집된다(단, 미조직 교회에서는 당회장이 소집할 수 있다)"고 하였다. 여기서 문제가 되는 것은 공동의회가 임시로 소집되는 요건이다. 특별히 교인 1/3 이상이 공동의회를 임시로 소집을 요청할 때다. 그런데 괄호 안에 있는 대로 이런 때에 하회 즉 당회가 의도적으로 공동의회를 소집하지 아니하면 상회(노회)가 직접 소집할 수 있다고 하였다. 교인 1/3 이상이 공동의회 소집을 요청하면 당연히 당회는 당회의 결의로 공동의회 소집을 해야 하지만, '당회의 결의'를 남용해서 교인의 요청을 거부할 수 있다. 따라서 이 괄호 안의 내용은 특별한 사정이 생겨서 교인 1/3이 공동의회를 임시로 소집하였으나 공동의회 소집권이 있는 당회가 이를 거부할 때 당회의 상회인 노회가 이를 소집하도록 함으로 공동의회 회원인 교인이 공동의회를 소집할 수 있는 권리를 보완하였다. 이 괄호 내용이 1992년 <교회정치>에서는 삭제되었고, 이는 2011년 개정헌법에서도 그대로 이어진다. 이는 당회가 혹시라도 교인의 요청을 거부하고 공동의회 소집을 거부하고 파국으로 가는 극단적인 상황을 예방하지

못하는 결과를 초래할 수 있음을 경계해야 한다:

> "1. 회원 : 공동의회 회원은 그 개체교회 무흠 입교인으로 한다.
>
> 2. 소집 : 공동의회는 다음과 같은 경우에 당회의 결의로 당회장이
>
> 소집하되, 시일, 장소, 안건을 1주일 전에 공고한다.
>
> (1) 정기회 : 1년 1차 이상 정기적으로 회집한다.
>
> (2) 임시회 : 1) 제직회의 청원이 있을 때.
>
> 2) 무흠입교인 3분의1 이상의 청원이있을 때.
>
> 3) 상회의 지시가 있을 때."(교회정치 제105조)

6) 2011년 개정헌법

첫째, 교인의 의무와 교인의 권리에 관련해서 1992년 개정헌법이 가지고 있는 기조는 현 헌법 2011년 개정헌법에도 그대로 이어지고 있다. 다만 교인의 권리 가운데 "2. 교인이 노회에 어떤 서류를 제출하고자 하면 당회를 경유하여야 하나, 당회가 이를 거부할 때는 그 이유서를 첨부하여야 한다."는 기존에는 <헌법적 규칙>에서 다루었으나 2011년 개정헌법에서는 <교회정치> 제24조 2항에서 다루었다.

둘째, 교인의 권리 중에 추가한 대목이 있는데 즉 "개체교회에서 법규에 의한 선거 및 피선거권이 있다"(제24조 1항)고 하였다:

> "교회정치 제24조(교인의 권리) 1. 세례교인은 성찬 참여권과 공동
> 의회 회원권 및 교인으로서의 모든 청구권과 영적 보호를 받을 권리
> 를 가지며, 개체교회에서 법규에 의한 선거 및 피선거권이 있다. 단,

무단 6개월 이상 본 교회 예배에 참석치 않으면 위 권리를 상실한
다."

이는 문제의 소지가 큰 조항이라 할 수 있다. '개체교회의 법규'는
'개체교회가 정한 내규 혹은 정관'을 뜻할 것인데, 여기서 "상위법인
헌법(교회정치)이 규정하는 교인의 권리를 하위법인 개체교회의 내
규가 과연 제한할 수 있는가?"라는 본질적인 질문을 던지지 않을 수
없기 때문이다. 예를 들어서 소위 목장교회 시스템을 운용하는 한 교
회에서 내규를 통해 목장 시스템에 찬성하지 않고 심지어 목장 모임
에 참여하지 않는 교인의 선거권과 피선거권을 제한하는 내규를 정
할 수 있을까? 이는 교회 헌법에서 규정하는 교인의 권리를 축소시
키는 것이 아닐까? 또 다른 지역으로 이사를 하여 이명 증서를 가지
고 이거(移居)한 교회에 등록하였으나 해당 교회가 시행하는 새가족
프로그램을 이수하지 않을 때 그 교인의 권리를 제한한 내규를 어떻
게 받아들여야 할까? 개체교회가 정한 내규와 정관은 자칫 공교회로
서 고신교회의 보편성을 부정하는 일이 될 수 있다는 점을 명심해야
한다. 고신교회 안에서 같은 신앙고백, 같은 교리문답, 같은 예배의
원리, 같은 교회의 질서를 추구할 때 비로소 공교회로서 고신교회의
보편성을 확인할 수 있을 것이다.

셋째, 제25조에서 교인의 의무를 다룰 때 이전 헌법에서보다 더
자세하게 교인의 의무를 다루었다:

"제25조(교인의 의무) 교인은 공예배(주일예배, 오후예배/저녁예배)

와 수요기도회 참여, 헌금(의무헌금인 십일조와 주일헌금 및 성의헌금), 전도(영혼구원을 위하여 헌신), 봉사(교회 내외의 활동을 위한 섬김)와 교회치리에 복종할 의무를 가진다."

교인의 의무를 말하면서 대다수 교인(어린이들과 직장인과 노인을 포함하여)은 여건상 참여하는 것이 불가능한 '수요기도회 참여'까지 언급하고 있다는 데 있다. 모든 교인이 현실적으로 참여할 수 없는 모임을 공적 모임으로 제시하는 것은 가정이나 직장, 사회생활에 꼭 필요한 일로 참여하지 못하는 교인의 양심과 어깨에 불필요한 무거운 멍에를 지우는 것이나 다름없다.

넷째, 헌금은 <예배지침> 제14조(예배와 헌금)에서 다루고 있는데, 제1항은 헌금의 의무를, 제2항은 헌금의 의의와 종류를, 제3항은 십일조의 의무를 열거하고 있다. 1992년의 그것에서 조금도 더 나아진 것이 전혀 없다. 적어도 예배지침에서 규정하는 헌금 조항과 관련하여 고신교회의 공예배가 왜 이렇게 무미건조하게 되었는지 안타까운 일이 아닐 수 없다.

2. 한국의 주요 장로교회와의 비교

1) 예장합동

첫째, 현재 예장합동은 교인의 의무와 교인의 권리를 헌법적 규칙 제2조와 제3조에서 각각 규정하고 있다. 놀랍게도 이는 고신교회와 승동 측 교회가 합동할 때 만든 헌법의 헌법적 규칙과 문자적으로 동일한 내용을 아직도 보전하고 있다. 고신의 환원 이후 승동 측 교회는 1964년에 헌법을 개정하였지만 위 내용을 그대로 간직하였다.

둘째, 예배모범에서 규정하는 <헌금>에 관한 내용은 1934년의 <예배모범>에서 다음과 같이 많은 점을 수정하였다:

"1. 성경에 분명히 가르친 대로 교회의 비용을 부담하며 국내와 국외에 복음을 전하며 빈궁한 자를 구제하기 위하여 정기적으로 미리 준비하여서 헌금하는 것을 힘쓰되, 은혜받을 목적과 예배의 한 부분으로 알고 행할 것이요, 시간은 당회에서 정하여 예배 시간 중 편리한 때를 택하여 행함이 옳다.
2. 모든 신자는 예배 시에 하나님으로부터 받은 은혜를 기억하고 예배의 일부분으로서 헌금을 드려야 할 의무를 가진다.
3. 헌금은 성경이 가르치는 원리를 따라 십일조와 기타 헌금으로 구분하되 십일조는 당연한 의무이며 그 외 기타헌금 등은 자유로운 헌납이 되어야 한다.
4. 모든 입교인은 성경에 가르친 대로 소득의 십일조를 반드시 드려야 하며 이 십일조는 본 교회에 드려야 한다."(예배모범 제7장 헌금)

위 내용을 보면 지금 고신교회 헌법의 해당 규정과 크게 다르지 않다. 헌금의 의무와 십일조의 의무를 강조하고 있지만, 각 신자와 목사가 헌금의 의무에 앞서 헌금할 마음을 배양하는 것에 관해서는 말하고 있지 않다. 헌금에 관한 것을 각 교회의 목사와 당회에 맡기지 않고 있다.

2) 예장통합

첫째, 교회정치 제3장에서 별도로 '교인'을 취급하면서 다음과 같이 교인의 의무와 교인의 권리를 서술하였다:

> "제15조 교인의 의무: 교인의 의무는 공동예배 출석과 봉헌과 교회 치리에 복종하는 것이다. [개정 2012.11.16]
> 제16조 교인의 권리: 세례교인(입교인)된 교인과 유아세례교인은 성찬 참례권과 공동의회 회원권이 있다. 단, 공동의회의 회원권은 18세 이상으로 한다. [개정 2019.12.19.]"

둘째, 예장 통합은 예배모범(예배지침) 대신에 <예배와 예식>을 가지고 있다. 제2장 예배의 기본 요소에서 '봉헌'을 다루고 있다. 여기서 특이한 것은 예배의 요소로서 봉헌을 말할 때 의무로 말하지 않는 것과 헌금의 종류를 적시하고 있지 않다는 점이다. 다음을 보라:

> "2-2-4-1. 봉헌은 죄인을 구속해 주신 하나님의 은총에 대한 감사의 표시이며, 모든 것이 주께로부터 온 것임을 고백하는 신앙적 행위이다. 아무것도 가지고 온 것이 없었으나 오늘도 일용할 양식으로 채워주신 하나님 앞에 우리의 물질뿐만이 아니라 우리의 몸과 마음과 정성도 드리는 것은 당연하다.
> 2-2-4-2. 성도들의 정성 어린 예물은 하나님의 말씀대로 오직 기쁨

과 감사의 응답으로 드려야 한다.

2-2-4-3. 예물의 봉헌은 예배 중의 순서로 정중히 행해져야 하며 목사는 이 순서 전이나 후에 드리는 기도 가운데 성도들의 정성을 하나님이 받아 주시기를 위해서 기도해야 한다.

2-2-4-4. 봉헌된 예물은 당회의 감독하에 주님의 복음 사업에 사용되도록 특별히 주의를 기울일 것이며 모든 성도들이 그 과정과 결과를 알 수 있도록 해야 한다."(2-2-4. 봉헌)

3) 기장(한국기독교장로교회)

한국기독교장로회는 교회정치 제3장에서 '신도'(信徒)라는 이름으로 교인의 권리를 간략하게 "입교인은 성찬 참여권과 공동의회의 회원권을 가진다"(제14조 신도의 구분, 제1항 입교인[세례교인])고 하였다. 교인의 의무는 별도로 제시하지 않고 있다.

둘째, 예배 순서에서 '헌금'을 교인의 의무로 말하고 있지 않고 <예배모범> 제3장 예배의 원리 '감사와 응답'에서 다루고 있다. 즉 "예배는 하나님의 부르심에 대한 우리들의 응답이기 때문에 영과 진리로 드려야 하며, 마음과 목숨과 뜻과 힘을 다해서 드려야 한다. 이러한 점에서 예배는 곧 하나님께 대한 우리의 헌신이다. 그러기에 예배 중에 우리는 우리의 가장 소중한 것(창 22:16), 헌금이나 예물을 헌신의 표시로서 하나님께 바칠 뿐만 아니라, 우리의 온 존재를 드림으로써 부르심에 응답한다"고 하였다.

3. 무엇이 문제이며 어떻게 개선해야 할까?

지금까지 교인의 의무와 교인의 권리 측면에서 1961년 합동 개정헌법에서 시작하여 2011년 개정헌법까지 살폈다. 결론적으로 교인의 의무와 권리에 대한 이해를 정리하고자 한다.

1) 교인의 권리

　1961년에서 시작하여 2011년에 이르기까지 교회 헌법의 역사를 보면 교인의 권리는 어떤 면에서 축소된 점도 있고 다른 면에서는 확대된 점도 있다.

　먼저 성찬에 참여할 권리는 1981년 개정헌법에서 축소된 적이 있지만 이후 헌법에서 명확하게 잘 규정하고 있다.

　1961년 개정헌법에서 규정한 대로 "그리스도의 몸인 교회를 위하여 분량에 따라 일(봉사)할 특권"은 이후 헌법이 담아내지 못하였는데 만약 이를 우리 헌법에 담는다면 교회 봉사를 단순히 교인의 의무로 보는 것에서 벗어나는 좋은 계기가 될 수도 있다.

　"순서를 따라 진정, 청원, 소원, 상소할 권리"가 1992년 헌법에서부터 삭제된 것은 교회정치 8대 원리 중에서 첫째 원리인 양심의 자유에 관한 인식이 부족한 결과로 보인다. 속히 이를 회복해야 한다.

　교인(1/3 이상)이 임시로 공동의회를 소집할 수 있는 권리는 공동의회 회원으로서 중요한 권리인데, 하회가 소집하지 않으면 상회가 공동의회를 소집할 수 있도록 한 1981년 개정헌법의 규정을 이후 헌법에서 삭제함으로 이와 관련한 교인의 권리는 아주 이상하게 되었다. 기독교장로회 헌법은 바로 이 점을 잘 보완하였다. 기장 헌법 교회정치 제66조(공동의회 소집)은 공동의회는 당회의 결의로 당회장이 소집하지만 다음의 경우는 예외로 두었다. 제직회의 청원이나 무흠 입교인 1/3 이상의 청원이 있을 경우, 상회의 지시가 있을 경우이다. 방금 열거한 상황은 당회의 결의가 없어도 공동의회가 소집될 수 있도록 한 것이다. 우리도 기장의 헌법 해당 조항을 참고로 교인(1/3 이상)이 공동의회를 요청할 때는 당회의 결의 없이도 공동의회를 소집할 수 있도록 수정할 필요가 있다. 이렇게 해서 당회의 독주에 대해 공동의회를 소집할 수 있는 교인의 권리를 정당하게 보장해야 한다.

2) 교인의 의무

1981년 헌법에서 교인의 의무 가운데 담배와 술을 금지하는 조항을 삭제한 것은 교인의 의무를 지나치게 상세하게 규정할 때 지난 교회 역사에서 교회가 의식하지 못한 채 빠질 수 있었던 교인의 자유 제한, 율법주의의 함정 등과 거리를 두었다는 점에서 긍정적으로 평가할 수 있다.

1992년 헌법에서 교인의 의무는 다른 방향으로 지나치게 상세하게 규정하게 되는데, 특히 헌금과 십일조의 의무에 관한 조항이다. 이 의무는 심지어 <예배지침>에서도 의무로 규정되면서 예배에서 '헌금'의 요소의 의미와 정신을 아주 약하게 만들었다는 점을 지적하지 않을 수 없다. 신자에게 헌금은 의무 이전에 하나님께서 주신 은혜를 향한 감사이다. 헌금 혹은 봉헌은 중요한 예배의 요소가 된다. 그런데 우리 헌법은 예배의 원리와 예배의 요소, 예배의 정신과 예배의 의미를 다루는 <예배지침>에서도 이러한 성경적 원리와 정신을 담고 있지 않다. 이 조항은 자칫 우리 고신 교회의 예배를 아름답고 풍성하게 만드는 것이 아니라 아주 딱딱하고 무미건조하게 만들 수 있다는 점을 깊이 생각해야 한다.

1934년 예배지침이나 1981년 <예배지침>에서 보는 대로 각 신자와 목사가 헌금에 앞서 헌금할 마음을 배양하도록 한 조항을 삭제한 점은 속히 회복되어야 한다. 헌금의 종류나 헌금에 관한 모든 것은 개체교회의 목사와 당회가 적절하게 결정하도록 하는 것이 바람직하다.

2011년 개정헌법에서 심지어 수요기도회 참여까지 교인의 의무로 지나치게 상세하게 제시한 것 또한 고려해야 할 대목이다. 교회의 헌법과 규정은 법을 위한 법 규정을 위한 규정이 되어서는 안 되며, 특히 부당하게 교인으로서 양심의 자유를 억압하고 제한하는 규정이 되어서는 안 될 것이다. 교회법과 신자의 자유에 관해서는 종교개혁가 요한 칼빈이 자기 책 <기독교강요> 4권 10장에서 역설하였다.[44] 경건한 규칙을 많이 만들어 교회에 강제로 임의적인 멍에를 부과하여 거짓 종교를 심은 유대교, 중세교회, 천주교를 경계해야 한다.

---

44 칼빈은 당시 로마교 교회법의 부실성과 어리석음을 지적하면서 이런 것들을 제정해놓고 순종을 강요한 것과 또 그 법령의 수효가 너무 많아서 경건한 양심들이 이로 인하여 억눌림을 당하며 또 그림자들을 집착하는 나머지 그리스도께 이를 수 없도록 만들어 일종의 유대교에 빠지게 하였다고 비판하였다.

4장

고신교회 70년과 교회직원

지난 70년 동안 고신총회는 교회직원 중에서 장로, 집사, 서리집사, 권사에 관해 어떤 결정을 내렸을까? 예를 들면 권사는 성경에 없는 직분이나 고신교회는 1978년부터 임시직원으로서 권사직을 도입했고 2011년에는 임시직원에서 준항존직원으로 분류하였다. 그리고 제72회 총회(2022년 9월)에서 노회 수의를 결정한 헌법개정 초안을 보면 명예권사를 허용하고 있다(교회정치 제36조 2항). 이를 어떻게 평가하며 고신교회 미래를 전망해야 할까?

1. 성경에 나오지 않는 권사직 신설과 준(準)항존직원 부여

한국장로교회에서는 1955년에 고신교회에는 1978년에 도입된 권사직, 성경에 나오지 않고 그리스도께서 직접 세우지 않고 교회에 주신 일이 없는 이 직분은 도대체 어떤 과정을 거쳐서 우리에게 익숙한 직분으로 자리 잡게 되었을까?

1) 권사직은 어디서 유래되었을까?

1891년에 미국 북 장로교회 선교부에서 작성한 『북장로교 선교회 규범과 세칙』(1891년)에서 권사의 유래를 찾을 수 있다. 권사는 본래 전도부인으로서 유급 여성 교역자였다. 위 규범과 세칙 B항은 현지 대리인(Native Agents)을 다루는데 그중에 하나가 '전도부인'(Bible Woman)이었다, B항 3조와 9조에서 목사, 장로, 집사만이 '성경에 규정되고 장로교회 정치형태에서 제시된 대로 정식 직원'이라고 말하지만 이들 세 직원과 함께 전도부인도 열거하였다.

그런데 조사들이 행하는 사역과 유사한 일을 하며 특히 교회 여성을 위해 일하는 여성 사역자가 특히 장로회 선교 공의회(The Council of Missions Holding the Presbyterian Form of Government, 1893-1900) 시대에 부상하는데, 이들은 '전도부인' '권사'(exhorter) 혹은 '여조사'(woman helper) 등 여러 가지 이름으로 불렸다. 이들은 가르치는 일과 전도에 많은 시간을 보내었으며 이들 역시 교회에서 사례금을 받고서 선교사의 감독 아래 일하였다.[45] 바로 이 여성 유급 교역자를 가리켜 권사로 부른 것에서 지금의 권사 명칭이 유래되었다.

이후 유급 여성 사역자를 전도사라는 직명으로 부르고 그 대신 교회에서 교회 봉사를 충성스럽게 잘 감당하며 지도력이 있는 여성

---

45 곽안련, 한국교회와 네비우스 선교정책, 153.

집사를 당회의 임명으로 세우는데 이들의 직무에서 지금 권사의 직무가 비롯되었다. 1922년 조선예수교장로회 교회정치 제6장 제5조는 여성 집사를 언급하는데 직무를 보면 오늘날 권사의 직무에 해당한다. 즉 '당회가 여성 집사를 선택하는 경우에는 그 직무는 환자, 수인자, 과부, 고아, 기타 환난당한 자를 위로하며 권고하되 하사든지 당회 감독하에 행하게 할 것이니라'고 하였다. 그런데 여성 집사 선거는 오늘날처럼 투표 방식으로 하지 않고 당회가 '진실하고 성결한 여인 중에서 자벽 선정'하였고 기도로 임직하고 안수식은 행하지 않았다(제13장 장로 집사 선거급 임직 제9조 여집사 선거).

2) 고신교회에는 언제 들어오게 되었을까?

권사직은 고신교회를 축출한 대한예수교장로교회에서 1955년에 먼저 도입되는데 1922년부터 규정한 여집사 조항을 폐지하고 여집사의 직무를 그대로 계승하도록 했다. 그러다가 고신교회가 대한예수교장로회(승동) 측과 합동하여 합동헌법을 제정할 때 제47회 총회(고신 제12회, 1962년 9월)에서 개정 공포되어 잠시 도입되는데(만50세 이상 되는 여자 성도 중에서),[46] 그러나 고신 교회가 다시 본래대로 환원(제13회 총회, 1963년 9월)하면서 합동개정헌법을 폐기하고 이전 헌법으로 돌아오면서 권사 제도는 무산되고, 심지어 제21회 총회(1971년 9월)가 헌법에 없는 권사를 세우는 일에 대해 단호하게 대처하지만(이미 주어져 있는 명칭은 본 교회 내에서만 통용될 것이며

---

46 총회회록(11회-20회), 64.

앞으로는 이러한 직분을 설치하는 교회에 대해서는 해 노회가 당회장을 문책하고 폐기조치를 지시하도록 하였다)[47], 그러나 결국 제28회 총회(1978년 9월)에서 교회정치 제15조 제3항에서 권사직을 신설하고 "여 신도중에서 만50세 이상 된 입교인으로 무흠 3년간 교회에 봉사하고 공동의회에서 투표하여 총 투표 수의 3분의 2 이상의 가표를 얻은 자로 하되 안수는 하지 아니한다"는 조항을 신설하게 되었다. 이렇게 돌고 돌아서 들어오게 된 권사직은 지금에 이르렀고 처음에는 임시직원으로 시작하였으나 2011년 개정헌법부터는 준항존직원으로 분류하게 되었다.

3) 권사의 직무는 무엇인가?

이전에 있었던 '여자 집사'의 직무와 동일하다. 당회의 지도아래 교인을 심방하되 특히 병자와 궁핍한 자, 환난당한 자, 시험 중에 있는 자와 연약한 자를 위로하고 격려하며 교회에 덕을 세우기 위하여 힘쓴다(교회정치 86조)고 했다. 당회의 지도를 받는 것은 신령한 일을 감독하고 심방하며 교인을 권면하고 교훈하는 것이 본래 장로의 일이기 때문이다. 따라서 권사는 심방할 권리가 있다 하여 당회의 지도를 받지 않고 '게으름을 익혀 집집으로 돌아다니고 게으를 뿐 아니라 쓸데없는 말을 하며 일을 만들며 마땅히 아니할 말'(디모데전서 5:13)을 삼가야 한다. 특히 병자와 궁핍한 자, 환난당한 자를 돌아본다. 또 시험 중에 있는 자와 연약한 자를 위로하고 격려한다. 이 일은

47　제21회 총회회록, 19-20.

본래 권사 제도가 도입되기 전 여성 집사에게 주어진 임무였다(조선예수교장로회 총회 1922년 교회정치 제13장 제5조 여집사). 다시 말하면 권사에게 주어진 직무는 역사적으로 볼 때 사실상 집사의 직무이다.[48] 즉 집사는 가난한 자를 구제할 뿐 아니라, 병자와 궁핍한 자, 환난당한 자를 돌아보며 시험 중에 있는 자와 연약한 자를 위로하고 격려하는 일을 해야 했다. 때로는 집사의 아내들이 남편을 도와서 이 일을 조력하기도 하였다(디모데전서 3:11의 '여자들'은 집사의 아내들을 가리킨다). 또 예수님 당시와 초대교회에 갈릴리의 많은 여성이 물질로 사도들을 섬긴 것처럼 비록 공적인 직원은 아니나 집사의 아내와 함께 조력하는 여성들이 많았다. 이런 맥락에서 미국 남장로회는 조례에서, '만약 필요하다면 교회 당회가 경건한 여인들을 지명하여 병중에 있는 자나 죄수들, 가난한 과부나 고아나 일반적으로 낙심해 있는 자들을 돌보게 할 수 있다'고 하였다(교회정치문답조례 제124문답). 따라서 한국교회에서 교회직원으로서 권사의 직무는 여성이 상당수를 차지하고 있는 한국교회의 현실에서 본래 장로의 직무와 집사의 직무를 부분적으로 취합한 것이라 할 수 있다.

4) 권사직은 보조 직분인가? 준항존직원인가?

고신교회에서 처음 신설될 때 권사직은 임시직원으로 분류되었다. 권사를 목사 장로 집사와 같은 항존직원과는 다르다고 보았기 때문이다. 즉 항존직원은 성경에 나오는 직분이며 그리스도께서 자기

---

48   de Gier, *De Dordse Kerkorde*, 142.

백성에게 주신 것이나, 임시직원은 성경에 나오지 않는 직분이기 때문이다. 이런 맥락에서 제49회 총회(1999년)는 권사직을 항존직으로 넣자는 청원을 수용하지 않고 현행대로 하기로 결정했다. 그런데 2011년 헌법개정을 하면서 총회는 권사를 준항존직원으로 분류하게 되었다. 권사직은 임시직원인가? 준항존직원인가?

가. 교회역사에 나타난 보조 직분

구약시대에 레위인은 제사장을 돕는 직분자로서 기능을 하였다. 이들의 일과 권위는 제사장에게 속하였다. 성경이 세 직분에 국한한다고 해서 이 항존 직분을 돕는 다양한 보조 직분을 금할 이유는 없다. 신약성경 고린도전서 12:28을 보면 그리스도께서 교회에 주신 여러 은사 중에서 "돕는 것"(헬라어, antileimpseis)을 말하고 있다. 역사를 보면 교회에는 사실 항존 직분을 돕는 보조 직분이 다양하게 있었다. 지금도 그 예외가 아니다. 다만 이러한 보조 직분은 그리스도의 권위가 아니라 교회의 권위로 세운 것이다. 그래서 보조 직분은 당회의 권위 아래에 있으며 당회의 지도를 받아야 한다.

17세기 네덜란드 교회의 신학자 푸치우스(G. Voetius, 1589-1676)는 교회에서 이러한 보조 직분을 인정하고 심지어 이를 둘로 구분하기도 하였다. 즉 봉사 자체와 관련하여 돕는 자(지휘자, 교사 등)와 예배당 관리와 관련하여 돕는 자가 그것이다. 그는 교회를 돌보는데 필요한 모든 기능과 활동을 수행하는 보조 직분을 세우는 권한을 그리스도께서 교회에 주신 것으로 이해하였다. 그는 이 권한을 하나님이 허용하는 권세(jure divino permissivo)라고 보았다.

한국교회는 지난 역사에서 이러한 보조 직분을 충분히 활용하였다. 예를 들어서 목사를 돕는 자로 조사(助事)를 세워서 목사가 하는 일부 기능을 하도록 하였다. 특히 영수는 교회에서 장로가 없거나 장로 수가 부족할 때 장로를 돕는 자로 세워서 교회를 돌보게 한 중요한 보조 직분이었다. 또 집사를 돕기 위해 남녀 서리집사를 세웠다. 지금도 한국교회에는 서리집사가 제직회 회원이 되어 교회를 돌보는 중요한 기능을 하고 있다. 목사후보생/남녀 전도사와 함께 항존 직분을 돕고 있는 보조 직분이다. 이외에도 성가대원, 지휘자/반주자, 교사, 교회당 관리인(관리집사), 사무간사 등도 보조 직분이라 할 수 있다. 그래서 이들 보조 직분은 성격상 항존 직분의 항존 직무를 보조하는 직분이기에 '임시' 직원이라 할 수 있다.

나. 권사는 보조 직분인가? 준 항존직원인가?

위에서 제시한 설명에서 볼 때 권사를 집사의 항존 직무를 돕는 보조 직분으로 보는 것이 맞을 것이다. 과거에는 여성 집사라 불리던 것이 지금은 권사라는 이름을 가졌을 뿐이지 이 두 보조 직분의 직무는 동일하다. 특히 여성이 다수를 차지하고 남녀 구분이 분명한 한국교회에서 권사직이 교회의 권위로 신설되어 집사의 직무를 보조하도록 한 것은 적절했다고 볼 수 있다.

2011년 이래로 우리 교회정치는 권사를 무슨 이유로 준 항존직원이라고 하는 것일까? 권사직은 제29회 총회(1979년 9월)에서 신설된 이후 2011년 개정 이전까지 임시직원에 속하였다. 2011년 개정을 통해 '임시직원'에서 '준 항존직원'으로 개정한 배경은 무엇보다도 권사가 교회의 항존직원처럼 회중의 선출을 통해 취임한다는 것과 그 시무가 해마다 당회에서 임명되는 것이 아니라 만70세까지 계속된다는 점이 고려되었을 것이다. 이는 서리집사와 같은 임시직원에는 없는 요소인 것은 분명하다.

이러한 특별한 측면을 인정하면서도 여전히 이해하기 어려운 점이 있다. 그 이유는 권사가 성경과 신앙고백이 명백하게 규정하는 항존직원(목사, 장로, 집사)과 달리 성경과 신앙고백에서 명백하게 규정하지 않기 때문이다. 권사는 여성이 교인의 상당수를 차지하는 한국교회라는 특수한 상황에서 교회의 유익을 위해 교회의 권위로 세워진 것이지 그리스도의 권위로 직접 세워진 것은 아니기 때문이다. 그런 점에서 준 항존직원이라는 용어는 뭔가 어색하고 이상하다. 혹시라도 '준 항존직원'이라는 명칭을 통해 권사를 다른 보조 직분처럼 임시직원에 두기보다는 다른 보조 직분, 임시직원과 비교할 때 특별하고 다르다는 뜻으로 받아들여지기를 바라는 뜻에서 항존직원에 준하는 준 항존직원이라 했다면 이로써 우리가 직분의 명예를 바란 것은 아닐까? 권사는 서리집사와 함께 장로와 집사의 항존 직무를 보조하기 위해 교회의 권위로 세운 임시직원으로 보는 것이 더 적절하다. 서리집사는 임시직원으로 두면서도 권사를 준항존직원으로 분류하는 것은 뭔가 앞뒤가 맞지 않는다.

5) 명예권사?

제72회 총회(2022년 9월)는 교리표준을 제외한 헌법개정안을 노회에 수의하기로 결정했는데 이 안에는 명예권사를 허용하고 있다

(교회정치 제36조 2항, "집사와 권사에 대한 명예직은 헌법정신에 의거 세우지 않는 것이 원칙이나 특별한 사정상 사역을 위하여 만 65세 이상 된 자에게 당회의 2/3 이상의 결의로 세울 수도 있다"). 그런데 이 조항은 대단히 문제의 소지가 많다. 이는 성경과 개혁주의신앙고백의 정신은 물론 지난 총회 즉 제32회 총회(1982년)가 공로장로와 함께 명예권사가 헌법정신과 위배됨을 확인하고 제56회 총회(2006년)에서 이를 재확인한 결정에 위배되며, 2011년에 개정된 현 교회정치 36조 2항 역시 "집사와 권사에 대한 명예직은 성경과 헌법정신에 의거 세울 수 없다"고 명백하게 규정하기 때문이다. 나아가 명예직분의 신설은 고신교회 태동과정이나 정체성 면에서 볼 때도 합당하지 않다. 만약 노회 수의를 통해 이를 결정한다면 이는 고신교회 역사에서 가장 수치스러운 일이 될 것이다.

6) 불신 배우자와 미혼 여성의 권사 임직

제48회 총회(1998년)는 배우자가 불신자일 때 장립집사의 경우 성경과 헌법에서 정한 자격에 배치됨으로 불가하나 권사는 임시직이므로 해 당회 재량에 맡기기로 하였다.

또 제64회 총회(2014년)는 미혼 강도사의 목사 안수 청원한 건과 미혼자의 집사 권사 가능 여부에 관한 질의 건에 관해 고려신학대학원 교수회에 의뢰하여 연구하여 보고한, "미혼자라도 개교회의 청빙이 있을 시에는 할 수 있다"는 결론을 두고 거수로 표결하여(찬성 91명, 반대 164명) 교수회의 보고를 부결하고 현행대로 하기로 하였다. 그런데 미혼자의 임직 건은 성경이 원칙적으로 이를 금지하지 않는

다는 점, 또 미혼자가 현재 교회 안에서 점차 증가하고 있다는 점 등
을 고려해서 전향적으로 개체교회의 선택에 맡기는 것이 바람직할
것이다.

고신교회 70년에 나타난 목사의
법적 지위와 권한(1)

고신헌법 <교회정치>는 다른 직분에 비해 목사에게 상대적으로 많은 지면을 할애하고 있다. 목사는 <교회정치> 제5장 39조에서 62조까지 총 23개 조항에 걸쳐 다루는 것에 비해 장로, 집사는 각각 13개 조항, 9개 조항만을 할당하여 다루고 있다. 이 점은 외국의 <교회정치>에도 유사하게 나타난다. 예를 들면 네덜란드 교회의 돌트교회정치는 전체 86조 가운데 4조에서 19조까지 16개 조항을 목사에게 할애하는 반면 장로와 집사는 20-23조에서 함께 다룸으로써 겨우 4개 조항만을 할당하고 있다. 목사와 장로(집사) 조항 비율이 16:4인 셈이다.

도대체 그 이유가 무엇일까? 아마도 이는 목사가 하는 고유한 직무의 성격 때문일 것이다. 고신 교회정치는 다음과 같이 목사의 직무를 설명하고 있다: "목사는 노회의 안수로 장립을 받아 그리스도의 복음을 전파하며, 성례를 집례하며, 교인을 축복하며 장로와 협력하여 교회를 치리하는 자이다"(교정 5:39). 이같이 교회정치가 목사에 비중을 많이 두는 이유는 목사의 직무가 설교와 성례에 관한 것이기 때문인데 이 설교와 성례는 교회 생활의 중심부에 있다고 할 수 있다. 주 예수 그리스도는 특히 설교, 말씀의 봉사를 통해서 자기 백성을 교회로 부르시며 또 보전하신다. 그러므로 목사의 봉사는 회중에게 지대한 영향을 끼친다. 물론 목사 역시 사람이기에 선한 영향을 끼칠 수 있지만 동시에 악한 영향을 끼칠 수 있다. 따라서 목사의 영향력이 선한 것이 되도록 <교회정치>가 충분히 다루고 있다.

<교회정치>는 중요한 직무를 맡은 목사를 최소한 법적으로 보호하기 위해 개체교회와 노회에서 가지는 법적 지위와 권한을 규정하고 있다. 예를 들면 목사는 노회에 소속한 회원으로서 노회에서 원칙적으로 언권, 결의권, 선거권, 피선거권을 가지고 있다. 그렇다면 고신교회 70년 동안 목사의 법적 지위와 권한은 실제로 어떠했을까?

1. 목사의 칭호 변천 역사에 나타난 목사의 지위와 권한

다 같은 목사임에도 목사에게 부치는 칭호가 여럿 있다. 예를 들면 위임목사, 은퇴목사, 기관목사, 무임목사 등이 있다. 이러한 목사의 칭호는 목사가 시무하는 형편과 그 직임에 따라 구분하여 다르게 부친 것이다. 그리고 목사의 칭호는 헌법 <교회정치>에서 항상 다루어져 왔다.

1952년 9월에 독노회로 출발한 고신교회가 5년이 지난 1957년,

일제 강점기 조선예수교장로회의 1934년 헌법을 처음 개정할 때 다음과 같이 목사의 칭호와 관련해서 '동사목사'를 '부목사'로 대체하고 '종군목사'를 신설하고 나머지는 그대로 이어 받았다(교회정치 제20조): (1) 위임목사 (2) 임시목사 (3) 부목사 (4) 원로목사, (5) 공로목사,[49] (6) 무임(無任)목사, (7) 전도목사, (8) 지방목사, (9) 종군(從軍)목사 (10) 선교사. 이 호칭은 대부분 지금 우리 교회정치에도 열거하고 있는 것들이다. 이를 중심으로 목사의 호칭이 지난 고신교회 70년 역사에서 어떻게 변화되었는지를 보자.

첫째, '원로목사'는 목사가 한 교회에서 20년 이상을 시무하고 은퇴할 때 그 교회에서 공동의회를 통해 생활비를 정하고 원로목사로 투표한 후에 노회의 승낙까지 얻게 하여 명예를 수여 받는 목사이다. 이 원로목사는 제6회 총회(1917년)에서는 양로(養老)목사로 불렸다. 이 '원로목사' 제도는 지난 60년 이상을 유지해 오다가 2011년 제6차 개정헌법 확정 과정에서 사라질 뻔하였다. 제6차 헌법개정을 앞두고 원로목사 제도의 존폐 여부는 고신교회에 대단히 민감한 사안으로 부상하였다. 2009년 4월 7일 자로 교회정치연구팀이 작성한 <교회정치 개정안>에 원로목사 제도가 폐지되어 있다는 소식이 알려지면서 뜻하지 않게 고신교회 언론지 기독교보에서 지상 논쟁이 일어났다. 2009년 5월 23일 자 신문에 정판술 목사(증경총회장)가 "원로목사 제도, 바람직한가"라는 글을 통해 원로목사 폐지를 지지한 것

---

49 "목사가 다년간 지교회에 근무하다가 신병 혹 연로함을 인하야 노회에 사직을 제출할 시는 그 공로를 기념키 위하여 노회는 공로목사의 명예직을 수여하나니라. 단, 원로급 공로목사는 본 지교회의 직무와 치리권은 없으나 상회권을 향유할 것이요, 이런 목사가 다시 지교회 시무를 담임하게 되면 명예 명부에서 시무명부로 이록(移錄)할 것이니라."

이다. 정판술 목사는 원로목사 제도의 폐단 이유로 무엇보다 원로목사와 후임 목회자 간의 갈등과 교회에 대한 부담감 등을 지적하였다. 사실 원로목사로 인한 갈등은 아주 오래전부터 있었다.[50] 또 작은 교회에서 은퇴하는 목사에게는 있으나 마나 한 제도라고 하였다. 이런 배경에서 2011년 헌법개정위원회가 원로목사 제도의 폐지를 초안으로 작성했을 것이다. 반대 의견도 만만치 않았다. 2009년 6월 13일 자 신문에는 위의 글을 반박하는 "원로목사 제도는 변개할 수 없다"는 글이 실렸는데 1992년 개정헌법(제5차) 위원장(오병세)과 서기(조긍천), 교회정치분과위원회 서기(지득용) 이름으로 실렸기 때문이다. 원로목사 폐지 문제를 가지고 제6차 개정위원회와 제5차 개정위원회가 서로 부딪힌 셈이 된 것이다. 이런 배경에서 제60회 총회(2010년 9월)가 각 노회에 수의하도록 하여 2011년 4월 각 노회에서 시행한 교회정치 초안(원로목사 제도가 폐지된)은 투표 결과 부결되고, 이어서 제61회 총회(2011년 9월)에서 10월 각 노회에 다시 수의하도록 한 개정안에서 원로목사 제도가 다시 부활하여 이를 담은 제6차 개정헌법이 공포되어 지금에 이르게 되었다.

둘째, 초창기 '공로목사' 호칭은 오늘날의 '은퇴목사'와 같은 것으로, 교회를 시무하다가 질병이나 나이 때문에 은퇴할 때 은퇴하는 모

---

50   단적인 예를 들면 원로목사 제도를 통해 교회와 교인들 사이에 나타난 갈등, 세대의 갈등을 포함한 이 갈등은 한국교회 초창기부터 있었다. 1907년 대부흥 운동의 주역이며 한국장로교회 최초의 7인 목사이면서 다른 6인과 달리 처음부터 장대현 교회의 시무목사로 청빙을 받은 길선주 목사가 1928년 1월에 모인 평양노회에서 원로목사로 추대가 된다. 그러나 이를 둘러싼 교회의 분규가 심각하여 1933년에 산정현 교회에서 모인 노회는 반대파에 대해서는 해벌하고 길선주 목사는 원로목사직을 사면하도록 하였다. 이로 인하여 길선주 목사를 지지하는 교인들은 새로운 교회를 세우게 되었고 1935년 11월에 길선주 목사는 평서노회 사경회를 인도하던 중에 쓰러지게 되고, "不入平"이라고 쓸 만큼 평양에 대한 서운함을 안고 죽게 된다.

든 목사에게 노회가 그 공로를 기념하기 위해 노회가 명예직을 수여하는 목사이다. 은퇴하는 모든 목사라면 누구나 공로가 있다고 판단하고 노회가 그 공로를 기념하기 위해 '공로목사'라고 불렀다. 당시 '공로목사'는 '공로'라는 이름 자체가 우리에게 시사하는 것처럼 한 노회에서 예를 들면 만20년 이상을 봉직하면서 노회에 공로를 세우고 그래서 노회가 투표로 결정하여 그 '공로'를 인정하고 명예를 주는 소수의 특정한 목사가 아니었다. 지금의 '은퇴목사'에 해당하는 은퇴하는 모든 목사를 가리켰다. 사실 제6회 총회(1917년)에서는 '은퇴목사' 칭호를 사용했다. 1934년 개정헌법에서 은퇴목사를 굳이 공로목사로 다시 개정한 것은 원로목사와 달리 비록 한 개체교회에서 20년 이상을 시무하지 못하여 생활비를 보장받지 못한다고 할지라도 노회가 이들의 공로라도 기념하도록 하자는 취지에서 그렇게 했을 것이다. 이같이 공로목사는 원로목사와 달리 한 교회에서 20년 이상을 시무하지 않았으며 은퇴하는 교회에서 생활비를 보장받지 못한 목사였다고 할지라도 '공로목사' 칭호에서 위로를 얻었을지도 모른다. 이 칭호를 통해 우리는 옛 선진의 지혜를 엿볼 수 있다. 그러나 고신교회는 1981년 개정헌법(제4차)에서 공로목사와 은퇴목사("만 70세가 되거나 혹은 특수한 사정으로 노회에 사면서를 제출하여 지교회의 시무 사면이 된 목사")를 구분하여 사용하게 되고, 그 이후 지금 우리 헌법(2011년 개정헌법) 교회정치 제42조(목사의 칭호) 역시 은퇴목사와 원로목사를 구분하여 각각 칭호를 다르게 사용하고 있다.

셋째, 이같이 모든 은퇴목사를 가리키는 칭호인 공로목사는 1961/1962년 승동 측 교회와의 합동으로 만든 합동개정헌법(제2차 개정헌법) 교회정치 제4장 제4조(목사의 칭호)에서 "25년 이상을 목회한 목사 중에서 노회가 그 공로를 기념하기 위해 노회원 투표 2/3의 가결로 공로목사의 명예직을 받은 자"로 변경된다. 은퇴목사라면 누구나 노회가 신병이나 나이로 인해 은퇴할 때 노회로부터 공로를 인정받을 자격이 있고 공로목사가 될 수 있지만, 승동 측의 견해를 반영하여 작성된 합동개정헌법에서는 특별한 몇몇 은퇴목사에게만 공로를 인정하고 공로목사로 부른 것이다. 환원 이후 작성한 1972년 개정헌법(제3차)에서는 다시 은퇴목사를 가리키다가 1981년 개정헌법(제4차)에서 은퇴목사와 명확하게 구분하여 공로목사는 비록 목회 기간과 상관없이 그 공로를 기념하기 위해 노회의 투표(총투표수 2/3)로 노회가 주는 명예직으로 변경하였다가 1992년 개정헌법(제5차)은 한 노회에서 20년 이상을 무흠하게 봉직한 목사로 공로목사의 자격을 엄격하게 제한시켰고, 결국 2011년 개정헌법(제5차)에서 이 호칭은 사라지게 되었다.

은퇴목사라면 누구나 목사의 직무를 통해 주의 교회를 위해 헌신한 공로를 세운 공로목사임에도, 또 같은 목사임에도 은퇴 후에 칭호가 원로목사와 은퇴목사로 구분되는 것을 넘어, 특별한 공로를 이룬 자에게만 공로목사 호칭을 붙인 것은 목사들 간에 1등(공로목사), 2등(원로목사), 3등(은퇴목사) 목사로 구분한 등급의 차이로 볼 수밖에 없으며 장로회정치원리에 중요한 하나인 목사의 동등성을 심각하게 해친 것이라 지적하지 않을 수 없다.

넷째, '위임목사'는 한 지교회나 한 구역(4개 교회까지 가능하나, 그중에서 조직교회를 하나 이상 필수적으로 맡아야 함)의 청빙으로 노회에 위임을 받은 목사로서 특별한 이유가 없으면 그 담임한 교회를 종신 시무하는 목사이다. 최대 4개 교회(그중에 하나는 조직교회)까지 포함된 구역 전체의 청빙을 받는 것은 과거에 목사가 많이 부족했기 때문이었다. 목사와 교역자의 수가 점차 증가하면서 1992년 개정헌법(제5차)에 가서 위 괄호 문구는 삭제된다. 위임목사는 제6회 총회(1917년)에서는 '전임(專任)목사'로 불렸고, 곽안련 선교사 편집 번역한 1917년 발행 <교회정치문답조례>에서는 위임목사, 전임목사 대신에 '담임목사'라고 부른 것에 주목할 필요가 있다.[51] 그 이유는 임시목사는 여러 사정으로 임기가 1년이기에 그 교회를 실제로 전임하거나 담임할 수 없기 때문이다. '위임'이라는 명칭은 노회가 주체가 되어 어떤 목사를 특정 교회에 맡긴다는 것을 강조하기 위해 사용되었다. 따라서 위임목사, 전임목사, 담임목사 용어를 두고 볼 때는 각 용어가 주는 강조점의 차이는 약간 있을지언정 내용으로는 아무런 차이가 없다고 할 수 있다.

다섯째, 임시목사는 시무 기간이 1년이라는 점에서 위임목사와 구분된다. 위임목사의 시무는 처음에는 종신이다가 1972년 개정헌법(제3차 개정헌법)에서 만 70세로 규정되었다. 제52회 총회(2002년 9월)에 가서야 임시목사도 목사와 교회 간에 특별한 이유가 없으면 계속 시무할 수 있다고 하였다. 그동안 총회에 끊임없이 위임목사와 임

---

51 70-84문까지 목사의 종류를 다루고 있다: (1) 담임목사(Pastor) (2) 임시목사(stated Supply) (3) 동사목사(Co-Pastor) (4) 공로은급목사(Pastor emeritus), (5) 지방목사(Pastor at large), (6) 부목사(Pastor's Assistant) (7) 무임목사(Minister without charge) (8) 이명목사(Minister in transition) (9) 피빙목사(Pastor elect) (10) 전도목사(Evangelist) (11) 선교목사(Missinary) (12) 관립목사(Chaplain/관립목사/종군목사 혹은 기관목사) (13) 임시순행목사(Itinerant Missionary/순회목사/순회선교사) (14) 근로은퇴목사(retired Minister/은퇴목사).

시목사의 칭호가 주는 차별로 인하여 임시목사의 시무를 위임목사처럼 무기(無期)로 해달라는 청원과 위임목사나 임시목사의 칭호 대신 담임목사로 칭호로 통일해달라는 청원이 제기되었지만 번번이 기각되었다. 임시목사의 호칭은 2011년 개정헌법에서 비로소 전임(專任)목사로 변경된다. '임시'라는 말 때문에 실제적으로는 담임목사임에도 교회에서 자칫 비정규직원으로 오해를 받고 정부의 세제 혜택에서 배제될 수 있기 때문이다. 개정한 전임목사 칭호를 보면 사실 담임목사가 같은 뜻을 가진 용어임에도 굳이 담임목사로 개정하지 않은 것은 위임목사와 차별을 두어야 하기 때문이다.

여기서 근본적으로 생각할 점은 결국 위임목사와 임시목사의 차별을 가져온 가장 큰 이유가 당회가 없는 미조직교회에서는 위임목사를 청빙할 수 없도록 한 구조와 법 조항에 있다는 것이다. 이 법조항은 1957년 개정헌법에서부터 지금까지 내려오고 있다. 다른 이유는 두더라도 적어도 조직교회가 아니기 때문에 위임목사로 청빙할 수 없고 전임목사로만 청빙할 수 있도록 한 것이 과연 정당한지를 물음을 던지지 않을 수 없다. 비록 이제는 시무 기간에서 전임목사와 위임목사 사이에 차이가 없어졌다고 할지라도 여전히 몇 가지 점에서 두 호칭 사이에는 차별이 존재한다.

여섯째, '지방목사'는 지금 우리에게는 생소한데, 노회가 관할하는 지방에 너무 약하여 목사를 모시지 못한 다수의 교회를 돌아보기 위해 파송하는 목사로 노회의 결의로 성례를 거행하며 당회장권을 주었다. 지방목사는 1992년 개정헌법(제5차)에 가서야 사라지게 되었다.

일곱째, 1961/1962년 승동 측 교회와의 합동으로 만든 합동개정 헌법(제2차 개정헌법)에서는 '교육목사'가 신설되었으나 이때만(합동 기간) 존속하다가 사라졌고, 1981년 제4차 개정헌법부터는 기관목사 ("신학교, 병원, 학교, 공장, 기타 기관에서 목사로서 일하는 자")가 신설되었다.

2. 위임목사와 전임목사(임시목사) 간 지위와 권한을 둘러싼 차별 문제에 관하여

지난 고신교회 70년 역사를 돌아보면 은퇴목사와 원로목사 칭호 가 주는 차별 외에도 위임목사와 임시목사(2011년 부터는 '전임목 사') 칭호가 주는 차별 역시 크게 작용하였다.

1957년 제1차 개정헌법 교회정치에 따르면 위임목사는 오직 당회 가 있는 조직교회에서만 청빙할 수 있고 당회장이 되며 시무가 종신 (나중에 만 70세)인 반면 임시목사는 특별한 사유가 있을 때 조직교 회든 미조직교회든 시무 기간이 1년이며 매년 공동의회의 투표와 노 회의 승인으로 시무가 연장될 수 있었다. 또 노회의 허락으로 당회장 권을 받을 수 있었다.

제14회 총회(1964년 9월)에 장로가 1인이 있는 교회에서 해당 장 로가 별세하거나 이거할 때 위임목사의 지위가 해제되는지에 관한 문의가 들어왔다. 총회는 연구위원 7인을 선정하여 다음과 같이 대 답을 듣고 이를 가결하였다. 이때 당회는 폐지된 상태이며, 또 당회가 폐지된 상태에서 위임목사의 신분은 임시목사와 같이 지위가 변동된다는 것이었다. 하루 아침에 시무 기간이 종신이 위임목사가 시무 기간이 1년인 임시목사가 되는 것, 당회가 있는지 없는지 기준에 의해 목사의 지위와 권한이 이렇게 크게 변동되는 것은 쉽게 납득될 수 없는 일이었다. 이후 총회는 위임목사와 임시목사 제도를 폐지하고 담임목사 제도를 도입하자는 취지의 안건을 가지고 씨름하게 되었다. 위임목사와 임시목사 칭호의 구분은 목사가 시무하는 형편에 따라 구분되는 것이지만 실제로는 시무 기간이 종신이냐 1년이냐는 차별뿐 아니라 임시목사는 시무 연장을 하는 것과 또 당회장권을 받기 위해서 위해 매년 노회의 허락을 받아야 하는 차별을 가져오기 때문이다. 위임목사는 1등 목사이고 임시목사는 2등 목사인 것처럼 위임목사와 임시목사가 마치 등급이 다른 것처럼 교회에서 널리 인식되었기 때문이다.

다음 총회인 제15회 총회(1965년 9월)는 임시목사의 임기를 1년이 아니라 기한을 정하지 않고 무기한으로 한다는 뜻에서 무기(無期)로 하자는 청원이 들어왔다. 현 헌법에서 당회가 아직 구성되지 못한 미조직교회는 위임목사를 청빙할 수 없고 임시목사를 청빙해야 하고, 또 임시목사의 시무 기한은 1년이다 보니 임시목사는 위임목사와 등급이 다른 목사인 것처럼 인식되는 점, 또 임시목사가 소신껏 장기 목회를 할 수 없다는 점, 공동의회를 열 때마다 당회장을 초빙해야 하는 불편 등이 그 배경에 있었다. 그러나 총회는 이 청원을 부결하였다.

본래 위임목사와 임시목사의 구분은 목사가 시무하는 형편과 직임에 따른 구분에 의한 것일 뿐이라고 했지만, 일선에서는 차별로 인식하는 분위기가 팽배하였다. 제16회 총회(1966년 9월)에서는 부산 노회(노회장 최일영 목사)가 임시목사의 칭호와 임기를 재검토해달라는 것과 미조직교회가 위임목사를[52] 청빙할 수 있도록 헌법을 개정하여 달라는 청원을 하였으나, 총회는 헌법을 그대로 시행하되 미조직교회는 해 노회가 빨리 당회를 조직하도록 하실 일이라고 답변하였다.[53] 제18회 총회(1968년 9월)에서는 경북노회(노회장 오병세 목사)가 나서 위임목사와 임시목사 제도를 철폐하고 담임목사 제도를 설치하도록 건의하였다. 행정부의 보고를 받고 본회에서 토의하다가 위원 3인(송상석 전성도 오병세 목사)을 세워서 금번 회기 중에 보고하도록 결의하였지만 보고 결과 내용은 총회회록에서 볼 수 없다. 다만 이후 개정한 교회정치 내용을 살펴볼 때 위 안건이 부결된 것으로 추정할 수 있다.[54]

위임목사, 임시목사 제도를 철폐하고 담임목사 제도를 신설하자는 의견은 이후 제3차 교단발전연구위원회(제37회 총회, 1987년 9월~제38회 총회, 1988년 9월)에서 총회가 맡겨 다루게 하였으나 동 위원회는 현 위임목사 제도를 유지하기로 결정하였다.

많은 시간이 지나서야 제52회 총회(2002년)에서 임시목사의 시무 기간이 원칙은 1년이지만, 목사와 교회 간에 특별한 이유가 없으면 계속 시무할 수 없다고 함으로 임시목사의 임기는 만 70세까지 보

---

52   총회회록에는 '위임목사'가 아니라 '임시목사'라고 되어 있으나 문맥을 볼 때 이는 혼동하여 잘못 표기된 것으로 보인다.

53   총회회록(11회~20회), 157.

54   총회회록(11회~20회), 221.

장될 수 있었고, 이로써 어느 정도 위임목사와 임시목사 간의 위화감은 해소될 수 있었다. 또 임시목사도 특별한 일이 없으면 노회에서 당회장권을 받을 수 있었기 때문이다. 그럼에도 임시목사 칭호는 여전히 차별로 작용할 수 있는 여지가 있었기에 제57회 총회(2007년 9월)에서 헌법개정을 결정하고 위원회를 구성하기로 하자마자 임시목사 칭호를 담임목사로 통일해달라는 청원이 또 제58회 총회(2008년 9월)에 올라왔고 총회는 이를 헌법개정위원회로 위임하였다.

위임목사와 임시목사의 구분으로 인한 차별이 시무 기간 조정으로 어느 정도 해소된 것 같았으나 2011년 개정헌법을 통해 다시 불거지게 되었다. 우선 2011년 개정헌법이 임시목사 호칭을 전임목사로 비록 변경은 하였지만 담임목사로 통일해달라는 제안을 반영하지 않았을 뿐 아니라 이전과 달리 위임목사만이 노회장이 되도록 한 개정조항 때문이었다(교회정치 제130조 제5항). 이 개정조항에 따라 노회의 정회원인 임시목사라도 앞으로는 노회장으로 선출될 수도 없었다. 노회원으로서 피선거권이 일부 제한된 것이다. 이 조항은 일선의 목사들과 노회들로부터 많은 항의를 불러일으켰다. 2011년 12월 1일 자로 공포된 직후인 2012년 9월에 열린 제62회 총회에 이 새로운 조항의 삭제 또는 폐지를 청원하는 안건이 상정되는 것은 충분히 예상할 수 있는 일이었다(남마산, 충청, 부산노회의 청원). 총회가 내린 동일한 결의사항은 3년 이내에는 가급적 발의를 삼가도록 권고한 것을 따라 3년 동안 총회에서 이 문제가 거론되지 않았지만 제64회 총회(2014년 9월)에서 다시 관련 청원이 올라오게 된다. 총회는 현행대로 하기로 다시 결정하였다. 따라서 위임목사와 전임목사 칭호가 주는 위화감은 지금도 계속 진행되는 문제라 할 수 있다. 이는 고신교회 70년을 정리하면서 반드시 해결해야 할 과제이다.

3. 은퇴목사(원로목사)가 노회에서 가지는 지위와 권한에 관해

은퇴목사(원로목사, 공로목사를 포함)는 1952년 고신교회 설립 이후 제33회 총회(1983년 9월) 이전까지 30년 동안 노회원으로서 모든 권리를 제한 없이 누렸다. 언권과 결의권, 선거권 외에도 노회 상비부와 특별위원은 물론 상회인 총회 총대로도 선출될 수 있었다. 심지어 1981년 개정헌법(제4차) 교회정치 제55조(회원자격)에서도 노회에서 시무목사와 원로목사, 공로목사, 은퇴목사, 기관목사 등은 모두 회원권이 있다고 하였다. 이 말은 시무목사, 기관목사, 은퇴목사는 적어도 회원권에서는 차별이 없다는 뜻이다.

제32회 총회(1982년 9월)에 경북노회에서 발의한 "은퇴, 공로, 원로목사의 노회원권을 두고 총회 총대와 모든 공직을 맡을 수 없도록 수정하자"는 청원이 상정되었다. 총회는 이 수정안을 각 노회에 수의하기로 결정하고 제33회 총회(1983년 9월)는 이 수정안이 헌법 수의 결과 가결되었음을 공포하였다(가 423, 부 73, 기권 1). 이로써 은퇴목사는 노회에서 총회 총대는 물론 노회의 공직에 선출될 수 없었다.

문제는 노회원이라면 누구나 소속하게 되는 상비부에도 은퇴목사도 속할 수 있는지에 대해서는 여전히 의문이 남았다. 제34회 총회(1984년 9월)는 은퇴목사가 노회상비부에 들지 않기로 결정하였으나 제36회 총회(1986년 9월)는 다시 은퇴목사의 노회상비부 자격을 확인하였다. 그러다가 1992년 개정헌법(제5차) 헌법적 규칙 3장 13조에서 은퇴목사(원로, 공로목사)의 권한에 관해 이들이 전도사역에는 봉사할 수 있으나 개체교회의 치리권은 없고, 노회원권은 있으나 피선거권은 없다고 개정하였다.

1992년 개정헌법(제5차) 역시 은퇴목사가 노회의 회원으로서 언권과 결의권과 선거권을 가지고 있고 피선거권이 없다고 규정했을지라도 '피선거권'을 모든 노회원이 자동적으로 속하는 상비부에도 한정할 것인가에 관한 의문은 속 시원하게 해결하지 못했다. 결국 제51회 총회(2001년 9월)는 은퇴목사의 권한에 관한 질의 건을 다루면서 노회의 상비부의 부원이 되는 것은 피선거권과 관련되지 않고 노회원의 기본권에 해당한다고 판단하였다. "...이에 준하면 은퇴목사는 노회원의 기본권(발언권, 투표권, 상비부원 등)은 있고, 피선거권(노회임원, 상비부 임원, 상임 임원, 특별위원, 전권위원, 총회 총대 등 선출직)은 없는 것으로 가결하다."

제55회 총회(2005년 9월)에는 남서울노회, 진주노회, 경안노회, 미래정책연구위원회가 은퇴목사에게 언권만 주자며 헌법적 규칙 제13조의 은퇴목사의 권한을 수정하자는 청원이 들어오게 되었다. 총회는 이를 받아들여 5인 위원을 구성하여 연구 보고할 것을 결정하였다. 동 위원회가 제56회 총회(2006년 9월)에서 "은퇴, 원로, 공로목사는 회원권은 있으나 피선거권은 없다"(교회정치 제92조 제3항)을 "은퇴, 원로, 공로목사는 언권 회원이 된다"라고 개정하자고 청원하였다. 총회는 이를 받지 않고 다시 1년을 연구하도록 하였다. 결국 제57

회 총회(2007년 9월)는 결국 현행대로 하기로 결정하였다.

은퇴목사가 가지고 있는 노회원의 현재 권한(언권, 결의권, 선거권)을 더욱 축소해서 언권만 허락하자는 청원과 움직임은 이후에도 계속되었으나 고신교회 설립 70년을 맞는 이 시점까지 성사되지는 못하였다. 특히 2011년 개정헌법(제6차) 확정 과정에서 2011년 4월 노회에서 노회 수의하도록 한 교회정치 개정 초안에는 본래 원로목사 제도 폐지와 함께 은퇴목사에게 언권만 허용하는 수정안이 들어 있었다. 이로 인해 원로목사들을 중심으로 많은 저항이 있을 뿐 아니라 일부 노회는 수의에 참여하지 않는 등 큰 반발로 인해 수의 결과 부결되었다. 그래서 제61회 총회(2011년 9월)가 예전처럼 원로목사 제도의 존속과 함께 은퇴목사에게 피선거권을 제외한 모든 노회원권을 허용하는 수정안을 다시 각 노회 수의하기로 결정하고 10월 노회 시 수의 투표를 통해 이를 확정하게 한 것은 고신교회 70년 역사에 크게 기억될 것이다.

제66회 총회(2016년 9월)에서는 수도노회와 미래정책위원회가 발의하여 은퇴목사에게 언권만 허용하고 상비부는 물론 특별위원회에 소속하지 않도록 변경하자는 청원이 들어왔지만 다시 부결되었다. 헌법 개정의 요건 2/3인 266표에 21표가 부족하였다(개정 찬성 245표. 반대 150). 제70회 총회(2021년 10월 정책 총회)는 제69회 총회(2019년 9월)에서 경기중부노회 발의한 은퇴목사의 선거권(투표권)을 삭제하자는 청원을 법제위원회에서 1년 연구하도록 하였다. 법제위원회는 이 문제가 간단한 문제가 아니며 교단 헌법의 법리, 원칙, 국내외 이웃 교단들의 규정, 현실적인 문제, 미래지향적인 면 등등을 고려해 볼 때 본회에서 토론 없이 투표로 결정하는 것이 좋다고 제안했고 표결 결과 206대 193으로 현행대로 하는 것으로 가결되었다.

일부 노회에서 은퇴목사의 권한을 언권에 제한시키려는 안건을 상정하는 제일 큰 이유는 노령화 시대를 맞이하고 있는 현실적인 문제를 직면하고 있기 때문이다. 고령화 사회로 인해 은퇴목사가 증가하고 이로 인해 은퇴목사의 선거권이 노회 임원과 총회 총대 선거를 비롯해 안건 결정에 영향을 미친다고 생각하기 때문이다. 실제로 이 문제로 인해 어려움을 겪는 노회들이 많이 있다고 알려지고 있다.

우리가 위에서 본 것처럼 은퇴목사의 노회에서 가지는 법적 지위와 권한 축소 문제는 은퇴목사들의 전적인 동의 없이 일방적으로 그것도 표결로 추진되는 것은 결코 바람직하지 않다. 충분히 이해를 시키는 노력이 있어야 하고 은퇴목사들이 먼저 동의해 줄 때까지 기다리는 것이 도리이다. 아니면 최소한 10년이나 적당한 정도의 유예 기간을 두고 결정하고 시행하는 방안도 생각해 볼 수 있다.

4. 개체교회 재산의 총회유지재단 가입 유무(有無)로 노회장 피선거권을 제한한 것에 관하여

모든 목사는 특별한 경우를 제외하고는 원칙적으로 노회원으로서 언권, 결의권, 선거권 외에 피선거권을 가지고 있다. 피선거권이라 함은 노회의 임원이나 특별위원, 총회 총대 등에 선출될 수 있는 권리를 가리킨다.

제60회 총회(2010년 9월)는 노회원이 노회장단(부노회장, 노회장)으로 선출되려면 자신이 속한 개체교회의 재산이 총회유지재단에 반드시 의무적으로 가입해야 한다는 결정을 하였다. 이 결정은 노회원이 속한 개체교회의 재산을 총회유지재단에 가입한 여부를 가지고 노회원이라면 누구나 가지고 있는 피선거권 즉 노회장단으로 선출될 수 있는 피선거권을 제한시키는 것이었다.

물론 이를 개체교회의 재산을 총회유지재단에 가입할 것을 독려한 차원에서 이해할 수 있다. 제34회(1984년 9월), 제36회 총회(1986년 9월), 제37회 총회(1987년 9월)는 개체교회의 재산을 총회유지재단에 가입(등기/편입)하도록 결정하고 적극적으로 권장하기로 하였다. 제45회 총회(1995년 9월)는 서울노회의 청원으로 총회유지재단에 교회재산을 명의 신탁하지 않은 교회의 목사와 장로 총대는 유지재단 이사나 감사가 될 수 없도록 그 자격을 제한할 것을 건의하였다. 이 청원은 몇 차례 유보되어 오다가 마침내 제49회 총회(1999년 9월)에서 총회규칙개정안에 포함되었다: "(총회)임원의 자격은 시무교회가 총회유지재단에 등록된 자라야 한다"(제2장 제6조 제2항).

이후 제51회 총회(2001년 9월)는 제49회 총회의 개정규칙 시행을 재확인했다. 한 걸음 더 나아가 노회 회장단 역시 개체교회 재산의 총회유지재단에 가입하지 않고서는 피선될 수 없도록 하자는 건의를 받기로 가결하고 그 시행은 미래정책위원회에 맡겨서 실시하도록 하였다. 제52회 총회(2002년 9월)는 49회 총회의 개정규칙을 재확인하였고 제53회 총회(2003년 9월)는 임원선거조례안을 개정하여 임원 입후보자의 등록서류에 '교회 재산 총회 유지재단 가입확인서 1통'을 삽입하기에 이르렀다(제4장 제8조 제9항).

제55회 총회(2005년 9월)는 49회 총회의 결정을 다소 완화하는 결정을 하게 된다. 부산노회가 제출한 '총회 임원 피선거권 제한 사항 폐지 건의'를 절충하여 총회장과 부총회장, 각 법인 이사와 감사는 현행대로 하기로 하고, 그 외 임원은 교단 가입을 해야 하는 제한 규칙을 폐지하기로 가결했다. 그 결과 총회규칙 제2장 임원 제6조 2항 임원의 자격은 시무교회가 총회유지재단에 등록된 자라야 한다는 그대로 두고 임원선거조례를 다음과 같이 개정하였다: "총회장과 부총회장, 학교법인 및 유지재단 이사와 감사는 교회재산을 총회유지재단에 가입한 자라야 하고 은급재단 이사와 감사는 은급재단에 가입한 자라야 한다"(제3장 입후보자의 가격 제7조 (자격) 제4항). 이에 대해 총회유지재단이사회는 제56회 총회(2006년 9월 제49회 총회의 결정으로 다시 돌아갈 수 있도록 청원하게 되지만 이는 기각된다.

서울노회와 총회유지재단이사회는 이에 굴하지 않고 제58회 총회(2008년 9월)에 총회규칙 제7조 제2항의 개정 즉 개체교회 재산의 유지재단 가입을 총회의 모든 임원에까지 확대할 것을 재청원했다. 이에 총회 임원은 다음 회기부터 적용하고 노회 회장단은 2년간 유예기간을 두기로 가결하기로 하고 규칙변경하는 것을 총회가 허락하였다(투표-출석회원 372명 중 찬성 362명, 반대 10명).

동부산노회/서부산노회/수도남노회가 제59회 총회(2009년 9월) 시 각 노회 회장단의 자격 제한(유지재단에 재산가입을 의무로 한다) 시행을 유보해 달라는 청원은 총회 헌법위원회에서 다루었다. 헌법위원회는 위의 결의가 교회정치 제1장 제6조 직원의 선거권("어떤 회의에서든지 그 직원을 선정하는 권한은 그 회에 있다")의 규정과 상충한다고 보고하지만 총회는 헌법위원회의 보고를 받지 않고 1년 간 다시 연구·검토하기로 가결하였다. 마침내 제60회 총회(2010년) 는 노회장단의 자격제한이 교회정치원리 중 여섯째 원리와 상충한 다는 헌법위원회의 보고를 기각하고, 제58회 총회에서 결정된 총회 규칙 제2장 제7조(노회회장단은 유지재단 가입자라야 한다)를 그대 로 실시하기로 가결하였다.

제61회 총회(2011년 9월)에서 다시 대전환이 이루어졌다. 서울노 회를 비롯하여 무려 12개 노회가 이 조항에서 '노회장단'은 삭제해줄 것을 청원하였고 총회는 결국 투표하여 이 조항을 수정하였다(찬성 289, 반대 33).[55]

사실 모든 노회원이 가지고 있는 피선거권, 즉 노회장단으로 선 출되는 피선거권 제한을 결정하는 것은 총회의 권한이 아니다. 총회 의 직무(교회정치 제13장 제102조)에서 이렇게 할 근거를 찾을 수 없 다. 또 개체교회 재산의 총회유지재단 가입 여부를 결정하는 것은 궁 극적으로 개체교회의 권한에 있고 총회에 있지 않다. 교회정치 제16 장 제120조 제1항은 개체교회, 노회 및 총회 기본 재산 중 부동산은 대한예수교장로회유지재단에 편집 보존함을 원칙으로 한다고 할 뿐 이다. 총회가 개체교회 재산의 총회유지재단 가입을 권장할 수는 있 으나 강제로 이를 부과할 수 없다. 그럼에도 개체교회 재산의 총회유 지재단 가입 여부를 가지고 노회원의 피선거권을 제한하는 것은 이 는 개체교회의 고유권한을 침범하는 것이라 할 수 있다. 나아가 개체

---

55   제61회 총회회록, 64, 66.

교회에서 권한을 위임하여 보낸 총대의 피선거권을 제한하는 것이므로 이는 곧 개체교회와 개체교회 사이의 연합을 억제하는 요인이 될 수 있다. 이 문제는 결국 노회 총대의 권한을 누가 부여하는가와 직결된다. 당회가 총대를 파송하지만 궁극적으로 총대의 권한(선거권/피선거권/결의권/언권 등)은 교회의 머리이신 그리스도에게서 온다. 총회유지재단 가입 유무를 통해 총대의 권한을 제한하는 것은 곧 그리스도께서 개체교회에 주시는 권한을 훼손하는 것이라 할 수 있다.

5. 평가와 전망

목사는 설교와 성례의 시행이라는 고유한 직무로 인해 교회 생활 중심에 있고, 회중에게 미치는 목사의 영향력은 엄청나다고 할 수 있다. 이러한 목사를 법적으로 보호하기 위해 교회정치는 여러 규정을 제정하였다. 그런데 위에서 살핀 대로 몇 가지 항목에서 목사의 지위와 권한은 칭호에 따라서 확대되기도 하고 축소되기도 하였으며, 심지어 이로 인하여 뜻하지 않게 목사들 사이에 차별과 위화감이 조성되는 것도 보았다.

최근 우리 사회의 화두가 공정이라는 것을 굳이 내세우지 않더라도 장로회 정치원리의 핵심은 본래 교회 간의 동등성, 직분 간의 동등성, 목사 간의 동등성에 있다. 고신교회 70년의 역사를 성경과 우리 신앙고백과 장로회 정치원리에서 제시하는 이 동등성의 원리에서 다시 바라보고 평가해야 한다. 지난 고신교회 70년 역사에서 바로 이 목사 간의 동등성과 관련된 안건들이 총회에 끊임없이 상정되었다는 것을 결코 잊어서는 안 된다. 따라서 다음 70년은 어떻게 하면 현재 우리에게 엄연히 존재하는 목사 간의 차별을 극복하여, 모든 목사가 자기가 있는 장소에서 목사의 고유한 직무에 신실하게 충성할 수 있도록 할 수 있을지를 깊이 생각하며 다음 70년을 전망해야 할 것이다.

6장

고신교회 70년에 나타난
목사의 지위와 권한(2)

고신교회 70년 동안 목사의 지위와 권한은 실제로 어떠했을까? 우리는 이를 어떻게 평가해야 할까? 또 이는 다음 70년을 내다보고 나아가는 우리에게 어떤 교훈을 주는 것일까? 앞 장에서는 위임목사와 전임목사, 원로목사와 은퇴목사 등 몇 가지 우리에게 잘 알려진 항목을 중심으로 고신교회 70년을 간략히 살펴보았는데, 본 장에서는 칭호별로 구분되는 목사 중에서 특별히 부목사, 기관목사와 전도목사의 지위와 권한, 또 시벌받은 목사의 지위, 사직이나 면직된 목사의 복직 절차에 관련된 목사의 지위, 시민권 영주권을 가진 목사의 지위, 선교사가 본국 노회와 현지 지역 노회에서 갖는 지위, 노회를 탈퇴하거나 행정보류한 목사의 지위, 본 교단에 가입한 타교단 출신 목사의 지위와 권한, 생활비와 복지와 관련한 목사의 지위와 권한에 관해 살피려고 한다.

1. 부목사

'부목사' 명칭은 한국장로교회에서 언제부터 사용되었을까? '부목사' 명칭은 조선예수교장로회 제4회 총회(1915년)가 구성한 교회정치작성위원회가 교회정치를 수정하여 제6회 총회(1917년)에 보고할 때 처음으로 언급된다. 총회는 '부목사' 명칭 사용을 한 해 미루도록 결정한다. 당시 총회는 부목사 제도 도입과 명칭 사용을 신중하게 다루었다.

조선예수교장로회 1934년 헌법에도 목사 호칭에서 위임목사, 임시목사, 동사(同事)목사는 열거되나 부목사는 등장하지 않는다. 여기서 위임목사는 1개 지교회나 1구역(4개 지교회까지 가능하고 이 중한 교회는 당회가 있는 조직교회가 되어야 한다)의 청빙으로 노회의 위임을 받아서 종신까지 시무하는 목사를 가리키고, 임시목사는 위임목사와 같이 청빙을 받으나 시무 기간이 1년에 불과한 목사를 가리킨다. 동사목사(同事牧師)는 "他 牧師와 協同視務하대 그 權利는 同一하니 順番으로 堂會長이 되고 一方이 辭免하면 특별 手續 없이 自然 專權으로 視務하나니라 단 同事委任 及 同事臨時牧師도 잇나니 그 視務는 一, 二 項을 準用할 것시니라" 하였다.

1) 동사목사 대신 등장하는 부목사

제29회 조선예수교장로회 총회(1940년)에서 다시 부목사 제도 청원이 상정되고 총회가 역시 결정을 유보하게 되지만, 결국 대한예수교장로회 제37회 총회(1952년)에 가서 도입을 결정하여 각 노회에 수의 절차를 밟도록 했다. 이때 부목사는 "원목사를 보좌하고 임기는 임시 목사와 동일하다"라고 규정하였다. 예장합동총회는 1955년 헌법부터 동사목사를 삭제하고 대신 부목사 호칭을 사용하는데 1964년 <교회정치>에서는 "부목사는 위임목사를 보좌하는 임시 목사니 당회의 결의로 청빙하되 계속 시무케 하려면 매년 당회장이 노회에 청원하여 승인을 받는다"고 수정하였다. 이같이 <부목사>는 동사목사가 삭제되면서 대신 한국장로교회에 들어오게 되었다. 동사목사는 호칭이 나타내는 그대로 타 목사와 협동으로 시무하면서 권리가 동일하였고 순번으로 당회장이 될 수 있었으며 한쪽이 사면하면 특별한 수속없이 전권으로 시무할 수 있었다. 한국장로교회는 이 동사목사 대신에 담임목사를 보좌하는 임시목사인 부목사를 선택하였다. 그래서 한국교회에서 동사목사들의 동역 가능성은 사라져버렸다.

1952년에 독노회로 발회한 고신교회 역시 예장합동총회의 1955년 <교회정치>를 따라서 조선예수교장로회의 1934년 <교회정치>를 수정하여 1957년 <교회정치>에서부터 동사목사를 삭제하고 대신 부목사 제도를 도입하였다: "목사를 도우는 임시 목사인데 재임 중에는 당회원권이 있고 당회장 유고시에는 이를 대리할 수 있다"(제20조 목사의 칭호 제3항). 예장합동총회와 다른 점이 있다면 고신교회는 부목사에게도 당회원권이 있고 당회장 유고 시에는 부목사가 당회장을 대리할 수 있다고 하였다. 고신교회 제55회 총회(2005년)는 부목사에게 당회원 자격이 있음을 확인하였다:

00노회장 000 목사가 제출한 "부목사 당회원 자격에 대한 문의"는 교회 정치 제 11장 82조 "당회는 개체교회 시무목사와 장로로 조직한다"에 근거하여 당회원 자격이 있음을 확인 가결하다(55회/2005년)

『한국장로교회 헌법 100년 변천의 개관』의 저자 예장합동총회 박병진목사는 고신교회가 부목사에게 당회원권을 부여한 것에 대해 다음과 같이 비판하였다. 이는 목사의 동등이라는 성경의 원리와 장로회정치원리에서 볼 때 부당한 비판이라 하지 않을 수 없다:

"투표를 받지 아니하며 지교회 교회들에게 치리에 복종할 서약도 없는 부목사에게 당회원권을 부여한다 함은 양심의 자유 원리에 어긋나는 규정으로 보인다. 당회장 유고 시에 대리권을 부여한다 함도 합당하게 여겨지지 아니한다. 당회의 청함에 의하지 아니하고 당회장을 대리한다니 당회권 침해라고 본다" (한국장로교회 헌법 100년 변천의 개관, 67)

부목사는 해방 직후에 도입된 이후 시간이 흐르면서 점점 그 지위와 권한이 축소되었다. 적어도 법조문에서 볼 때 부목사 지위가 가장 열악한 곳은 기독교장로회(기장)로서 부목사는 담임목사 시 함께 사임을 하도록 규정하고 있다. 기장교회는 1967년 <교회정치>에서 부목사 제도를 신설하고 다음과 같이 정의하였다: "위임목사를 보좌하는 목사인데 임기는 1년이며, 위임목사가 위탁할 때에는 당회장의 직무를 대행할 수도 있다." 그러다가 1975년 <교회정치>에서는 부목사의 지위를 다음과 같이 축소시켰다: "담임목사를 보좌하는 목사다. 임기는 1년이며, 중임될 수 있고, 담임목사 사임 시 함께 사임한다."

2) 축소되는 부목사의 지위와 권한

고신교회에도 동사목사 대신 도입된 부목사는 시간이 지날수록 점점 그 지위와 권한이 제한되었다. 고신교회 총회가 부목사와 관련하여 결정한 사항을 보면 부목사는 위임목사와 전임(임시)목사처럼 노회 회원권을 동등하게 누리면서도 시찰위원으로는 피선되지 못하도록 하였고, 심지어 현직으로 시무하는 개체교회를 담임할 수 없도록 하였다:

부목사도 시찰부원이 될 수 있는지"에 대해서는 "부목사는 시찰위원이 될 수 없는 일 임"을 확인한다(56회/2006년)

헌법규칙 제3장 7조 "부목사는 현직으로 시무하는 개체교회를 담임할 수 없다. 단 개체교회 담임목사가 은퇴할 때는 은퇴하는 목사의 동의를 얻어 청빙 받을 수 있다"가 부목사외에 강도사 전도사도 해당되는 지에 대한 질의는 헌법 정신상 부교역자는 다 포함이 되는 것으로 하다(54회/2004년).

동사목사 대신 들어온 부목사 제도를 어떻게 평가해야 할까? 직분 간의 동등, 목사 간의 동등이라는 장로회 정치원리에서 부목사 제도는 분명 교회의 머리이신 예수 그리스도의 권세 아래에 있어야 할 교회에 부당한 교권이 침투하는 중요한 통로가 될 수 있음을 인정해야 한다. 이로써 회중을 향한 그리스도의 치리, 은혜의 방편이나 성도의 교제가 왜곡되거나 약화 되며 섬김이 아니라 군림하는 지도력이 교회에 나타날 수 있다.

2. 전도목사와 기관목사

현재 전도목사와 기관목사는 개체교회를 시무하는 다른 목사처럼 노회원으로서 언권, 결의권, 선거권, 피선거권을 모두 가진다. 이 점에서 고신교회는 이들에게 사역의 형태가 다를 뿐 개체교회를 시무하는 목사와 동등한 지위와 권한을 부여하고 있고, 무임목사와 은퇴목사와만 다르게 구별하고 있다.

1) 전도목사

'전도목사' 칭호는 한국장로교회에서 '지교회 목사' 칭호와 함께 가장 오래되었다. 한국장로교회의 최초 7명 목사 중 5명이 전도목사였다. 1907년 대한예수교장로회 독노회가 설립되어 채택한 <교회정치>를 보면 지교회 목사와 전도목사만 나온다. "목사는 노회의 안수함으로 세움을 받아 그리스도의 복음을 전파하며 성례를 베풀며 교회를 다스리나니, 혹 한두 지교회나 여러 지교회를 총찰하난 자를 지교회 목사라 하고, 노회에서 직분을 맡아 두루 다니며 전도하는 자를 전도목사라 칭하니라"라 하였다. 1907년 한국 목사 7인이 임직한 후에 길선주 목사는 장대현 교회 지교회 목사로 청빙을 받고 이기풍 목사는 제주도로 선교사로 파송하고 나머지 5인 목사는 모두 전도목사로 파송되었다.[56]

전도목사의 연한에 관해 총회에 질의가 제기된 적이 있었다. 언제까지 전도목사 칭호를 붙일 수 있는가에 관한 문제였다. 총회는 전도목사의 기한은 없으나 완전한 지교회로 인가를 받은 후에는 위임 혹은 임시목사로 청빙을 받아야 한다고 결정하였다.[57] 전도목사는 개척교회 설립 인가를 받은 다음에는 교회가 성장하여 위임목사로 청빙받을 때까지 기다리는 것이 아니라 임시목사로 수속을 밟아 시무하도록 하였다.[58]

제34회 총회(1984년)는 임시목사, 부목사와 함께 전도목사의 목사취임식은 시행하지 않기로 했다.[59] 제35회 총회(1985년)는 개체교회에서 전도목사를 파송할 때는 교회가 공동의회를 소집할 필요가 없고 당회의 결의를 거쳐 당회장의 명의로 파송할 수 있다고 했다.[60] 제37회 총회(1987년)는 노회 회기 내에 이동하는 임시목사 부목사

---

56   제1회 독노회록(1907), 18-19.

57   제28회 총회회록, 35.

58   제31회 총회회록, 106. 이 결정의 배경은 진주동부교회 송우호 목사가 전도목사로 진주노회의 파송을 받아 교회개척을 하고 교회설립을 한 이후에 진주노회의가 임시목사로 청빙을 받도록 지도한 일에 대하여 거부권을 행사하고 행정보류를 하였고, 이에 해 노회는 송우호 목사를 노회의 정식 결의 없이 노회장의 직권으로 목사면직을 하였고, 이에 송우호 목사가 총회에 상소함으로 총회재판부가 개입하여 내린 결정이다. 제31회 총회회록, 106 이하.

59   제34회 총회회록, 18.

60   제35회 총회회록, 24.

기관목사와 함께 전도목사의 이동 절차 간소화 건의를 받아들여서 청원 정신대로 시행할 수 있도록 했다.[61] 나아가 제56회 총회(2006년)는 전도목사가 시찰회에 소속하는 것은 부당함을 확인하였다.[62]

2) 기관목사

'기관목사' 칭호가 처음 등장한 것은 고신교회 1980년 <교회정치>에서다. 제4장 제11항에 등장하는 '기관목사'는 "신학교, 병원, 학교, 공장, 기타 기관에서 목사로서 일하는 자인데 각 기관에서 목사를 청빙할 때는 그 기관이 청빙서를 소속 노회에 제출하여야 하고 목사안수를 청원할 때는 그 기관이 청빙서를 제출할 때 소속 당회장이 안수 청원서를 첨부하여 노회에 제출하여야 한다."고 했다.

'기관목사' 칭호만 없을 뿐 1929년 조선예수교장로회 <교회정치>를 보면 제4장 목사 직분의 직무를 설명하면서 교회는 재능대로 그 밖의 직무를 맡길 수 있다고 하고 2개 조항을 신설한다. 하나는 기독교학교에 종사하는 소위 '교목'에 해당하는 목사에 대한 것이고("노회나 교회 혹은 종교 교육기관에서 종교교육을 지도자로 청빙을 받았으면 교육하는 일로 시무할 수 있나니라"), 다른 하나는 "신학을 졸업한 자가 신학교와 대학교의 교수의 직무, 종교상 신문이나 서적 일에 종사하는 직무, 종교교육 기관에서 종사하는 직무를 할 시에는 즉 '기관목사'와 같은 일에 종사할 경우 "노회의 시취를 받고 지교회 목사될 자격까지 충분한 줄로 인정하면 목사로 임직할 수 있나니라"는

---

61 제37회 총회회록, 26.

62 제56회 총회회록, 57.

내용을 담고 있다. 우리는 이 조항을 통해 당시 목사가 신학교뿐 아니라 대학교나 기타 종교교육기관의 목사로서, 또는 기독교 언론과 서적에도 참여하고 있음을 알 수 있다.

한편 1980년 <교회정치>에서 기관목사 칭호가 도입된 이후 기관목사의 지위와 권한에 대한 질의가 총회에 제기됐다. 제32회 총회(1982년)는 무임목사와 함께 기관목사는 고려학원 이사가 될 수 없음을 확인했고[63] 기관목사가 교회전담 설교자로 봉사할 수 있는지에 관한 질의에 대해 헌법적규칙 제3장 제9조에 의해서 당회장의 허락으로 임시 설교자로 봉사할 수 있으나 '임시'는 교회정치 제4장 제30조(교회임시직원)에서 임시직원의 임기가 1년인 것에 유추하여 1년간 허락하는 것으로 해석하였다.[64] 현재까지 기관목사는 개체교회의 시무를 동시에 겸할 수 없으나 당회장의 허락으로 임시로 봉사할 수 있도록 하고 있다.

제67회 총회(2017년)는 기관목사의 사역 범위와 한계에 관해 결정하였다. <교회정치> 제42조(목사의 칭호) 제5항에서 기관목사를 신학교, 병원, 학교, 기타 기관에서 가르치고 전도하는 목사라고 한 것에 근거해서 "고신교단 소속이 아닌 경우라도 초교파적으로 한국교회에 잘 알려진 공신력이 있는 기관에서 사역하는 목사는 기관목사로 인정하고 그 외의 기관은 교단교회와 복음에 유익이 되는 정도를 각 노회가 살펴서 기관목사로 허락하는 것으로 하며 개인 영리를 목적으로 기관을 운영하는 목사는 기관목사로 인정하지 않는 것으

---

63 제32회 총회회록, 231.

64 제51회 총회회록, 50.

로 한다"[65]고 결정했다. 한편 기관목사 은퇴 후 칭호에 관해서는 해 기관 은퇴 후 무임목사로, 70세 이후에는 은퇴목사로 칭함이 가하지 만 단, 70세 이전이라도 본인이 은퇴를 원하는 경우는 은퇴목사로 칭 하기로 하였다.[66]

3. 총회장 목사의 지위와 권한

고신교회에서 2011년 이전까지는 적어도 헌법 조문에서만큼은 총회장을 총회라는 치리회의 '회장'으로만 불렀다. 그런데 2011년 헌 법개정에서 <교회정치> 제148조(총회장의 지위와 직무대리)를 신설 하여 '총회장은 총회를 대표하고 총회 업무와 산하기관을 총괄한다' 고 하므로써 당회의 회장, 노회의 회장과 달리 유독 총회장의 지위를 별도로 규정할 뿐 아니라 그 지위도 단순히 회의체를 인도하는 회장 이상으로 격상시켰다. 참고로 말하면 예장통합과 예장합동은 모두 아직 헌법에서만큼은 총회장을 별도로 다루지 않고 단순히 '치리회 회장'으로서 권한과 직무만 인정하고 있다. 다만 예장합동은 증경총 회장을 총회의 언권회원으로 첨가하고 있을 뿐이다(제22장 총회총 대 제3조 언권회원).

물론 법 조항과 상관없이 현실적으로 교권주의가 온갖 형태로 교 묘하게 어느 교단을 가릴 것 없이 교회 안에 깊숙이 들어와 있는 것 이 사실이다. 특별히 당회장 노회장 총회장은 각각 당회 노회 총회의

---

65   제67회 총회회록, 28-29.
66   제66회 총회회록, 64.

회장 그 이상도 그 이하도 아니지만 이미 해당 치리회를 대표하는 자가 되어 버렸다. 치리회가 마친 뒤에도 그 지위를 이용하여 교회들 위에 군림하는 막강한 권한을 가진 사람으로 바뀐 것도 엄연하게 사실인 것은 부인할 수 없다. 비록 우리가 교황이라는 말을 쓰지 않더라도 실제로는 한 사람에게 권력이 지나치게 몰려 있다면 이미 우리는 감독정치체제 아래 있다고 해도 과언이 아니다.

총회장의 지위를 별도로 규정할 필요가 없이 <교회정치> 제102조(치리회의 회장)에서 서술한 대로 "각 치리회는 사무를 질서 있고 신속하게 처리하기 위하여 회장을 선정하되 목사가 회장이 된다"라는 조항으로 충분하다. 총회장은 여기에 서술된 '치리회 회장' 그 이상도 그 이하도 아니며, 따라서 '총회장'만 따로 떼어서 유독 특별한 지위와 권리가 있는 것처럼 규정할 수 없고 해서는 안 된다. 이는 그리스도의 치리와 성령의 역사를 최대화하기 위해 사람의 영향력을 최소화하는 장로회정치원리와는 정반대의 방향이다. 심지어 이 '총회장'이라는 호칭이 그리스도의 권한을 강탈할 수도 있는 위험천만한 일임을 생각해야 한다. 이는 장로회 정치원리를 거스를 뿐 아니라 한국 어떤 장로교회도 지금까지 법 조항에서 감히 시도하지 못한 일이며, 과거에 부당한 교권의 피해를 직접 겪은 고신 교회의 정체성과 역사에 모순되는 일이다.

차라리 총회장의 지위에 관한 이 조항은 헌법보다는 <총회 규칙>에다 두는 것이 바람직하다. 나아가 차후에 현실적으로 총회장에게 쏠린 과다한 지위를 서서히 분산시키는 것이 바람직하다. 총회장은 교단의 수장이 아니며, 아니 '교단의 수장'이라는 표현 자체가 반성경적이며 장로회정치원리에 반하는 것이다.

4. 사직한 목사, 면직된 목사의 복직 절차에 관해

사직한 목사와 면직된 목사가 다시 원래 목사직에 복직할 때 어떤 절차를 밟아서 목사의 지위와 권한을 회복시켜야 될까? 이 문제를 가지고 총회에서 몇 차례 논란을 겪었다.

제53회 총회(2003년)에 "면직당한 목사의 복직 절차"에 대한 질의가 있었고, 이 질의에 당시 총회는 면직 사유가 충분히 해소된 여부를 살펴서 노회원 재적 3분의 2 이상의 결의로 허락될 수 있다고 결정했다.

제54회 총회(2004년)는 위 결정을 바로잡았다. 그 근거로 <교회정치> 제5장 제41조 제2항에서 '사직당한 자의 복직은 재적회원 3분의 2의 결의로', <헌법적규칙> 제9장 제9조 제1항에서 '면직당한 자의 복직은 치리회의 결의로 한다'고 명시되어있고 또 <헌법적규칙> 제4장(치리회) 제1조에서 "치리회의 결의는 명시된 사항이 아닌 것은 다수결로 한다"라고 하였으므로 <헌법적규칙> 제9장 제9조 제1항의 결의는 다수가 옳은 것으로 가결하였다. 헌법위원회 역시 직전 총회가 사직당한 자의 복직 절차를 적용하여 다수가 아닌 3분의 2로 결의한 것은 헌법과 맞지 않는다고 판단했다.[67] 제55회 총회(2005년) 역시 "면직 또는 사직된 목사 장로의 복직절차에 대한 청원"은 제54

---

67   제44회 총회회록, 159.

회 총회에서 확인된 대로(사직된 목사의 복직은 3분의 2, 면직된 자의 복직은 다수결) 하도록 재확인하였다.

제56회 총회(2006년)는 위 결정을 다시 완전히 뒤집었다. 아예 <헌법적규칙> 제9장 제9조 제1항(시벌 중에 있는 직원의 해벌 과정)을 개정했다. 거창노회와 경남노회가 청원한 이 조항의 개정을 다시 다루면서 총회가 시벌 중에 있는 직원의 해벌의 과정에서 치리회의 의결 요건을 "재적 2/3 이상의 찬성"으로 개정하기로 만장일치로 가결한 것이다.[68] 그래서 시벌 중에 있는 직원을 해빌힐 때도 사직된 목사의 복직 절차와 같은 기준을 적용하도록 했다.

<헌법적 규칙>이라고 하지만 어떻게 이렇게 총회가 쉽게 결정을 바꿀 수 있는지 안타까운 일이 아닐 수 없다. 어떤 사안을 두고 이전 총회가 내린 결정을 번복하려면 적어도 1년간 연구하여 차기 총회에서 다루는 것이 옳았다. 이 결정의 과정뿐 아니라 결정 내용 면을 보더라도 제고되어야 한다. 목사의 사직은 성직에 합당한 자격을 상실한 경우(목사에 대한 직능도 은사도 복음사역에 대한 소원도 없는 경우, 목사직을 받은 것이 오착이라고 깨닫는 경우)에 해당한다. 이는 목사의 소명과 근본적으로 관계되는 것이기에 목사가 자의적이든 권고를 받아서든 사직할 때는 물론이고 사직한 자가 다시 복직할 때는 까다로운 절차를 밟아야 한다. 이에 반해 목사의 면직은 비록 그가 중대한 범죄를 저질러서 면직이라는 중한 벌을 받았으나 성직에 합당한 자격(목사직의 은사와 능력, 복음사역에 대한 사모함)은 상실

---

68   제56회 총회회록, 50.

하지 않은 자이다. 따라서 사직한 목사의 복직 과정과 면직한 목사의 해벌 과정은 같은 성질의 것으로 함께 묶일 수가 없다.

5. 노회를 탈퇴하거나 행정보류한 목사의 지위

목사가 소속 노회를 탈퇴하거나 행정 보류할 때 그 지위는 어떻게 될까? 아니, 어떻게 되어야 하는 것이 바람직할까?

제25회 총회(1975년)는 목사가 총회와 노회의 행정을 보류하는 것을 당시 권징조례 제7장 제54조에 근거해서 이는 곧 '본 교단을 탈퇴하는 행위'로 규정했다.

권징조례 제7장 제54조는 제7장(즉결처단의 규례)에 속한 조항인데 내용은 다음과 같다: "현저한 범죄가 없는 목사가 본 장로교회의 관할을 배척하고 그 직을 포기하거나 자유로 교회를 설립하거나 이명서 없이 다른 교파에 가입하면 노회는 그 성명을 노회 명부에서 삭제만 하고 그 사유를 회록에 기재하되 그 사람에 대하여 착수한 소송 안건이 있으면 계속 재판할 수 있고, 만일 이단으로 인정하는 교파에 가입하면 정직이나 면직, 혹 출교도 할 수 있다."

제25회 총회(1975년)는 행정보류를 "본 장로교회의 관할을 배척"한 것으로 간주했다. 제25회 총회가 이런 결정을 한 배경은 당시 경동노회(노회장 유윤욱 목사)가 '성도간의 세상 법정 송사에 대해 직전 총회인 제24회 총회(1974년 9월)가 번복하여 결의한 것이 성경(고전 6:1-7, 마 18:15-17)에 위배되므로 제23회 총회(1973년 9월)의 결정으로 환원하자'고 상정한 안건을 다루면서 제24회 총회 결정('사회법정에서의 성도간 소송행위가 결과적으로 부덕스러울 수 있으므로 소송을 남용하지 않도록 하는 것이 총회의 입장이다')이 표준문서에 위배됨이 없으므로 이 안건을 기각한 것에서 비롯되었다.

이 일로 직전 제24회 총회(1974년) 이후 경남노회와 경동노회, 경기노회를 중심으로 교회들이 본 교단을 이탈하고 심지어 경남노회는 분열했다(총회는 '계승노회'를 인정하였다). 제25회 총회(1975년)는 전권위원회를 구성하여 총회를 이탈한 자들을 헌법정신에 의거 처리하도록 가결하고.[69] 총회전권위원회가 청원한 '행정보류는 곧 교단을 이탈한 행동임을 규정하여 달라'는 안건을 가결하였다.[70]

권징조례 제7장(즉결처단의 규례) 제54조는 조선예수교장로회 1934년 권징조례 조항과 동일한 것으로 고신교회에서는 1974년, 1980년 권징조례에도 그대로 이어진다. 그러다가 1992년 권징조례에서 위 조항의 유일한 대상인 '목사'가 '교회의 직원과 교인'으로까지 확대되었다: "제5장(즉결 처리의 규례) 제35조(이탈한 직원과 교인의 처리) 범죄한 일은 없어도 교회 직원이나 교인이 임의로 관할을 배척하거나 교회를 설립하거나 이명서 없이 다른 교단에 가입하면 치리회가 두세 번 권면해 본 후 불응하면 그 이름을 명부에서 삭제한다. 위의 직원이나 교인에 대한 소송사건이 있으면 재판할 수 있다. 교회의 직원이나 교인이 총회가 이단으로 인정하는 교단에 가입하거나 교리를 신봉하면 정상에 따라 정직, 면직, 또는 출교를 하여야 한다."

제57회 총회(207년)는 노회에서 제명된 목사를 행정보류를 이유

---

69   제25회 총회회록, 31.

70   제25회 총회회록, 23.

로 추가 시벌할 수 있는지를 묻는 질의에 대해 추가로 시벌할 수 없는 것으로 확인했다.[71] 행정보류를 한 것과 범죄를 한 것과는 구별하여 내린 결정이라 할 수 있다.

2011년 헌법개정으로 위 해당 조항은 새 권징조례에서 이전 내용을 다룰 때 다음과 같이 보완된다: "개체교회가 소속 노회부터 행정 보류 또는 탈퇴 이후에 교단을 이탈하여 제적된 목사가 노회에 재가입하려면 1년이 지나야 한다."(권징조례 제10조[이탈한 교회직원과 교인의 처리] 4항). 이는 목사가 신중하지 않게 노회와 교단을 탈퇴 혹은 행정을 보류하는 것을 막으려고 하는 취지에서 나왔다.

2011년 <헌법적규칙>에서 신설한 권징조례 제17조(재판계류와 교단탈퇴)에서는 "재판 계류 중에 있는 자가 노회를 탈퇴할 때 항존직원은 면직책벌로 판결하며, 재판계류 중이 아닌 항존직원은 권고사직된 것으로 본다"고 함으로써 목사, 장로, 집사가 노회를 탈퇴하거나 행정보류할 때는 노회 명부에서 이름을 삭제하는 제명을 넘어 권고사직까지 할 수 있는 것으로 규정했다. 따라서 이탈한 항존직원이 다시 노회에 재가입하고자 할 때 복직 절차가 한층 더 까다로워지게 되었다.

6. 시민권, 영주권을 가진 목사의 지위에 관해

현재 고신교회 출신이 외국에서 세운 총회가 있다. 재미총회, 재

---

71 제57회 총회회록, 53.

유럽총회, 재대양주총회. 그런데 이 총회에 속한 목사를 현재 국내에서 우리가 하는 것처럼 동등하게 국내교회가 청빙할 수 있을까?

제35회 총회(1985년)에서 "외국시민권을 가진 목회자를 한국교회에서 목회할 수 없도록 하자"는 안건이 상정되어 이를 1년간 연구하도록 하였다. 제36회 총회(1986년)는 외국 영주권을 소유한 목사의 국내 목회는 제한하지 않기로 결정했다.[72] 1992년의 새 헌법 <교회정치> 헌법적규칙 제3장 제22조(외국거주목사의 청빙)는 "영주권을 가진 목사는 청빙이 가능하다. 시민권을 가진 목사는 청빙할 수 없다."로 규정했다. 이 사안은 제43회 총회(1993년), 제49회 총회(1999년)에서도 다루어졌으나 기존 방침을 고수하였다.

그러다가 제51회 총회(2001년)에서 <헌법적규칙> 제3장 제22조(외국거주목사의 청빙)를 변경하여 "외국거주권(영주권, 시민권)을 가진 목사를 청빙할 수 있다"로 수정하기로 가결했다(출석회원 339명 중 315명이 찬성).[73] 단, 2011년 새 헌법은 교회정치 제53조(외국거주 목사의 청빙)에서는 외국 거주자인 목사(영주권, 시민권을 가진 자)를 청빙할 수 있으나, 본 고려신학대학원 교수회에서 인정하는 신학대학원 졸업을 한 자에 국한하는 것으로 수정하였다.

마침내 제65회 총회(2015년)는 고신교회 총회는 재미고신총회, 재대양주총회와 각각 행정업무협약을 맺고(재유럽총회와는 제67회 총회에서) 양국 노회에 속한 목사 청빙은 노회간의 행정절차대로 자유롭게 청빙할 수 있도록 하고(제56회 총회), 한국 노회에 속한 목사

---

72 제36회 총회회록, 20, 25.

73 제51회 총회회록, 43.

유학생이나 재미거주 목사는 해당지역 노회의 준회원으로 가입하고 지도받게 한다. 단 양국에 동일한 효력을 가지며, 양국 노회의 교회에서 자매 총회 목사를 협력 목회자로 청빙 할 시에는 소속 노회장의 추천서를 받도록 하고 청빙하는 교회의 노회에서는 준회원으로 가입하게 하여 지도하며, 그 외 행정 사항은 양 노회에서 공동으로 처리하기로 하였다.

7. 선교사의 지위

제40회 총회(1990년)는 해외선교사의 국내 노회 노회원 자격에 관한 질의에 대해 선교사가 사역하는 해당 지역 총노회(총회)로 이명하고 본 국내 노회에서는 정회원권이 없으며 언권회원으로 한다고 결정했다.

1992년 <헌법적규칙> 교회정치 제1조는 총회파송선교사는 총회 세계선교위원회의 지도 감독을 받으나 선교사의 교적은 파송 받을 때의 소속 노회 또는 파송하는 기관의 소속 노회에 둔다고 규정하였다. 이 내용은 2011년 <교회정치> 제159조(총회파송선교사)에서도 그대로 이어지고 있다.

따라서 해외선교사는 특별하게 이중 교적을 가지고 있다고 말할 수 있다. 원래 교적은 파송 당시 국내 노회에 있으면서 그 지위는 언권회원이며, 파송 후는 파송한 해당 지역 총회와 노회로 이명하여 거기서 정회원이 된다.

8. 본 교단에 가입하는 타교단 출신 목사의 지위

고신교회는 지난 70년 역사에서 타 교단 목사가 본 고신교회에 가입하는 조건을 어느 교단보다도 까다롭게 해왔다. 자격과 절차에서 대학 과정과 신학대학원을 졸업한 자로서 본 교단 직영 고려신학대학원에서 30학점을 이수해야 한다는 편목위탁규정(교회정치 39조, 헌법적 규칙 제3장 24조) 외에도 어떤 경우에는 신학대학원이 해당 목사가 수료한 신학교육을 신사하여 30학점 이상을 이수하도록 규정하였다.

1952년 총노회로 발회한 이후 고신교회는 첫 헌법개정(1957년)에서 다른 교파의 교역자가 본 교회에 가입하고자 할 때 기존은 본 장로회에 속한 후보생이나 강도사와 동일한 성격과 학식에 해당하는 증거를 제출하고 신학과 종교적 경험과 정치에 관한 시험을 받고 노회의 결의대로 하도록 하였다(1934년). 이제는 본 총회가 인정하는 신학교에서 1년간 신학훈련을 받도록 하였다. 제21회 총회(1971년)는 구세군 사관이 본 교단에 가입할 때 교회정치 제95조에 준하여 받되 신학교 학칙에 따라 신학 수학을 하게 한 후 목사고시로 장립하도록 하였다.[74] 1974년 새 헌법의 <교회정치> 제92조(다른 교파 교역자의 가입)에서 "…이런 목사는 노회에 가입한 후에 1년간 교회의 청빙을 받을 수 없고 어떠한 치리회에서든지 투표권이 없다"라고 조건을 강화시켰다. 1980년 새 헌법은 여기서 단서를 달아서 "단, 본 교단과 같

---

74 제21회 총회회록, 24.

은 목사과정을 거쳐서 목사된 자는 그 노회가 심사한 후에 즉시 가입시킬 수 있다"로 수정하였다.

제35회 총회(1985년)는 타교단에서 가입하는 목사를 위해 우선 노회가 심사 후 준회원으로 받고 그런 후에 본 교단 신학대학원에 1년 이상 이수하게 한 후 정회원으로 받을 수 있도록 배려하였다. 제38회 총회(1988년)는 지역 사정을 감안하여 타 교단에서 가입하는 목사를 정상을 참작하여 정회원권을 주도록 허락해 달라는 것과 함께 목사연한을 단축하여 달라는 전라노회의 청원은 모두 현행법대로 하기로 하였다.[75] 전라노회가 위치한 호남 지역에서 고신출신의 목사와 교회가 타 교단과 비교할 때 상대적으로 적은 현실을 참작해 달라는 요청이었으나 총회는 이를 허락하지 않았다. 제41회 총회(1991년) 역시 타 교단 목사가 본 교단에 가입할 때 각 노회는 학력과 신학졸업과정과 목사장립확인 등을 엄격하게 지도하도록 각 노회에 지시하였다.[76] 제58회 총회(2007년)는 "타 교단 목사가 본 교단에 가입할 경우 고려신학대학원 편목과정 1년을 수료하는 것을 선교목회대학원을 졸업할 경우 편목과정을 이수한 것으로 인정해달라"는 안건은 현행대로 하기로 가결하였다.[77] 제59회 총회(2009년)는 다른 교단의 목사가 본 교단에 가입할 때 그 자격과 절차에서 대학과정과 신학대학원을 졸업한 자로서 본 교단 직영 고려신학대학원에서 30학점을 이수해야 한다는 편목위탁규정(교회정치 제39조, 헌법적 규

---

75   제38회 총회회록, 19.

76   제41회 총회회록, 17.

77   제57회 총회회록, 57.

칙 제3장 제24조)을 두고 고려신학대학원이 교육 외에도 자격을 심사할 수 있는지 질의를 다루었다. 총회는 해당하는 사람의 신학교육 배경을 재심사하는 권한에 있으나, 부가학점을 부여하는 재량권은 고려신학대학원 당국에 있는 것으로 답변하였다. 또 부목사의 편목 허입은 신중하도록 결정하였다. 총회 차원에서 우수한 인력을 양성하기 위해 해외 유수한 신학교를 졸업한 경우를 예외로 하고는 원칙적으로 이를 허락하지 않기로 가결하였다.[78]

현재 2011년 헌법 교회정치 제57조(다른 교단 목사의 가입)는 다음 절차를 규정하고 있다:

1. 소속될 노회의 목사 2명 이상의 추천을 받고 관할 노회에서 준회원의 자격을 얻어야 한다.
2. 본 교단 직영 신학대학원 졸업자와 동등한 자격을 구비하여야 한다.
3. 본 교단 직영 신학대학원에서 30학점을 취득하는 신학훈련을 받아야 한다.
4. 노회에서 목사고시에 합격한 후, 그 노회에서 목사서약을 하여야 한다.
5. 외국에서 임직받은 장로회 목사도 같은 절차를 거쳐야 한다.

제63회 총회(2013년)는 타 교단 출신의 부목사 편입 요청 헌의안

---

78 제59회 총회회록, 50, 503.

에 대해 현행대로(교회정치 제57조 다른 교단 목사의 가입) 시행하기로 하였다. 제59회 총회(2009년 9월)가 이미 "부목사의 편목 허입 청원은 허락하지 않는 것이 타당하고 또한 고려신학대학원과의 동등학력을 가지지 않았다고 판단되는 편목에게 고려신학대학원 교수회의 재량에 따라 30학점 이상의 추가 학점을 부가하는 것은 타당하다"고 결의하였고 또 제60회 총회(2010년 9월)가 이를 재확인한 바가 있기 때문이다.[79]

9. 목사의 생활비, 은퇴와 노후

고신교회는 지난 70년 동안 총회 차원에서 총회은급재단을 통한 교역자 은퇴 연금제도(참고. 2022년 9월 제72회 총회에 보고한 교세 통계에서 현재 4,163명 목사 중 은급재단에 가입한 목사는 2,121명으로 전체의 절반에 가깝다)를 운용하는 것 외에 목사의 최저생활비, 표준 생활비, 은퇴 후 복지 등에 관해 일반적인 지침을 개체교회에 별도로 제시한 적이 없다. 목사의 생활비, 은퇴와 노후 문제는 개체교회나 목사 개인에게 맡기는 실정이다. 물론 총회의 사회부나 각 노회 사회부에서 은퇴목사(가족)를 위해 여러모로 후원하고 있는 것은 아주 고무적이다.

특히 제51회 총회(2001년)는 총회 사회부 사업의 일환으로 생계 위협을 받는 은퇴 목사에 대한 최저생활비(월 30만원 x 12개월=

---

79   제63회 총회회록, 23, 53.

360만원) 지원을 허락한 적이 있다. 또 미자립교회의 목회자를 위해 전국교회가 십시일반으로 정기적으로 꾸준히 후원하는 것 역시 너무나 귀한 일이다. 그러나 이 모든 지원은 매달 정기적으로, 또 지속적으로 그리고 어느 정도 충분히 이루어지는 지원이 아니라는 점에서는 분명히 한계를 가지고 있다. 또 총회 은급재단에 가입한 목사의 수가 고신교회에 속한 목사의 겨우 절반에 미치는 것을 감안한다면 총회적인 차원에서 목사의 생활비, 은퇴, 노후에 대한 전면적인 실태조사와 이에 근거한 대책이나 지침을 제시하는 것을 마냥 뒤로 미루어서는 안 될 일이다.

간헐적으로는 목사의 복지에 관한 안건이 총회에 상정되기도 하고, 또 한때 목사의 생활비 실태나 은퇴목사의 생활 실태조사가 이루어져서 총회에 보고한 적도 있었다. 제57회 총회(2007년)가 목회자의 최저생활비에 대한 건을 다루면서 재정복지부에 맡겨 1년간 연구하여 보고하도록 하고, 제59회 총회(2009년)가 이를 은퇴교역자 지원 실태조사와 방안 연구와 함께 사회복지위원회에서 다루도록 해서 제60회 총회(2010년)에 보고된 적이 있다. 사회복지위원회는 2010년 7월부터 8월까지 2개월간 38개 노회 별로 각 노회 서기의 협조를 얻어 26개 노회로부터 응답받은 결과를 가지고 총회에 보고했다. 조사 내용은 최저생계비에 미달하는 액수의 사례비를 지급하는 교회이며, 조사 기준은 2009년도 최저생계비 중 4인 가족(약 130만원) 기준으로 하되 가족이 5-6인 경우가 있어서 150만원까지 포함하였다. 현황을 보면 매월 150만 원 이하의 생활비를 지급하는 교회 수는 205개이다. 이들 교회는 대부분 예산 규모가 1억 원 이하이다. 사회복지위원회는 또 생계가 곤란한 은퇴목회자의 실태도 파악했는데 그 결과 매월 90만 원 이하의 정기 수입을 가진 은퇴목사가 35명인 것으로 나왔다.

이를 근거로 제60회 총회(2010년)에 미래정책연구위원회가 교역자 최저생활비 책정과 지원 문제 연구를 청원하였으나, 제61회 총회(2011년)는 이에 대한 예산 대책이 없으므로 총회에서 예산을 책정해주지 아니하면 실현이 불가능하다고 사료된다는 보고를 받을 수밖에 없었다.

그러다가 제69회 총회(2019년)에 다시 "목회자 최소생활비 지급 연구 청원" 건이 상정되고, 총회는 이를 국내전도위원회로 이관하여 살펴 시행하고, "미자립교회 은퇴목회자와 시무 중 갑자기 소천하신 목사님의 생활대책을 위한 총회 대책마련을 위한 연구 청원" 건은 사회복지위원회로 이관하여 살펴 시행할 것을 결정했다. 이 와중에 제71회 총회(2021년)는 '목회자 사례비 표준 제정 청원' 건과 미래정책연구위원회에서 청원한 '미자립교회 목회자의 생활비 문제와 은퇴준비를 위한 위원회 구성 건'을 사회복지위원회에 맡겨 1년간 연구하여 차기 총회에 보고하기로 하였으나, 제72회 총회(2022년)에서 다시 1년 연구가 연장되었다.

고신교회 70년을 보내며 총회는 전문기관에 맡겨 고신교회에 속한 모든 목사의 생활비 실태조사를 전면적으로 해야 한다. 은퇴목사는 물론이다. 그리고 목사의 표준 생활비에 대해 전국교회에 가이드라인을 제시해야 한다. 이것이 비록 구속력을 가질 수는 없더라도 이를 참고로 해서 각 개체교회가 생활비를 책정할 때 도움을 줄 수 있어야 한다. 그 가이드라인에는 나이, 목사 시무 기한, 시무 교회의 교인 수, 자녀 수, 거주 지역 등을 고려해야 할 것이다. 지역마다 재정 지출이 다를 수 있다. 여기에 신학교 다니면서 학비와 도서비 등으로 진 빚에 대해서도 어떤 식으로든 해결이 있으면 더 좋을 것이다.

이를 근거로 목사 가정의 최저 생계비를 제시하고, 미자립교회 목사의 부족한 생계비를 정기적으로 지속적으로 지원할 방안을 강구하고 대책을 세워야 한다. 또 모든 목사는 의무적으로 총회은급재단에 가입하도록 하고 그 재원은 노회와 총회가 협력해서 제공함으로 목사 은퇴 이후 노후 대책을 총회적으로 함께 책임을 지고 제시할 수 있어야 한다. 적어도 다음 세대 목사 수급을 위해서라도 이는 반드시 필요하다.

총회에 목사의 복지(생활비, 은퇴, 노후)를 담당하는 특별부서를 두어서 일관되고 지속적인 정책을 세우는 것이 바람직하다. 그래서 이 부서가 목사의 통상적인 복지 이외에도 만60세가 되기 전에 예기치 않게 번아웃(burnout)된 목사, 질병으로 직무를 수행하지 못하는 목사, 재정적인 문제가 있는 목사, 교회와 갈등을 가진 목사, 목사 사망 시 유가족 부양에 대한 문제 등에 대해 총회적 차원에서 도와주고 대안을 연구하고 제시할 수 있어야 한다.

고신교회와 '재판권을 부여받은 전권(全權)위원회'(1981-2010)[80]

1981년부터 2010년까지 약 30년간 고신 교회에 활동한 재판권을 부여받은 전권(全權)위원(1981-2010)의 기원과 역사에 관해 살펴보고자 한다. 고신교회설립 70년을 맞아 지난 역사에서 빠뜨리지 않고 평가할 항목 중 하나는 '전권(全權)위원' 제도이기 때문이다. 1952년 9월 11일 독노회로 시작한 고신교회(교단) 설립 배경에는 전권위원을 앞세운 당시 총회의 부당한 교권의 횡포(1949-1952)가 있었다. 경남노회를 중심으로 '헌법에도 없는 전권위원회'가 시행하는 부당한 교권에 항거하며 한국교회에서 새롭게 시작한 고신교회였지만 그럼에도 '전권위원' 제도는 이후 고신교회 역사에서 재빨리 자리를 잡았고, 1981년 제4차 개정헌법에서 시작하여 2011년 제6차 개정헌법

---

80 본 글은 고려신학대학원에서 은퇴하신 변종길 교수 은퇴 기념논문집 <개혁신학과 교회>35a호(2021년11월 23일 발행)에 실린 것을 일부 수정한 것임을 밝힌다.

직전까지 약 30년 동안 이 전권위원회에 행정권과 재판권까지 부여하여 한국장로교회 어느 교단(예장 통합, 예장 합동 등)에서도 찾을 수 없는 막강한 교권(教權=교회의 권세, church power)을 가지며 고신교회의 교회 생활에 영향을 끼쳤다. 제6차 개정헌법(2011년)인 현행 헌법이 전권위원을 폐지하지는 않았으나 여기에는 사법 기능은 없고 오직 행정권만 있기에 2011년 이전 전권위원회와는 분명히 구별된다. 도대체 1981년부터 1992년까지 약 30년 동안 고신교회에 자리잡은 재판권을 가진 전권위원회는 어떤 제도였으며, 어떤 배경에서 어디서 시작되었고, 시난 고신교회 역사에 어떤 영향을 미쳤을까? 또 이를 어떻게 평가해야 할까? 그리고 이러한 평가를 하는 것이 지금 고신교회 설립 70년을 맞고 새로운 70년을 바라보는 우리에게 어떤 교훈을 주는 것일까?

1. 재판권을 부여받은 전권위원회의 기원

1) 고신교회 <교회정치>에 등장한 전권위원회

고신교회 헌법 조항에서 전권위원회가 처음 등장하는 것은 1981년 제4차 개정헌법(교회정치)에서다. 노회의 권한과 직무를 서술하면서 교회의 어려운 문제들을 수습하기 위해 심지어 재판권을 부여하는 전권위원회를 노회와 총회에서 세울 수 있도록 하였다. 다음을 보라:

"제58조(노회의 직무) 제4항 노회는 산하 교회의 어려운 문제들을

수습하기 위하여 전권위원을 파송할 수 있으나, 재판권이 필요할 때
는 노회 전권위원회는 7인 총회 전권위원회는 9인으로 하여 재판권
을 부여하되 투표로 선정하여야 한다. 단 전권위원회의 처사는 본회
가 채택하여야 확정된다."

그런데 이상한 것은 전권위원회에 재판권을 부여하면서도 이를
둘러싼 상세한 헌법적 규칙을 볼 수 없다는 점이다. 예를 들면 재판
권을 부여받았기에 전권위원회가 재판을 할 때 고소나 고발이 없어
도 또 원고와 기소위원이 없어도 진행할 수 있는지, 또 권징조례가 규
정하는 노회와 총회 재판국의 재판 절차를 준수해야 하는지, 이들이
전권위원으로서 재판하는 것인지 혹은 재판국원으로서 재판권을
행사하는 것인지 등에 관해 아무런 규정이 없다는 것은 너무 이상한
일이었다. 재판권이라는 막강한 권한을 부여하면서도 그 권한의 구
체적 범위와 한계 등을 자세하게 규정하지 않은 것은 지난 교회 역사
에서 교권이 어떻게 부당하게 남용되어왔고, 이로 인해 교회가 얼마
나 심각하게 피해를 받았는지 심각하게 성찰하지 못한 결과로 이해
할 수밖에 없다. 30년 전에 전권위원이라는 제도를 통해 부당한 교권
을 경험하여 교회가 새롭게 세워진 것을 경험하였음에도 한 세대가
지나자마자 그 모든 것을 잊어버린 것일까?

4차 개정헌법에 이어 제5차 개정헌법(1992년)은 헌법적 규칙 제4
장 제22조(수습위원, 전권위원)에서 전권위원을 다루었다. 이전 헌법
과 비교할 때 재판권에 이어서 전권위원에 행정권까지 부여하여 당
회장이나 당회원의 권한을 일시적으로 중지하고 다른 목사를 임시

당회장이나 대리 당회장으로 임명할 수 있도록 하였다. 이전보다 더욱 권한이 막강해졌다:

"노회나 총회는 개체 교회, 노회, 총회의 어려운 문제를 수습하기 위하여 수습위원이나 전권위원회를 파송할 수 있으며 재판권이 부여된 전권위원회는 다음과 같이 투표로 선정하여 직무를 수행하되 전권위원회의 결정은 그 치리회가 채택하여야 확정된다.

1. 노회 전권위원회: 7명 (목사 4명, 장로 3명) 이상으로 구성하고 노회를 대행하는 진권으로 형편에 따라 그 교회 당회장과 당회원의 권한을 일시 중지하고 다른 목사를 임시 또는 대리 당회장으로 임명하여 수습하게 할 수 있다.

2. 총회 전권위원회: 9명 (목사 5명, 장로 4명) 이상으로 구성하고 총회를 대행하는 진권으로 형편에 따라 그 노회의 노회장과 임원들의 권한을 일시 정지하고 전권으로 수습할 수 있다"

2) <전권위원회>는 한국장로교회에서 언제 시작되었는가?

이 용어가 처음 한국장로교회에 소개된 것은 곽안련 선교사의 <敎會政治問答條例>(교회정치문답조례, 1917년)에서다. 미국 북장로교회 소속 곽안련(Charles Allen Clark) 선교사가 1917년에 번역을 하고 1919년 조선예수교장로회 총회가 참고서로 받은 <敎會政治問答條例(교회정치문답조례)>(원제: "What is Presbyterian Law?"[장로교회 헌법이란 무엇인가?], J.A. Hodge 저술)를 보면 제371문답에서 노회가 가진 일곱 번째 권한에 관해 묻고 이는 지교회의 형편을

알고 실착(失錯)된 일을 개정하기 위하여 시찰하는 것이라고 대답하는 대목에서 나온다. 다음을 보라:[81]

> "로회가 교회를 치리하난 중 제칠권이 무어시뇨?
> 로회의 제칠권은 지교회 형편을알고 실착된 일을 개정하기 위하여 시찰하는 일이니 시찰하는 일은 좌와 여하니라.
> (一) 본교회중에 교우 일인 혹 중인의 청원이나 당회의 청원에 대하야 시찰할 수 잇음
> (二) 청원하난 일이 없을지라도 그 교회안에 개정할거시 有난 줄로 알면 시찰할 수 잇슴
> (三) 특별히 개정할 일은 有지 아니하야도 로회가 치리하는 일이 더 잘 되기 위하야 시찰할 수 있나니 이런 경우에는 로회가 全體로 前往할 수가 잇고 림시로 시찰국(로회 전권위원)이나 위원들을 택하야 파송할 수도 있나니라
> 시찰위원은 로회의 위탁한 사건에만 대하야 시찰할거시니라 악행이나 실착된 일을 발견하면 로회가 직접 교정치 안코 그 당회에 명령하야 개정케 할거시니 당회가 순종치 아니하면 로회가 親行할거시오 로회가 당회에 대하야 어느 장로던지 해임하라 하면 그 장로는 순종치 아니할지라도 해임함이 가하니라."

즉 노회의 일곱 번째 권한은 교회들을 더 잘 치리할 목적으로 교

---

81 곽안련, *敎會政治問答條例*(경성/평양: 야소교서회(원), 1917), 231.

회들을 감독하기 위해 시찰을 하는 것인데, 노회가 전체로 시찰할 수도 있고 시찰국('노회 전권위원')이나 위원들을 택하여 파송할 수도 있다고 하였다. 바로 여기에 '전권위원회'가 나온다. 그런데 시찰국 혹은 노회 전권위원은 노회가 위탁한 사건에만 대하여 시찰할 수 있었고, 악행이나 실착된 일을 발견하면 노회가 직접 교정하지 않고 그 당회에 명령하여 개정하도록 하였다. 만약 당회가 순종하지 아니하면 그때 노회가 직접 시행하도록 하였다. 따라서 전권위원회에서 '전권'(全權) 용어가 비록 사전에서는 '어떤 일을 책임지고 처리하는 일체의 권한'을 가리키는 것이지만, 위 정치문답조례에서 말하는 전권위원회는 권한을 행사할 때 여러 제약을 지니고 있었다.

3) 미국장로교회의 '교회적인 특별위원회'('Ecclesiastical Commissions')

그런데 곽안련 선교사가 <교회정치문답조례>(원제: "What is Presbyterian Law?"[장로교회 헌법이란 무엇인가?], J.A. Hodge 저술)에서 '시찰국(노회 전권위원)'으로 번역한 원래 용어는 영어로 'commission'(커미션)이다. 그리고 또한 '위원들'로 번역한 용어는 원문에서 'committee'(커미티)이다:[82]

> "...This visitation may be made by the Presbytery as a body, by a commission or by a committee."

---

82   J.A. Hodge, *What is Presbyterian Law?*(Philadelphia: Presbyterian Board of Publication and Sabbath School Work, 1886), 232.

'commission'과 'committee', 이 두 용어는 어떤 차이가 있길래 곽안련 선교사가 후자는 그냥 '위원들'로 번역하고, 전자는 '시찰국 (노회 전권위원)'으로 번역을 하였을까? 이 번역에 우리가 주목하는 이유는 미국장로교회(PCA)의 2013년 <교회정치> 한글 번역판을 보면 'Ecclesiastical Commissions'를 '교회의 전권위원회'로 옮겨놓았기 때문이다. 두 용어 사이에 근본적으로 차이가 없지 않고서야 100년이 지난 후에 작성된 교회정치에서 한글로 '전권위원회'로 옮길 수 없기 때문이다. 이를 위해서 잠시 미국장로교회 주요 교회에서 이 용어가 어떻게 사용되었는가를 살펴볼 필요가 있다.

1910년 미국남장로교회(PCUS) <교회정치>

제5장 교회법정들(치리회들) 제4절(Section IV) 제6조는 노회의 권한을 서술하는 중에 "교회들 안에 일어날 수 있는 악들을 문의하고 바로잡을 목적으로 교회들을 방문하는 권한"("to visit churches for the purpose of inquiring into and redressing the evils that may have arisen in them")을 제시하고 있다.

그런데 우리가 눈여겨볼 것은 미국장로교회가 제1회 총회로 모여 처음으로 작성한 1789년의 <교회정치>와 달리 1910년의 미국 남장로교회의 <교회정치>는 치리회(Church courts)를 다루는 제5장 제7절에서 '총회'에 이어 'Ecclesiastical Commissions'를 부가하였다는 점이다. 그리고 여기에 '혼란 가운데 있는 교회를 시찰해서 심의'하는 권한을 주었다. 바로 여기에 곽안련 선교사 '시찰국(노회 전권위원)' 으로 번역한 'commission'이 나온다. 우리는 여기서 'committee'를 그냥 '위원회'로, 'commission'을 '특별위원회'로 단순하게 번역을 하고자 한다. 'commission'을 '특별위원회'로 번역한 것은 'commission'이라는 말이 사전에서 '어떤 것을 수행하기 위한 임무나 파송'을 뜻하기 때문이다. 보통 'committee'는 내부 사람들로 구성될 수 있지만, 때로 'commission'은 외부 사람들로도 구성될 수 있기 때문이다.

이 '교회적인 특별위원회'(Ecclesiastical commissions)는 보통 단순히 조사하고 참작하고 보고하는 기능을 가진 '위원회'(committee)와 달라서 다음과 같은 일에서 '심의'(심사, deliberate)할 수 있는 권한을 부여받았다. 즉 목사 임식 및 위임, 새로운 교회설립, 그리고 혼란 가운데 있는 교회를 시찰하는 일에서 이를 심사하는 권한을 가졌다. 물론 이 특별위원회의 활동은 해당 노회의 검토를 받도록 하였다. 이 특별위원회는 현재 우리 교회의 시찰회가 가진 직무와 권한보다 더 광범위하다는 것을 알 수 있다. 즉 우리 교회에서 목사 임직 및 위임은 현재 시찰회가 노회로부터 위임받아서 하는 것이지만, 교회설립은 대개 노회의 상비부서인 행정부가 하는 일이고, 혼란 가운데 있는 교회 시찰을 하고 어떤 것을 심사하는 것은 시찰회의 권한을 넘어서는 일로서 보통 노회가 행정권을 가진 전권위원회를 세워서 할 수 있는 성격이다. 그래서 우리는 바로 이 후자 때문에 곽안련 선교사가 '커미션'을 전권위원회로 번역했다는 인상을 받게 된다.

1964년판 미국남장로교회(PCUS)의 <교회정치>

1964년판 미국남장로교회(PCUS)의 <교회정치>는 제16장 노회에서 노회의 권한을 서술할 때 우선 1910년 <교회정치> 제5장 제4

절 제6조의 기존 서술에다 다음 내용을 더 첨가하고 있다. 즉 "노회는 교회 유익을 위해 필요하면, 재판에서처럼 안전장치가 제공되는 청문회를 여는 조건으로 장로 혹은 집사와 교회 간의 적극적인 관계를 끝낼 수 있다"(제16장(노회), § 16-7(the Presbytery has power) (5)).

그리고 <총회>를 다루는 제18장에 이어서 제19장은 <치리회의 위원회와 특별위원회>(Committees and Commissions of Church Courts)를 다루고 있다. 위원회(committee)는 노회의 특정 방향이나 노회가 결정한 것을 연구하고 추천하고 실행하는 것을 위해 임명되는 것에 비해, 특별위원회(commission)는 치리회가 직접 수행하기가 어려운 상황에서 치리회를 위해 결정까지 할 수 있는 권한과 책임이 주어졌다. 그리고 해당 치리회는 특별위원회가 가지는 권한의 범위를 구체적으로 특정시키도록 하였다. 치리회는 특별위원회에 두 가지 기능을 부여할 수 있는데, 하나는 행정적인 것이고, 다른 하나는 사법적인 것이다. 행정적 기능은 목사 임직과 위임, 새로운 교회설립, 혼란 가운데 있는 교회를 시찰할 때 수행하도록 하였고, 사법적 기능은 권징조례가 정한 사법적 기능을 시행하고 결정하는 것이다. 그래서 1964년 미국 남장로교회의 <교회정치>는 특별위원회에 행정적 기능 외에 사법적 기능까지 부가하였다. 그러나 특별위원회가 수행하는 사법적 기능은 권징조례가 정하는 사법적 절차를 엄격하게 따르도록 하였다. 특별위원회의 구성은 노회는 목사 3인 장로 3인으로, 총회는 목사 6인 장로 6인으로 하였다.

여기서 우리는 이 '특별위원회(커미션)'을 고신교회에 한때(1981-

2010) 있었던 행정권과 재판권을 부여받은 전권위원회와 비교할 수 있다. 그러나 미국 남장로교회에서 '특별위원회(커미션)'은 사법적 기능을 수행할 때 권징조례가 정하는 사법 절차를 엄격하게 따르도록 하였다.

미국장로교회(PCA)의 <교회정치>(2011년)와 한글판(2013년)

위에서 본대로 미국 남장로교회의 '특별위원회(커미션)', 행정권뿐 아니라 사법적 기능까지 가진 '특별위원회(커미션)'는 2011년이 미국장로교회(PCA) 교회정치에도 이어진다. 제13장(노회) 제9조에서 서술하는 것을 보면 노회의 권한 중 하나는 "교회들 안에 일어날 수 있는 악들을 문의하고 바로잡을 목적으로 교회들을 방문하는 권한"이라고 하였다. 이는 PCUS(1910)의 <교회정치>에 나오는 문구와 동일하다. 나아가 제15장은 '교회적인 특별위원회'(Ecclesiastical Commissions)를 다루고 있는데, 이 특별위원회의 직무는 사법적 사건에서 증언 청취, 목사 임직과 위임, 새로운 교회설립, 혼란 가운데 있는 교회시찰로 규정하고, 심의하고 결론을 내리는 권한을 주었다, 그리고 필요하면 노회는 특별위원회에 재판권까지 부여하였다. 그래서 특별위원회의 구성은 보통은 목사 2인, 장로 2명이나, 재판권이 부여된 특별위원회는 최소한 목사 2인 장로 2인이 되도록 하였다.

그리고 미국장로교회(PCA)의 2013년 <교회정치> 한글 번역판은 Ecclesiastical Commissions'(교회적인 특별위원회)을 '교회의 전권위원회'로 번역하였다.

2. '교회적인 특별위원회'와 전권위원회의 본래 취지와 그 곡해의 역사

미국장로교회의 '교회적인 특별위원회'와 한국장로교회의 '전권위원회'는 본래 어떤 취지에서 생겼고, 또 어떤 과정을 거쳐 본래 취지에서 벗어나게 되었는가?

1) 미국장로교회에서 'Ecclesiastical commission'(교회적인 특별위원회)

미국장로교회에서 'Ecclesiastical commission'(교회적인 특별위원회) 은 노회의 직무 중에서 교회들을 시찰하는 권한과 직무를 보다 더 잘하도록 하기 위해 세워졌다. 처음에는 이 '교회적인 특별위원회'에 목사임직 및 위임, 새로운 교회설립, 그리고 혼란 가운데 있는 교회를 시찰하는 직무에 국한해서 심의하고 결정하는 행정권을 주다가 나중에는 사법권을 부가하였다. 물론 이들의 활동은 해당 노회의 심사를 받도록 하였다.

그런데 특별위원회의 활동 중에서 특히 '혼란 가운데 있는 교회시찰'은 노회가 교회들 안에 언제든지 일어날 수 있는 악들을 문의하고 바로잡을 목적으로 예방 차원에서 교회들을 평소에 정기적으로 시찰할 때 의미가 있고 효과가 있다. 만약 교회들 안에 일어날 수 있는 악들을 미리 예방하고 바로잡기 위한 교회 정기시찰이라는 노회의 통상 직무는 등한시하고 이미 혼란과 어려움에 깊숙이 빠진 교회를 그제야 시찰하기 위해서 행정권과 사법권을 모두 갖춘 특별위원회를 세워서 교회를 바로잡으려고 하는 것은 사후약방문식(死後藥方文)이라 하지 않을 수 없다.

2) 곽안련 선교사의 <교회정치문답조례>(1917년)에 나타난 '전권위원'

곽안련 선교사가 <교회정치문답조례>(1917년)에서 'commission (커미션)'을 시찰국('전권위원')으로 번역한 해당 조항도 노회의 시찰 직무를 서술하는 대목에서 언급되었다는 것을 기억해야 한다.

3) 조선예수교장로회 1922년, 1934년 <교회정치>에 나타난 '특별위원'

조선예수교장로회 1922년 <교회정치>는 이 <교회정치문답조례>의 정신을 계승하고 발전시켜 제10장(노회) 제7조(노회의 직무) (4)-(6)에서 교회시찰을 보다 상세하게 서술하는데, 여기에 '전권위원' 대신에 '특별위원'이라는 용어가 나온다. 노회는 시찰위원을 선정하여 3년에 1회씩 의무적으로 각 교회를 순찰하도록 하였고(6항), 시찰의 방법까지 자세히 다루면서 부록에 시찰 시 목사, 장로, 당회, 제직회에 관한 질문을 실어서 참고하도록 하였다. 그러나 시찰위원은 헌법이 규정하는 교인이나 당회가 가지고 있는 직접 청구권은 침해하지 못하도록 하였고, 각 회에 언권방청원으로 출석할 수 있도록 하였다. 그런데 제5항을 보면 특별히 노회가 열리지 않는 동안 허위(虛位)교회 즉, 목사가 없는 처소를 돌아보기 위해 시찰위원 혹 '특별위원'에게 위탁하여 노회 개회까지 임시로 사역할 목사를 택정하거나 혹 임시 당회장을 택정할 수 있도록 하였다. 다시 말하면 1922년 교회정치는 교회정치문답조례와는 달리 '전권위원회'를 언급하지 않고 '특별위원'을 말하는데, 이 특별위원의 일은 아직 목사가 없는 교회에 가서 임시로 사역할 목사나 임시 당회장을 세우는 것이었다. 곽안련 선교사처럼 '전권위원'이라는 용어를 사용하지 않고 '특별위원'이라고 하고 있고 그 일을 아주 구체적으로 적시하였다. 1922년의 교회정치에서 언급되는 '특별위원'은 1934년 교회정치에도 그대로 나타난다.

4) 헌법에 없는 '전권위원'의 합법성(제23회 조선예수교장로회총회, 1934년)

그런데 흥미로운 것은 제23회 조선예수교장로회총회(1934년)의 회록을 보면 한 특정 노회의 문제를 수습하기 위해 '전권위원'을 세운 것이 나온다. 그리고 '전권위원'을 파송한 것이 적법하다고 결론까지 내리고 있다. 즉 당시 총회는 '경성노회에 전권위원 파송이 정치 12장 5조에 의하여 적법한 것'이라는 결정을 하였다. 정치 12장 5조는 총회의 권한을 규정하고 있는데, 총회는 총회 산하 모든 노회의 교리와 행위에서 패악한 것이 있으면 경책하고 권계하며 반증하여 밝힐 것이라고 한 것이다. 이 점을 볼 때 비록 헌법(교회정치)에는 '전권위원'이 없고 '특별위원'이 나오지만, <교회정치문답조례>에 나오는 '전권위원'이 실제로 사용되고 있음을 알 수 있고, 이에 제23회 조선예수교장로회 총회는 이 '전권위원'이 헌법에 어긋나지 않는다고 해석하였다.

5) 예장 승동(합동) 1955년 교회정치-'특별위원' 폐지와 1964년 교회정치-'특별위원' 부활

해방 이후 대한예수교장로회 승동 측은 1955년판 <교회정치>에서 1922년 <교회정치> 후로 유지되어 온 제10장(노회) 제7조(노회의 직무) (4)-(6)와 부록에 실린 <시찰위원 특별심방시 문답例>도 삭제하고, 단지 노회의 직무(제6항)를 서술할 때 네 번째로 시찰의 직무를 언급하는데 즉 "노회는 교회의 신성과 화평을 방해하는 언행을 방지하며 교회실정과 폐해를 감시 교정하기 위하여 각 지교회를 시찰한다(행 20:17, 30, 6:2, 15:36)"로 원론적으로 열거하면서 노회가 열리지 않는 동안 허위교회를 돌아보는 일을 위해 특별위원을 세우는 조항을 폐지하였다. 그리고 제7항 '시찰위원'을 신설하여 노회가 교회를 감독하는 치리권 행사를 보조하도록 하였다.[83] 즉 1955년의 예장 승동(합동)의 교회정치는 노회 시찰 직무와 관련하여 시찰위원만 언급하고 있고, 어디에도 '특별위원'이나 혹은 '전권위원'이 등장하지 않는다.

그러다가 예장 합동의 1964년 교회정치는 제6조 노회의 직무를 서술하면서 다시 '특별위원' 제도를 부활시키므로 이와 관련되는 1955년의 교회정치를 수정하고 1922년과 1934년 교회정치를 복원하였다.

---

[83] "노회는 교회 감독하는 치리권을 행사하기 위하여 기 소속 목사와 장로 중에서 시찰위원을 선택하여 지 교회와 미조직교회를 순찰하고 제반 사항을 협의하여 노회의 치리하는 것을 보조할 것이니, 위원의 선정과 시찰할 구역은 노회에서 작정한다."

6) 예장 합동 제50회 총회(1965년)-'전권위원'이라는 명칭보다 규칙 제2장 제6조에 의거하여 '특별위원'이라는 명칭으로 시행

예장 합동 제50회 총회(1965년)가 '전권위원'이라는 명칭보다 규칙 제2장 제6조에 의거하여 '특별위원'이라는 명칭으로 시행되는 것이 가하다는 결정을 내린 것에 주목할 필요가 있다. 이 결정을 보면 당시 '전권위원'이라는 명칭이 비록 헌법에는 서술되고 있지 않지만, 1917년 총회가 채택한 이후 장로교회에서 교단을 막론하고 참고서처럼 쓰인 곽안련 선교사의 <교회정치문답조례>에 분명히 언급되고 있는 만큼 이 용어가 교회에서는 익숙하게 자주 사용되었다는 것을 짐작할 수 있다. 가장 대표적인 예는 예장 합동 제35회 총회(1949년)가 전권위원을 세워서 경남노회에 부당한 교권을 행사한 사건이다.

어쨌든 예장 합동 제50회 총회(1965년)는 전권위원 명칭보다 특별위원으로 시행하도록 하면서 다음과 같이 상세하게 권한과 존속기간에 관해 규정하였다. 즉 특별위원의 권한은 파송 시 맡겨진 사건을 관할대로 처리할 것이며, 그래서 관련되지 않은 사건은 처리할 수 없으며, 노회에 보고한 후에는 다시 맡기지 않으면 할 수 없고, 위법 처리 되었을 때는 노회가 시정할 수 있고, 처리된 사건이 상소되었을 때는 노회가 피고가 되도록 하였다. 존속기간에 관해서는 본인들이 사면하지 않는다고 해도 무한정 위원이 될 수 없으며, 필요에 따라 위원을 소환할 수 있으며, 철회 방법은 노회의 결의로 할 수 있도록 하였다.[84]

---

84 최연식 편저, 총회 주요 결의 및 교회회의(서울: 대한예수교장로회총회, 2007), 66.

그러나 이러한 결정에도 불구하고 이후에 예장 합동 총회는 여러 차례 전권위원을 파송하여 노회와 총회의 어려운 문제를 수습하도록 하였다.[85] 그러다가 1991년 제76회 총회 이후로는 전권위원 대신 조사처리위원을 파송하였다.[86] 총회록을 통해 예장 합동 총회가 파송한 전권위원이나 조사처리위원이 행사한 권한을 보면 재판건을 다루어 재판상의 시벌을 부가한 것은 찾을 수 없고, 이들이 행사한 권한은 거의 행정건에 관한 것으로 치리회 결정 취소, 시정 지시, 해당자의 근신, 제명, 노회와 총회의 공직 정지, 총대권 중지 등의 조치를 내렸다는 것을 확인할 수 있다.

7) 고신교회의 1957년, 1961/1962년의 합동개정헌법, 1972년 교회 정치-'특별위원'

예장 합동 총회가 파송한 전권위원의 부당 교권에 항의하여 1952년에 독노회로 발회한 고신교회 1957년 <교회정치>는 1934년 교회 정치에서 규정하는 것처럼 제58조(노회 직무) 5항에서 노회가 모이지 아니하는 동안 허위된 교회를 돌아보기 위하여 시찰원 혹 특별위원에게 부탁하여 노회가 개회할 때까지 임시로 시무할 목사를 택

---

85 미주 서부노회 전권위원(1978년, 제63회 총회), 함북노회 처리 전권위원, 평양노회 수습 전권위원, 전남노회 전권위원(1979년, 제64회 총회), 총신 난동사건(1980년, 제65회 총회), 전도부 전권위원(1983년, 제68회 총회), 미주지역 전권위원(1984년, 제69회 총회), 사고 노회 수습 전권위원(1986년, 제71회 총회), 공직 정지자의 사면건(1987년, 제72회 총회), 평동노회 수습 전권위원(1987년, 제72회 총회), 평서노회와 광주, 전북 신학교, 총회 부정 총대 등 관련 수습 및 처리 전권위원, 전북신학교 전권위원, 한남노회 부평중앙교회 전권위원, 총회회관 불법 건축물 건 전권위원, 미주 총신대 전권위원, 군산중앙교회 분립 전권위원(1988년, 제73회 총회), 11인 전권위원(1989년, 제74회 총회) 등이다.

86 최연식 편저, 총회 주요 결의 및 교회회의, 198-228.

정하게 하거나 혹 임시 당회장을 택정할 수 있도록 하였다. 이는 고신, 승동 양 교단이 1934년 헌법을 바탕으로 하여 합동하여 만든 헌법 교회정치에도 그대로 이어진다. 다만 승동 측과 합동하면서 만든 <교회정치>(1961/1962)에서 제6조(노회의 직무) 11항은 "시찰위원은 가끔 각 목사와 교회를 순찰하여…"로 함으로써 교회시찰을 종전의 의무 사항에서 형식적인 것으로 만들고, 시찰 특별 심방 사례도 삭제하였다.

1963년에 환원한 고신교회는 1972년에 작성한 <교회정치>에서 교회시찰과 관련한 노회의 직무를 이전처럼(1922년) 그대로 다시 살려서 노회의 교회시찰 직무를 다시 의무 규정으로 삼았고, 허위된 교회를 돌아보기 위해 시찰원 혹은 '특별위원'을 둘 수 있도록 하였다. 이와 관련하여 제16회 총회(1966년 9월)가 "목사의 목회 능률 향상을 위하여 각 노회에서 지시하여 시찰회가 정치 제116조(당회문답)를 철저히 시행하는지를 매년 일차씩 보고하자"는 신학교육부의 청원을 허락한 점을 다시 생각할 필요가 있다.[87] 당시 제16회 총회는 고신교회의 정체성과 관련하여 교단 표준문서(웨스트민스터신앙고백서, 대교리문답, 소교리문답, 교회정치, 권징조례, 예배모범) 정비와 연구를 신학교육부에서 처리하도록 결정하였다. 따라서 시찰회의 정기적인 교회 시찰 역시 고신교회의 정체성 확립과도 전혀 무관하지 않음을 알 수 있다. 그 중심에 신학교육부(오병세 목사)가 있었다. 신학교육부 부장이기도 한 오병세 목사는 표준문서연구위원회(위원장

박손혁 목사)의 위원이기도 하였다.

8) 시찰 대신에 대체되는 전권위원회(재판권을 겸한)(1981-1992)

그러나 제3차 개정헌법 이후 10년이 지나지 않아 제4차 개정헌법인 1981년 <교회정치>는 다시 노회의 직무 중 하나인 정기시찰을 '할 수 있다'로 결정적인 수정을 하고서는("제58조(노회의 직무) 제7항 노회는 시찰회에 명하여 3년에 한 번씩 특별히 각 목사의 교회를 순찰할 수 있다...."), 이어서 노회의 직무를 서술하는 조항에 '전권위원'제도를 신설하였다. 1917년 곽안련 선교사를 통해 소개된 그 '전권위원회'가 헌법 조항에 다시 소환된 것이다. 그냥 '특별위원'이라고 하면 교회의 어려운 문제가 수습되지 않을 것처럼 생각되었을까? 이전에 시찰위원이 할 일을 이제 전권위원을 선정하여 교회시찰을 하게 할 뿐 아니라 심지어 이들에게 재판권까지 부여하여 교회 안에 이미 발생한 어려운 문제들을 비상한 방법으로 바로잡도록 하였다:

> "제58조(노회의 직무) 제4항 노회는 산하 교회의 어려운 문제들을 수습하기 위하여 전권위원을 파송할 수 있으나, 재판권이 필요할 때는 노회 전권위원회는 7인 총회 전권위원회는 9인으로 하여 재판권을 부여하되 투표로 선정하여야 한다. 단 전권위원회의 처사는 본회가 채택하여야 확정된다."

1952년에 독노회로 발회한 고신교회는 경남(법통)노회에 대한 총회 교권의 횡포(1949-1952)에서 비롯되었다. 특히 헌법에도 없는 전권위원회를 통해 당시 경남노회는 부당한 교권의 압박을 받았다. 제35회 총회(1949년 4월)는 전권위원회를 구성하여 "경남노회 사건은 노회는 한부선(Bruce Hunt)파와 관계하지 말고, 고려신학교에도 거년 총회 결정대로 노회가 관계를 가지게 되는 일은 총회결의에 위반되는 일이매 삼감이 마땅하오며, 기타의 모든 복잡한 문제만은 전권위원 5명을 선정하여 심사 처리케 함이 가하다"고 결의하였다. 당시 총회는 이 보고를 받음으로 경남노회 안에 전개되어 온 교회의 개혁운동을 분쇄하겠다는 저의를 품고 있었음을 보여주었다. 이는 특별히 총회가 전권위원들에게 선명한 일의 한계를 지시하지 않고 '기타의 모든 복잡한 문제만은 전권위원 5명을 선정하여 심사 처리케 한다'는 불투명하고도 포괄적인 내용의 지시를 내림으로 잘 드러내었다.[88] 결국 전권위원들은 경남노회의 분규를 해결하기보다는 분열을 더욱 조장하는 일을 하였다. 한편 제54회 경남노회 임시노회(1951년 6월 12일)는 문창교회당에서 모여 제35회 총회(1949년 4월)가 '헌법에 없는 전권위원회를 파송한 것이 불법적인 처사'라는 것을 결정하였다.[89] 즉 전권위원회는 '헌법에도 없는 제도'임을 경남노회가 지적한 것이다. '전권위원'은 앞에서 살핀 대로 곽안련 선교사의 <교회정치문답조례>에서만 시찰국을 가리키는 동급의 위원회로 언급되었다.

이같이 헌법에도 없는 전권위원회를 통해 부당한 교권을 경험

88　허순길, 한국장로교회사(서울: 도서출판 영문, 2008), 379-380.

89　경남(법통)노회 기독교문화연구위원회 편, 경남(법통)노회 역사 자료집(1916-2010)(창원: 디자인 신창, 2011), 71-72.

하고 시작한 고신교회가 이제 교회시찰을 정기적으로 더욱 강화하는 대신 헌법에다 재판권을 부여한 전권위원 제도를 명문화한 것이다. 사실 전권위원 제도는 1981년 교회정치에서 명문화되기 전에 이미 오래전부터 전국 노회에 만연되고 있었다. '헌법에도 없는 전권위원회'를 말하며 총회의 부당한 교권에 저항한 경남(법통)노회의 사례를 보면 1956년부터 2009년에 이르기까지 개체교회에 발생한 어려움을 수습하기 위해 전권위원회가 다반사로 구성되었다.[90] 교회 안에 얼마든지 발생할 수 있는 악들을 시찰위원의 정기시찰을 통해 천천히 인내하며 바로잡는 것이 아니라, 사후약방문(死後藥方文)식으로 교회 안에 발생한 어려운 문제를 바로잡기 위해 재판권까지 부여한 전권위원회를 통해 강압적으로 해결하려고 한 것으로 이해할 수 있다. 이는 교회 안에 일어날 수 있는 행악을 미리 사전에 막고 경계하기 위해 일상적인 교회시찰을 시행하지 않고, 교회 안에 이미 일어난 행악에 대해 이를 비상한 상황으로 인식하고 비상한 권한을 부여

---

90 경남(법통)노회 기독교문화연구위원회 편, 경남(법통)노회 역사 자료집(1916-2010) 참고. 제64회 정기노회(1956년 3월 20-21일)에서 동래온천교회 사건, 부산서부교회사건, 부산완월동사건, 거창읍사건에서 각각 전권위원회를 구성하도록 결정하였고 제65회 정기노회(1956년 9월 11-12일)에서는 개내교회사건에서 전권위원을 구성하였다(96, 98). 제97회 정기노회(1972년 9월 5-7일)에서는 96회 노회 때에 전권위원회가 구성되었으나 그대로 존속한다는 보고가 있고(132), 98회 정기노회(1973년 4월 3-5일) 보고서에서는 가술교회에 전권위원회가 파송되었음을 알 수 있으며(137), 제100회 정기노회(1974년 4월 16-18일)에서는 경남정화노회 일로 전권위원회를 구성하여 대책을 세웠으며(143), 107회 정기노회(1977년 10월 4일-6일)에서는 밀양마산남부교회와 밀양마산교회를 위한 전권위원 존속 보고가 있으며(161), 108회 정기노회(1978년 4월 4-5일)에서는 고성 성내교회 위해 전권위원을 선정하였으며(164), 116회 정기노회(1982년 4월 13-15일)는 고성 성내교회와 내동교회에 각각 전권위원을 선정하였으며(182), 123회 정기노회(1985년 10월 8-10일)에서는 예림중앙교회 전권위원 보고가 있었으며(202), 151회 정기노회(1999년 10월 11-12일), 152회 정기노회(2000년 4월 10-11일)에서는 창원교회 전권위원회의 보고가 있었으며(234, 237), 154회 정기노회(2001년 4월 2-4일)에서는 진해반석교회 전권위원회 보고가 있었으며(241), 155회 정기노회(2001년 10월 15-16일)에서는 진해북부교회 전권위원회 보고가 있었으며(245), 170회 정기노회(2009년 4월 13-14일)에서는 가술교회 전권위원회가 보고가 있었다(308).

하여 비상한 방법으로 바로잡으려고 한 것이다. 본래 재판이란 고소 고발이 있어야만 진행할 수 있음에도 전권위원회는 재판권을 가지고 심지어 정당한 절차를 밟지 않고서도 시벌을 가할 수 있었다.

재판권을 부여받은 전권위원회를 헌법에 명문화한 것에 대해 대한예수교장로회(합동) 소속 박병진 목사는 이를 강하게 비판하였다. 전권위원회는 본래 노회의 본회를 위한 예비적인 심의기구이어서 위탁받은 일 외에는 처리할 수 없으며, 전권위원회에 재판사건을 부여한 것은 전권위원회를 '축소 치리회'로 잘못 생각한 바탕에서 나온 것이라며 지적하였다.[91]

9) '시찰위원 심방 시 문답' 폐지로 무력해지는 시찰과 공고해지는 전권위원회(1992-2011)

제5차 개정헌법인 1992년 <교회정치>는 노회의 직무를 서술할 때 지금까지 중요하게 생각한 교회시찰 관련 규정은 물론 부록에 실린 <시찰위원 특별심방시 문답例>도 모두 삭제하였다. 노회의 직무에서 '시찰'이라는 말을 아예 찾을 수 없다. 대신 <교회정치> 제98조에서 시찰위원'에 대한 조항을 신설하여 "노회는 개체교회를 관리하는 치리권을 협조를 위하여 관내의 시무목사와 총대장로 중에서 시찰위원을 선정한다. 시찰 구역과 위원 수는 노회가 정하며, 시찰위원은 개체교회를 시찰하고 중요한 사건을 협의 지도하며 노회에 보고한다"라고 하였다. 그리고 시찰의 성격과 방식은 헌법적 규칙 제17조

---

91 박병진, 한국장로교회 헌법100년 변천의 개관(서울: 성광문화사, 1989), 160.

4항에서 기록하였다.[92]

이같이 1992년 <교회정치>는 교회시찰을 '필요시' 할 수 있다고 하지만, 시찰의 실례인 <시찰위원 특별심방시 문답例>를 삭제함으로써, 진정한 교회시찰은 사실상 기대하기 어렵게 되었다. 그리고 헌법적 규칙 제22조는 '수습위원, 전권위원'에 관해 이전 1981년의 <교회정치>보다 더욱 상세하게 규정하였다. 결국 1981년부터 고신교회 안에는 교회 안에 발생할 수 있는 악을 미리 경고하고 예방할 목적을 위해 정기적인 교회시찰 기능을 점점 회복시키는 대신, 이미 교회 안에 발생한 일에만 집중하여 이를 처리하고 바로잡기 위해 수습위원이나 재판권을 부여한 전권위원 제도를 공고히 하였다. 이는 마치 평소 우리 신체에 정기검진을 통해 건강 관리하지 않고, 병이 생긴 후에야 비로소 이를 바로잡기 위해 칼을 내세워 수술도 하고 치료를 하려고 야단법석을 떠는 것과 같은 이치라 할 수 있다.

통상적 정기시찰을 대체한 이러한 전권위원제도(재판권을 겸한)는 중세교회에서 치리회가 주도하는 재판을 통해 교인들의 악행을 조사하고 시벌을 가한 것에 비교하는 것은 무리일까? 신약시대와 고대교회는 교회시찰을 등한시하지 않았다(사도행전 9:32, 15:41)고 전하고 있다. 사도 바울은 자신을 통해 세워진 교회를 여러 차례 시찰하여 이들의 상태를 살피고, 악을 예방하며 믿음으로 이들 교회를

---

92 "1. 시찰회는 구역내 교역자 청빙건을 협의 지도하며, 미자립 교회들이 연합하여 교역자를 청빙하도록 권고 지도하며 교역자 없는 교회가 없도록 힘쓴다. 2. 시찰회는 구역내 교회의 연합사업을 기획 지도한다. 3. 시찰회는 개체교회가 노회에 제출하는 서류를 살펴 지도한다. 4. 시찰회는 필요시 구역내 각 교회의 형편을 시찰할 수 있으며, 각 집회 관계를 협의 지도할 수 있다. 5. 시찰회는 구역내의 교회상황과 위임 받은 사건의 처리결과를 노회에 보고한다. 6. 시찰회는 치리회가 아니므로 임의로 치리관계의 사건에는 관여하지 못하나, 노회가 위임한 사건은 처리할 수 있다."

세웠다(사도행전 16:4, 18:23, 고린도전서 4:19, 17:5-8 등). 사도들을 이은 고대 교회 지도자들 역시 사도들의 이러한 본을 받아 교회시찰을 소홀히 여기지 않았다. 이때 교회시찰의 직무를 맡은 이은 교회의 '감독'이었다(디모데전서 3장). 비록 우리가 1세기 교회의 모습을 자세하게 알 수 없지만 4세기 동방교회에서는 이미 감독과 감독이 보낸 대표단이 해당 교구를 시찰하는 것이 관습으로 자리를 잡았다.

그러다가 7세기 게르만 지역에서 통상적인 시찰이 변질되기 시작한다. 즉 카를 대제 이후 통상적인 시찰에서 교인들의 죄를 조사하고 교회 시벌을 가하는 것을 분리하여 이를 감독 혼자가 아니라 일종의 치리회가 관장하는 재판을 통해 시행한 것이다.[93] 그리고 치리회의 재판에서 온갖 남용이 나타났다. 돈으로 교회 시벌이 무마되고 치리회의 회원이나 행정관들의 손에 그 돈이 들어가게 되었다. 바로 이러한 부패 때문에 종교개혁 당시 로마천주교회의 교회시찰과 치리회 재판은 고질적인 교회 악습으로 여겨졌다.

3. 재판권을 가진 전권위원, 과연 무엇이 문제인가?

첫째, 노회와 총회 재판부(국)를 통한 정상적인 재판이 약화되거나 무력화되었다.

한 개체교회에 문제가 생기면 교인의 원(原)치리권을 가진 당회가 우선 해결하고 그래도 처리가 어려우면 노회와 총회 재판부를 통

---

93   H. Bouwman, *Gereformeerd Kerkrecht I*(Kampen: Kok, 1934), 157–160 참고.

해 재판 절차를 밟는 것이 정상적이다. 물론 노회와 총회의 재판부를 통해 정상적으로 재판이 이루어질 때 과정과 절차가 신속하지 못한 것은 사실이다. 그래서 재판 과정에서 어려운 문제가 더욱 악화될 수도 있을 것이다. 그럼에도 재판은 과정 자체가 먼저 바르게 되어야 공정할 수 있다. 따라서 노회나 총회가 전권위원회를 세워 수습 이상으로 재판권을 부여받아 재판까지 한 것은 기존의 재판부(국) 기능을 약화시키면서 신속하게 문제를 해결하려고 하는 편의주의적 발상이라고 이해할 수 있다.

예장 통합과 예장 합동은 '전권위원회' 대신 '조사처리위원회'를 가지고 있다. 예장 통합의 이종일 목사는 <교회헌법 정해>에서 '조사처리위원회'에 관해 다음과 같이 해설하였다. 즉 '조사처리위원회'는 사법적 재판권이 없고 단지 행정적 조치와 처리를 할 뿐이다고 하였다. 그러나 만일 재판권까지 부여할 때는 먼저 재판국으로 변경할 것을 결의해야 한다고 하였다. 그리고 재판국으로 변경되면 이미 진행된 조사처리 위원회의 모든 업무는 종결되고 재판국으로서 업무를 처음부터 다시 시작하여야 하며 이때 기소위원을 선임하여 기소케 해야 하며, 조사처리위원은 기소 위원이 될 수 없으며 권징조례에 의한 재판절차를 이행하여야 한다고 하였다. 만일 조사처리위원회에서 1-2차 소환을 하였다고 하여 재판국으로 변경된 후 소환 절차를 생략하면(재판국장의 소환장 송달없이) 이는 위법이 되어 이러한 재판은 원인무효가 될 수밖에 없게 된다고 지적하였다.[94] 고신교회의 조

---

94   이종일, *敎會憲法 精解*(서울: 성광문화사, 1994), 262.

긍천 목사는 <교회헌법해설>에서 이종일 목사의 <교회헌법정해>에서 서술한 <조사처리위원회> 해설이 고신 교회의 전권위원제도(재판권을 겸한)에 많은 참고가 되어야 할 것이라고 하였다.[95]

둘째, 교인의 권리가 제한될 여지가 있다.

교회의 법조항은 법 이전에 '권리'를 가리킨다. 교회의 '법'(권리)은 그리스도께서 십자가에서 획득하신 '의'(義)라는 '특별 은혜'에서 나온 '법'(권리)이기 때문이다. 즉 교회의 법은 의인으로서 모든 신자와 모든 회중의 권리를 가리키며, 은혜로 회복된 의/화평의 권리를 가리킨다. 이 점에서 세상의 법과 교회법이 대조된다. 세상의 법과 질서 역시 '의'(정의: Ius)를 말하지만 정죄와 보응을 목표로 하는 반면, 교회의 법은 그리스도 안에 있는 의와 화평을 드러내기 위한 목표를 가지고 있기 때문이다. 그래서 교회법은 법이나 규정 그 자체 나아가 시벌 자체가 목적이 아니라, 죄 용서와 화평이 목적이 되어야 한다(고전 14:33, 40). 이같이 교인의 권리는 장로회정치의 특성이며 교회정치원리 중에서 양심의 자유가 이를 잘 보여주고 있다. 이러한 교인의 권리는 종교개혁 당시 이신칭의와 만인제사장의 복음을 재발견하면서 종교개혁가들에 의해 선언된 권리로서 온 유럽을 잠에서 깨우는 역할을 하였다. 이전까지 신자는 교직제도 안에서 믿음과 행위의 문제에서 소극적이었으나 이제는 신자가 그리스도 안에서 가지는 자유와 권리가 존중을 받게 되었고, 이로써 개신교 국가에서는 교회의 독재가 종식하기에 이르렀다.

---

95   조긍천, 장로교 헌법 해설(서울: 총회 출판국, 2000), 232.

따라서 곽안련 선교사의 1917년 교회정치문답조례 371문은 노회가 개체교회를 시찰할 때 노회가 직접 교정치 못하고 교인의 원(原)치리권을 소유한 당회를 통해 교정하게 한다고 하였다. 같은 책 212문에는 교인에게 대한 원심권은 당회에 있다고 하였다. 따라서 전권위원회가 조사나 수습 차원이 아닌 재판권을 부여받아 재판까지 하는 것은 교인에 대해 원치리권을 소유한 당회의 권한을 월권한 것이 된다. 나아가 노회나 총회가 개체교회에 지나치게 간섭하거나 월권을 행사하는 것이 될 수 있다. 물론 전권위원회를 통해 때로는 교회의 어려운 문제가 잘 수습되고 화평하게 된 때가 많았다. 그럼에도 때로는 전권위원회를 통해 문제가 더욱 어려워진 때도 있었다는 것을 인정해야 한다. 박윤선 목사는 <헌법해설>에서 <전권(全權)>이라는 용어 자체에도 문제가 있다고 지적하였다. 개체교회에 대해 군림하는 것이 아니라 섬기고 도와주고 봉사하는 차원에서 시찰이고 조사고 수습인데, 전권이라는 용어가 마치 교인이나 개체교회에 대해 군림하는 인상을 자칫 줄 수 있기 때문이다.[96]

셋째, 결론적으로 말하면 교회의 머리이신 그리스도께서 자기 교회에 주신 교권(교회의 권세, church power), 천국을 여닫는 열쇠의 권한이 사람의 부패로 인하여 언제라도 부당하게 사용될 가능성이 있음을 경계해야 한다. 문제는 전권위원회에 행정권은 물론 재판권까지 부여함으로 지나치게 과대한 권한을 준 것에 있다. 그래서 전권위원의 문제는 교회의 왕이요 머리이신 주 예수께서 자기 교회에 주

---

96   박윤선, 헌법주석(서울: 영음사, 1991), 162-63.

신 권한(권세)을 얼마나 잘 사용하였는가 하는 문제와 연결된다. 여기서 헌법에 나오는 교회정치원리를 되새길 필요가 있다. 제7원리는 치리권 곧 교회의 권세(church power)의 성격이 하나님의 명령을 따라 섬기는 것이며, 제8원리는 권징의 성격이 도덕적이고 영적인 것이라고 하였다.[97] 치리권 곧 교권의 성격은 교인과 개체교회를 섬기는 권세이며, 권징은 순전히 도덕적이고 영적인 것이어서 선을 격려하고 회개를 목적으로 한다. 그런데 전권위원회에 과대한 권한이 주어지면서 때로 이를 세운 의도에서 벗어나기도 하였다. 즉 전권위원회는 본래 교회의 어려운 문제를 수습하기 위해 세우는 것인데, 총회 산하의 기관(특히 학교법인) 운영을 둘러싼 문제를 해결하기 위해서도 세워지면서 전권위원회 원래의 의도에서 이탈하는 일도 생겼다. 대표적인 실례를 들면 제45회 총회(1995년 9월)는 학교법인 안에 있는 제반 문제 처리를 위한 전권위원을 세웠는데, 해 전권위원회가 몇몇 목사와 장로에 대해 2년간 상회권 정지 시벌을 내리면서 제46회 총회에서는 시벌 받은 분들이 전권위원을 대상으로 고소를 하는 등 제47회 총회까지 3년 동안 전권위원을 둘러싸고 갈등이 끊이지 않았다. 마침내 제48회 총회(1998년 9월) 전권위원회는 제45회, 제46회, 제47회 총회 전권위원회 모든 결의를 교단 화합 차원에서 백지화하기로 하는 결정을 내리기는 하였으나 이로써 전권위원 제도가 얼마나 정치적으로 남용될 수 있는지 큰 교훈을 주었다.[98]

———————————

97   대한예수교장로회 고신총회, *개정판 헌법해설*(서울: 총회출판국, 2018), 196.

98   당시 총회는 선언문을 채택하였다: "제48회 총회에 하나님의 강권적인 명령과 역사가 나타났습니다. 우리 총회는 하나님의 이 뜻을 순종하여 제45회, 제46회, 제47회 전권위원회의 모든 결의는 교단 화합 차원에서 백지화하고 ① 철저히 회개하여 하나님의 노하심을 풀어드리고 ② 우리들 서로가 용서하고 사랑하여

4. 결론: 고신교회 70년을 맞는 우리에게 주는 교훈은 무엇인가?

지난 전권위원회(재판권을 부여받은)의 역사는 교회의 권세, 천국의 열쇠가 부당하게 사용되지 않고 섬김과 회개, 교회건설이라는 본래 목적을 위해 바르게 사용되어야 한다는 중요한 교훈을 준다. 이 전권위원회를 반면교사로 삼아 개체교회는 물론 노회와 총회, 산하기관에서 어떤 형태의 교권주의가 교회에 들어오는 것을 경계해야 할 것이다.

유럽 교회는 중세시대에 부당한 교권을 생생하게 경험하였기에 종교개혁 이후 교회정치 법조문에서 교권주의를 경계하는 내용을 명시하였다. 예를 들어 칼빈주의 5대 교리를 작성한 돌트총회(1618-1619)는 돌트교회질서를 또한 제정하였는데, 여기서 교권주의를 경계하는 법조항을 쉽게 볼 수 있다. 한 교회가 다른 교회 위에 군림하는 것뿐 아니라, 한 목사가 다른 목사 위에 군림하고 한 장로가 다른 장로 위에 군림하는 것을 경계하였다(84조). 또 17조는 직분의 동등성을 고백하였다. 그래서 시찰회나 치리회에서 의장의 직무를 차례대로 하도록 할 뿐 아니라 연임하지 못하도록 하였다. 또 그 모임이 마치면 그 의장의 직무도 함께 마치도록 하였다. 목사의 독주는 물론 당회의 독주도 경계하였고, 특정한 한 사람이 교회에 영향을 미치는

화합하며 ③ 우리 교단의 힘을 모아 마지막 때에 주님의 명령을 이행하고 하나님의 뜻을 이루어 드리므로 한국교회와 세계교회에 우리들의 단합된 모습을 보여 하나님께 영광돌릴 것을 선언합니다. 1998년 9월 25일. 제48회 총회장 김종삼 목사"

것을 대단히 우려하였다.

그런데 2011년 헌법개정을 통해 고신교회의 교회정치 제148조는 '총회장은 총회를 대표하고 총회 업무와 산하기관을 총괄한다'고 하므로 총회장 한 사람의 지위를 격상시켰다. 특정한 한 사람에게 이같이 지나친 교권을 부여한 예는 예장 통합이나 예장 합동의 교회헌법에서 볼 수 없다. 당회장 노회장 총회장은 각각 당회 노회 총회의 의장 그 이상도 그 이하도 아니나 어느새 그 치리회를 대표하는 자가되어 버렸고, 치리회가 마친 뒤에도 그 지위를 이용하여 교회들 위에 군림하는 막강한 권한을 가진 사람으로 바뀌었다. 비록 우리가 교황이라는 말을 쓰지 않더라도 실제로는 한 사람에게 교권이 지나치게 몰려 있다면 이미 우리는 감독정치체제 아래 있다고 해도 과언이 아니다. 형국이 이러하다 보니 노회장 총회장의 자리를 차지하기 위해 사람들이 얼마나 많은 돈과 시간과 에너지를 쏟으며 여기에 혈안이 되어 있는지!

또 돌트교회질서는 장로와 집사의 시무를 종신으로 하지 않고 임기제로 하였는데(27조) 장로와 집사의 직무는 목사의 직무와 다른 것이기에 다른 기준을 정하였다. 이는 이미 개혁가 칼빈이 제네바에서 도입한 것인데, 칼빈은 이를 통해 특히 온갖 독재가 교회 안에 들어오지 못하게 하고 교권주의를 예방하려고 하였다. 긍정적으로는 임기제를 시행하므로 회중의 영향을 강화시키려고 하였고 가능하면 교회 안에서 다양한 은사와 재능들이 나타나기를 바랐다. 그래서 27조는 장로와 집사의 임기를 2년으로 하고 매년 1/2의 수를 교체하였다. 오늘날 우리 헌법에서 장로의 시무를 만 70세까지 보장하므로 교회에 미치는 유익도 적지 않지만, 폐해도 상당히 크다. 칼빈이 우려한 대로 장로들의 군림과 독재가 곳곳에서 보이고, 많은 교회에서 회중의 영향력은 거의 없다고 해도 과언이 아니며, 교회 안에서 다양한 은사를 가진 사람들이 활동하지 못하는 것을 종종 본다. 장로와 집사의 임기를 한시적으로 정하는 것을 전향적으로 검토하여 부당한 교권이 교회에 들어오는 것을 경계해야 한다. 고신교회설립 70년을 지나면서 지난 30년 동안 영향을 끼친 재판권을 부여받은 전권위원회의 역사가 주는 교훈을 결코 잊지 말아야 하겠다.

8장

교단설립일 시점과 교단설립행사

제62회 총회(2012년 9월)에 부산서부노회(노회장 서병수 목사) 에서 상정한 안건이 하나 제출되었다. 1952년(1952년 9월 11일 총노 회가 조직된 날)을 고신 역사 기점으로 공식화해달라는 청원이었다. 제27회 총회(1977년 9월)가 일찍이 1946년 12월 3일을 고신교단의 창립시일로 결정한 바가 있는데, 이를 다시 고신교회가 독노회로 출 범한 1952년으로 수정해달라는 것이었다.

1946년 12월 3일은 도대체 어떤 날이었을까? 제27회 총회는 왜 이날을 고신 역사의 기점으로 인정하고 결정하였을까? 이날을 고신 역사의 기점으로 여긴 이유는 다음과 같다. 해방 이후 지난날 신사 참배 반대로 문을 닫게 된 평양의 "장로회신학교"의 보수적 개혁주 의를 잇기 위해 1946년 6월에 진해에서 신학 강좌가 열리고(6월 23 일-8월 20일, 강사: 박윤선 목사) 동년 9월에 고려신학교가 부산에서 개교하였다. 그리고 동년 12월 3일에 진주에서 열린 제48회 경남노회(장소: 진주 봉래동 교회)에서 한상동 목사가 노회의 불법처사에 항거하게 되는데 이때 여러 교회들이 이에 호응을 하는 일이 있었다. 그 직전까지 경남노회는 일제 강점기에 제27회 총회(1938년)가 공적으로 결정한 신사참배 건에 대한 회개와 교회쇄신 분위기가 지배적이었으나, 대표적 친일 인사인 김길창 목사가 사전선거운동으로 노회장이 되면서 신사참배에 대해서는 더 이상 거론하지 못하도록 가결하고 특히 고려신학교의 인정 취소론을 제기하고 신학생 추천도 취소할 것을 결정하였다. 이렇게 함으로써 교회쇄신을 요구하는 인사를 압박하였고, 교회쇄신의 요구는 심각한 반대에 직면하게 되었다. 이렇게 되자 한상동 목사는 "불손한 태도를 고침이 없이 그대로 나아가는 경남노회가 바로 설 때까지 탈퇴한다"고 선언하고 퇴장하였다. 그의 탈퇴는 "바로 설 때까지"라는 시한부 탈퇴였으므로 경고의 의미가 있었다. 한상동 목사의 탈퇴선언은 큰 반향을 일으켜 시대착오적인 노회를 바로 세우기 위해 항거하기로 하고, 1947년 1월 3일자로 6개 교회가 연합하여 성명서를 발표하고, 부산노회 소속 67개 교회 역시 제48회 경남노회의 결의에 항거하고 한상동 목사를 지지하는 성명서를 발표하였다. 부산의 초량교회에서는 신도대회를 열어 주상수 장로를 회장으로 선출하고 회개운동을 전개하는 등 교회개혁을 요구하는 평신도들의 항의가 계속되었다.[99] 제27회 총회는 바로 이러한 프로테스탄트 정신, 항의 정신을 고신교회의 시작으로 기념하고

---

99   허순길, 한국장로교회사(서울: 영문, 2008), 368-370; 이상규, "해방 후의 상황과 고신교회의 형성" (고리신학대학원, 고신 60회 기념 역사 포럼자료집, 2010년 4월 8일), 16-17.

자 했다.

　그런데 부산서부노회가 1946년 12월 3일이 아니라 1952년 9월 11일로 고신 역사의 기점으로 수정하여 공식화해달라는 청원을 올린 제62회 총회(2012년 9월)는 총회 개회 3개월 전인 2012년 6월 14일(목)에 부산 사직체육관에서 13,000명의 교인이 모여 총회 차원에서 교단설립 60주년 기념행사를 치른 직후에 열린 총회였다. 더욱이 이 교단설립 60주년 행사를 1년 전에 기획함으로 제61회 총회(2011년 9월)가 묵시적으로 교단 설립 시점을 1952년으로 기산하고 인정한 것이나 다름없지만, 그럼에도 이는 1946년 12월 3일을 교단 설립 시점으로 인정한 제27회 총회의 결정과는 분명히 상치되는 것이기에 총회는 부산서부노회의 헌의안을 받아들여서 이번 기회에 고신 역사 기산을 다시 재정립하자는 취지로 연구위원을 세워 1년간 연구하도록 하였다.[100]

　1년 후 제63회 총회(2003년 9월)에서 <고신역사기점에 관한 연구위원회>(위원장 이상규 교수)는 고신역사의 기점을 후일 대한예수교장로회 고신총회로 발전해 가는 총노회 조직일인 1952년 9월 11일(당시는 목사 50명, 장로 37명 참석)로 확정하는 것이 타당하며 따라서 제27회(1977년 9월) 총회가 결의한 1946년 12월 3일은 매우 부당하다는 것을 보고하였고 총회는 이를 받게 되었다.[101] 이로써 고신교회(교단) 설립 기산을 둘러싼 논란은 깔끔하게 정리가 되었다.

100　제62회 총회회록, 57, 478-479.

101　제63회 총회회록, 29, 679-680.

1. 개혁운동 10주년 행사(제6회 총회, 1956년 9월 20일)

고신교회 설립 직후 믿음의 선진들은 교단 설립보다는 오히려 그 배경이 되는 개혁운동과 진리운동을 기념하기를 원하였다.

1952년 9월 11일에 총노회로 시작한 고신교회는 1956년 4월 17일에 제5회 총노회에서 이제 총회로 개편하기로 결의하고, 이를 같은 해 9월 20일 부산 남교회당에서 회집하여 하기로 했다. 그리고 경북노회, 전라노회 외에 경남노회를 부산, 경남, 진주 세 노회로 분립하기로 결의하였다.[102] 한편 1956년은 고려신학교를 설립(1946년 9. 20)함으로써 시작된 개혁운동 10주년을 맞는 해였다 그래서 제5회 총노회는 경남노회(노회장 한상동 목사)의 청원으로 총회로 개편과 함께 개혁운동 10주년 행사를 하기로 결정하고, 경남노회 임원, 경북, 경기노회장, 고려신학교 교수 전원과 송상석 목사를 이 행사를 위한 준비위원으로 위촉했다.[103] 이같이 고신교회 설립은 고려신학교 개교의 배경이 되는 개혁운동과 진리운동을 떠나서는 전혀 생각할 수 없었다.

1956년 9월 20일에 제6회 총회가 열렸지만, 개혁운동 10주년 행사에 대한 구체적인 기록은 총회록에서 찾을 수 없다. 다만 총회 개회 직후 총회규칙을 제정하고 총회임원을 선출한 이후 박윤선 목사가 우리 총회가 개혁운동 10주년을 맞아 총회로 출발함에 있어서 과거 10년을 회고하면서 잘못된 것을 시정하자고 다음 몇 가지를 제언

---

102 제1회-10회 총회회록, 60.

103 제1회-10회 총회회록, 67.

하였다: 첫째, 예배당 쟁탈 문제 둘째, 교회질서에 대한 문제 셋째, 기독교보에 대한 문제 넷째, 신학교에 대한 재정 문제. 총회록에는 이에 대해 한상동 목사가 해명하고 찬송가 366장을 합창하고 회무를 계속하였다고 기록하고 있다.[104] 개혁운동 10주년 행사내용은 구체적으로 알 수는 없지만, 제6회 총회에서 박윤선 목사가 제안한 내용에서 우리는 개혁된 교회는 정체되지 않고 항상 개혁되어야 하는 개혁운동의 참 정신을 보게 된다.

이같이 고신교회의 선진들은 교단 설립 자체보다는 그 배경이 되는 '개혁운동'에 더욱 역점을 두었다. 그러나 초기 고신의 사람들에게 생명과 같았던 '개혁운동' '진리운동'이라는 용어는 시간이 지나면서 적어도 약 20년 동안은 고신교회에서 공적으로 총회록 기록에서는 등장하지 않는다.

고신교회와 총회는 이후 '총회 10주년' 혹은 '교단 설립 10주년'을 맞아 이를 어떤 식으로든 총회 설립과 교단 설립을 기념하였을까? 총회 10주년이 되는 제10회 총회(1960년 9월 20일)는 총회 개회 2개월 전인 8월에 승동 측 목사들과 비공식적인 만남을 시작을 계기로 승동측과의 합동추진위원회를 구성하고 특별한 일이 없는 한 합동을 추진하기로 결정한 만큼 총회 10주년을 기념할 만한 여유가 전혀 없었을 것이다. 또 교단 설립 10주년을 맞게 되는 1962년 9월은 이미 승동측과 합동을 한 상태에서 제47회 총회(고신은 제12회 총회)가 1962년 9월 10-26일에 걸쳐 서울 승동교회당에서 열렸기에 교단 설

---

104   제1회-10회 총회회록, 90-91.

립 10주년 기념 역시 전혀 생각할 수 없는 일이었다.

2. '교단 20주년' 화보 편찬(제20회 총회, 1970년 9월 24-29일)

고신교회가 승동 측과 합동한지 약 3년 만에 다시 환원(제13회 환원총회, 1963년 9월 17-19일)한 이후 7년 뒤에 열린 제20회 총회(1970년 9월 24-29일)는 출판부에서 요청한 "교단 20주년 기념 화보"를 발간하는 것을 허락하였다.[105] 제20회 총회는 '총회 20주년'이 아니라 '교단 20주년'이라고 하였다. '총회 20주년'이 왜 '교단 20주년'으로 명명되었을까? 교단 설립 20주년은 아직 2년이 더 남았기 때문이다. 물론 이해가 되는 측면이 있다. 1952년 9월 11일 총노회(제1회 총노회)가 조직된 그 날이 곧 고신교회 혹은 고신교단의 시작이 되기 때문이다.

'총회=교단'으로 보는 것은 장로회 정치원리에는 전혀 맞지 않는다. 총회는 어디까지나 하나의 회의체요 치리회에 불과하기 때문이다. 따라서 교단설립 20주년은 1952년 9월 11일을 기점으로 기산할 때 1970년 9월이 아니라 1972년 9월으로 보는 것이 맞다. '총회=교단'으로 보는 인식은 1973년 8월 15일자로 제22회 총회록을 편찬하면서 총회장 손명복 목사가 해당 총회록 서문에 "우리 교단이 발족한지 벌써 22년이란 세월이 흘렀습니다"라고 한 말에서도 엿볼 수 있다.

105　제11회-20회 총회회록, 317.

따라서 '교단 발족 22주년'은 1974년 9월이지, 1972년 9월이 될 수 없다.

3. 30주년(교단창립 제30주년 기념 대성회: 순교정신 계승하자, 1977년. 8월 15-19일)

1977년 8월 15일부터 시작하여 19일까지 총회 교육부 주관(후원: 수난성도 기념사업회)으로 "순교정신 계승하자"라는 표제로 교단 창립 제30주년 기념 대성회가 성대하게 열렸다.

먼저 생각할 것은 1977년이 교단 창립 30주년이라면 도대체 교단 창립을 언제로 기산한 것일까? 당시 30주년 기념 대성회 자료집을 보면 다행히 그 시점의 기준을 명확하게 언급하였다. 즉 한상동 목사가 신사참배에 대한 회개와 교회쇄신 운동을 억압하는 경남노회의 불법적인 처사에 항거하여 "불손한 태도를 고침이 없이 그대로 나아가는 경남노회가 바로 설 때까지 탈퇴한다"고 선언하고 이어서 많은 교회들이 함께 지지한 그때를 시점으로 정한다고 밝혔다.[106]

대회사에서 대회장 박치덕 목사는 '교단 30년 만에 처음으로 대성회'를 가지게 되었다'고 하였다. 다음은 대회사 전문이다:[107]

"할렐루야, 전국에 있는 교회와 성도들에게 주님의 이름으로 문안 드립니다. 교단 30년 만에 처음으로 대성회를 가지게 됨을 하나님께

---

106 대한예수교장로회 총회교육부, 교단창립30년기념대성회 자료집(1977년 9월 15일), 92.

107 대한예수교장로회 총회교육부, 교단창립30주년기념대성회 자료집(1977년 9월 15일), 15.

감사드립니다.

한국교회가 일찍이 하나님 앞에서 신앙의 순결을 지키지 못한 결과 절망과 혼란에 빠졌으나, 하나님의 거룩한 섭리는 그 속에서 역사하고 계셨습니다.

신앙의 순결을 파수하던 진리의 사자들은 그 무서운 악형과 고문을 받아 옥중에서 순교하시거나 민족의 해방과 함께 죽음 직전에서 이 땅에 남기도 했습니다. 그 밖에도 신앙의 순결을 지키기 위해 성도들은 산중에서나 암혈 속에서 진리의 소리를 발해 왔습니다.

그러한 가운데 소리를 발한 우리 교단은 냉대와 멸시, 조롱을 받는 중에도 한국교회를 향한 적지 않은 영향을 끼쳐 왔습니다. 또한 원치 않았던 시험의 바람 앞에 적지 않은 타격도 입었습니다. 밖으로는 찢어지는 아픔이 있었고, 안으로는 해이와 안일의 중병을 앓아 왔습니다. 즉 개혁주의, 진리운동의 기치를 내걸고 그 아래서 잠을 자고 있었던 것입니다.

이제 우리는 이 깊은 잠에서 깨어나고자 합니다. 온 이스라엘이 미스바로 모여 회개운동을 한 것과 같이 우리도 금번에 다 함께 모여 회개하여 새 힘을 얻고자 합니다.

모이십시오! 우리 다 함께 진리의 동산에. 그리하여 교단 제2세대를 향한 힘찬 행진을 시작합시다. 1977.8.15."

교단 창립 30주년 기념 대성회가 마친지 1개월 후에 열린 제27회 총회(1977.9)에는 기념 대성회와 관련한 안건 세 건이 진주노회(노회장 최연석 목사)에서 올라왔다. 하나는 이번에 교단 기념성회를 거행하게 된 경위에 대한 문의이고, 둘째는 기념성회를 후원한 수난성도 기념사업회관 단체와 본 교단의 관계 및 해 단체의 법적 지위에 대한 문의이며, 셋째는 동 교단 창립 30주년의 기산은 어디에 근거를 둔 것인지에 대한 문의였다.[108]

이에 대해 총회는 교단 창립 30주년의 기산 근거로 "한상동 목사가 경남노회를 탈퇴 선언하고 67개 교회가 호응한 때가 창립정신의 기준이 되므로 1946년 12월 3일을 교단 창립 기산일로" 하기로 가결하였다.[109]

사실 교단 30주년 기념 대성회는 본래 1977년 3월 4일에 수난성도 기념사업회가 주관하는 제1차 사업계획으로 <8.15-19 대성회>를 예정한 것이었다. 그러다가 본 사업을 총회교육부가 넘겨받아 주관하고 수난성도 기념사업회는 후원하기로 하면서 1977년 6월 29일에 열린 총회운영위원회에서 이 대성회 사업의 인준을 받고 추진하다가, 이 대성회의 명칭을 <교단 창립 30주년 기념 대성회>로 확정하면서 '교단 창립 30주년'을 한상동 목사가 경남노회의 불법적 처사에 항거하며 일시적으로 노회를 탈퇴한다고 선언한 날을 기점으로 기산한 것이라고 밝힌 것이다.

여기에 다소 문제가 있다. 즉 처음부터 교단 창립의 기산에 대해 총회가 충분히 연구하고 결정한 후에 총회가 주관하여 교단 창립 기념 대성회를 연 것이 아니라, 수난성도 기념사업회가 기획한 대성회를 총회교육부가 넘겨받아 치르면서 명칭도 <교단 창립 30주년 기념

---

108   제27회 총회회록, 42.

109   제27회 총회회록, 26.

대성회>로 확정하여 이 행사를 먼저 치르고 그런 후에 총회가 불가 피하게 교단 창립의 기산을 추인한 인상을 받는 것이 사실이기 때문 이다.

교단 창립 30주년 기념 대성회는 그동안 고신교회에서 잊혀버린 두 단어가 다시 소환되었다는 점에서 큰 의미가 있다. 1956년 9월에 개회된 제6회 총회는 10주년을 맞은 진리운동 개혁주의(개혁운동) 을 기념하였다. 그 이후 20년 만에 다시 고신교회에 이 용어가 공적 으로 등장한 것이다. 대회장 박치덕 목사는 내회사에서 지금 우리 교 단이 원치 않았던 시험의 바람 앞에 적잖은 타격도 입어 밖으로는 찢 어지는 아픔이 있고,[110] 안으로는 해이와 안일의 중병을 앓으며 개혁 주의, 진리운동의 기치를 내걸고 그 아래서 잠을 자고 있었지만 이제 다시 이 깊은 잠에서 깨어나 교단 제2세대를 향한 힘찬 행진을 시작 하자고 하였다. 비록 고신 설립 시점 기산 방법에는 석연치 않은 점이 있지만, 당시 교회 안팎의 상황에서 큰 위기를 느끼고 수난성도 기념 사업회와 총회교육부를 중심으로 고신의 많은 성도와 교회가 '교단 창립 30주년'을 기념하였다. 이때 교단 설립의 배경이자 정신인 진리 운동, 개혁운동으로, 또 부당한 교권에 용기 있게 대항하는 프로테스 탄트 항의 정신으로 되돌아가서 교단을 새롭게 하여 제2세대를 맞기 를 간절히 열망하였다는 것을 알 수 있다.

4. 교단 주일 제정과 신사참배가결 50주년 상기 기도회(제38

110　당시 '성도간 세상법정 송사'를 둘러싸고 경남노회, 경동노회, 경기노회 교회들이 본 교단을 이탈하고 심지어 경남노회는 심각한 분열을 겪었다.

회 총회, 1988년 9월)

고신 설립 기산에 대한 충분한 연구와 검토 없이 치른 행사였기에 <교단 창립 30주년 기념 대성회>가 있은 지 10년이 지난 1987년이 되었으나 교단설립 40주년 행사가 전혀 이루어지지 않은 것은 이미 예견된 일이었다. 총회는 그 대신 9월 둘째 주일을 교단 주일로 지키는 것을 결정하게 된다.

1987년 9월에 열린 제37회 총회는 교단 발전과 운영을 위해 교단 발전연구위원회(위원장 총회장, 서기 박종수, 회계 손창희, 위원: 박두욱 박창환 이금도 오병세 이금조 조긍천 조재태 김정남 박현진)를 구성하게 된다. 동 위원회는 2000년대를 바라보며 교단의 정책 수립 중에 하나로 9월 둘째 주일(총 노회 조직 1952년 9월 11일)을 교단 주일로 매년 지키는 것과 또 신사참배가결 50주년을 맞는 1988년 9월 13일(화)에 회개운동을 위한 특별기도회를 가지는 것을 다음 총회 안건으로 상정하기로 하였다.[111] 그리고 제38회 총회(1988년 9월)는 교단발전연구위원회의 이 보고를 받아서 9월 둘째 주일을 교단 주일로 지키기는 것과 신사참배가결 50주년 상기 기도회를 1988년 9월 13일(화) 오후 2시에 부산삼일교회당에서 갖는 것을 결정하였다.[112]

이때부터 고신교단 설립 시점은 총노회가 조직된 날인 1952년 9월 11일로 굳어지게 되었다. 그래서 교단 설립 40주년 기념행사는

---

111   제38회 총회회록, 322-338.

112   제38회 총회회록, 21, 29.

1987년이 아니라 1992년에 이루어지게 되었다.

5. 교단 40주년 기념주간(1992년 9월)

제42회 총회(1992.9.21.-25)는 교단발전연구위원회(위원장 오병세 목사)의 건의로 올해가 본 교단이 40주년이 되는 해(1952. 9.11. 총노회 조직일)이므로 총회 차원에서 기념하도록 결정하였다. 한 주간을 총회 설립 40주년 기념주간으로 선포하고, 기념집회는 노회별로 기념 성회를 1일씩 갖도록 하였다. 교단의 40년 역사를 돌아보고 현재의 위상을 정립하며, 교단의 미래상을 제시하는 것을 목적으로 하였다.[113]

교단발전연구위원회는 동시에 3년 후에 맞을 해방(광복) 50주년 기념행사를 대대로 시행하도록 건의하고 총회가 이를 결정하였다. 광복(해방)은 특히 순교자를 배출하고 순교정신을 계승하기를 바라는 고신교회에는 남다른 신앙의 자유를 의미하기 때문이다. 그래서 기념예배와 집회뿐 아니라, 세미나와 음악회와 함께 순교자 유가족 등을 위로하는 위로회, 교단 역사자료 전시회, 노회별 기념 개척교회 설립 등을 사업으로 제시하였다.[114]

제43회 총회(1993년 9월)는 교단발전연구위원회(위원장 오병세 목사)의 건의를 받아서 9월 2차 주일인 교단주일을 지키기 위해 월간 고신, 기독교보가 중심이 되어 그날의 취지를 홍보해 설교자료를 지

---

113 제42회 총회회록, 354.

114 제42회 총회회록, 354-356.

면으로 알리는 것을 제도화하기로 하였다.[115]

이같이 제38회 총회(1988년 9월)가 매년 9월 둘째 주일을 교단 주일로 지키는 것을 제도화하고 제42회 총회(1992년 9월)가 노회별로 교단 설립 행사를 시행하도록 독려하고, 제43회 총회(1993년 9월) 총회는 교단지 언론을 통해 그날의 취지를 홍보하고 설교자료를 올리는 등의 제도적 조치를 취했다. 하지만 이 모든 시도에도 교단 설립의 취지가 전국교회가 충분히 공감되도록 전달되지 못하고 교회 안에 다시 개혁운동, 진리운동, 프로테스탄트 항의 정신의 불꽃을 일으키는 것으로는 나아가지 못하였다. 이후 열리는 교단 설립 기념행사는 점점 개혁운동, 진리 운동, 항의 정신의 고취보다는 외적인 행사에 더욱 치중하게 되었다. 개혁운동과 진리운동, 항의 정신이 역동적이지 않은 가운데 매년 교단 주일을 지키고 적절한 때가 되어 교단 설립 기념행사를 하는 것은 참으로 공허한 일이 아닐 수 없다.

6. 교단설립 50주년 기념대회(제52회 총회, 2002년 9월 24일)

제52회 총회는 무엇보다 교단설립 50주년을 맞아 기념대회(주제: 복음 조국 사랑, 대회장: 박종수 목사, 준비위원장: 곽삼찬 목사)를 회기 동안에 가졌다. 총회 둘째 날인 9월 24일(화) 저녁 6시부터 1부 음악회, 2부 기념예배(총회장 이 선 목사가 레위기 25장 8절에서 12

---

115   제43회 총회회록, 134.

절을 본문으로 '50주년을 거룩하기 위해'로 설교하였다), 3부 기념대회(고신 50주년 영상물 시청과 기념사, 축사, 교단 21세기 선언문 낭독)의 순서를 가졌다.[116] 바로 이 총회에서부터 총회의 총대 수가 500명 이상을 넘어섰다(총대 수 512명-목사 총대 256명 장로 총대 256명, 34개 노회, 교회 수 1591개, 목사 수 2435명, 장로 수 3764명, 세례교인 수 213,746명).[117] 특히 총회는 고신교단 50주년 기념 화보집을 출간하였다(2004년 1월 15일 발행, 약 1250페이지).

교단설립 50년은 그 자체로 보면 50년 만에 모든 억눌린 것에서 해방이 되어 희년을 맞는 것처럼 뜻깊은 일이라 할 수 있다. 그러나 교단 설립 50주년, 진리 안에서 자유와 해방을 기념하는 희년의 감동이 채 식기도 전에 고신교회는 2003년 5월 9일자로 교단 산하기관인 복음병원이 부도가 나고 고려학원 이사회에 관선이사가 파송되면서 고신교회 역사에서 가장 수치스러운 교회의 바벨론 포로를 경험하게 되었다. 50주년 기념대회에서 총회장 이 선 목사는 희년 절기에 대해 언급하는 레위기 25장 8절에서 12절을 가지고 '50주년을 거룩하기 위해'라는 제목으로 설교하였다. 그 설교대로 고신의 50년 곧 희년을 경축하고 기념하며 이러한 희년을 허락하신 주님을 기쁨으로 노래하고 고신의 50년을 거룩하게 한 교회에 주님께서 참으로 아이러니하게도 바벨론의 멍에를 주셨다. 왜 목사를 양성하는 신학교가 형식적으로 세상이 파송한 관선이사의 지도를 받게 하여 세상으로

---

116   제52회 총회회록, 35.

117   이런 배경에서 구조조정위원회의 보고를 받아 이번 총회부터 향후 5년간 총대 수를 동결하기로 가결하였다(제52회 총회회록, 34).

부터 수치를 당하게 하시고 우리 입에서 기쁨의 노래를 빼앗아 가셨는지 그 이유를 알 수 없다. 사람이 비록 하나님의 기이한 섭리를 다 알 수는 없지만, 총회는 이 사태의 원인을 분석하기 위해 백서를 발간하기로 결의하였으나, 20년이 지난 지금까지, 교단설립 70년을 맞는 지금까지 이 백서는 발간되지 못하고 있다.

7. 제60회 총회(2010년 9월 29일) 기념행사

1952년에 총노회로 발회하여 제60회 총회를 맞아 총회 제3일인 2010년 9월 29일(수) 저녁에 모든 총대들은 기념 감사예배를 드렸다. 이금도 목사가 교단설립에서 환원까지, 전은상 목사가 환원에서 1980년까지, 오병세 목사가 1981년에서 현재 그리고 미래를 전망하는 말씀을 전하였고, 특히 산돌 손양원 목사 순교 60주년(2010년 9월 28일)을 맞아 손양원 기념사업회를 위해 헌금하는 순서를 가졌다.[118] 한편 1년 후에 열린 제61회 총회(2011년 9월)는 미래정책위원회(오세우 목사)가 청원한 "고신총회 60주년 기념 표준주석 편찬"을 허락하였다.

한편 제60회 총회는 2년 후인 2012년에 교단 설립 제60주년을 맞아 60주년 기념행사를 하기로 하고, "60주년 기념행사 준비위원회"를 조직하기로 하며 그 조직은 임원회에 일임하였다.[119] 그리고 제주노회(노회장 김대룡 목사)가 청원한 교단 설립 제60주년 기념교회

---

118 제60회 총회회록, 28: 43-44.
119 제60회 총회회록, 48.

설립을 허락하였다.

8. 교단 설립 60주년 기념행사(2012년 6월 14일)

교단 설립 60주년 기념행사 준비위원회(위원장 정근두 목사)는 "60주년 기념행사"를 통해 과거를 돌아보며 교단 설립 이후 60년간 하나님께서 교단에 베푸신 은혜를 감사하며, 그동안의 사역을 정리하는 뜻과 현재 교계와 사회를 향한 감사의 섬김을 다짐하며 또 미래를 향하여 다음 세대 양성과 기념교회 개척을 행사내용으로 2012년 8월 15일(수요일)에 부산 사직실내체육관에서 대회를 개최하려고 준비하였으나[120], 사정이 변경되어 2012년 6월 14일(목) 오후 1시-5시에 부산 사직실내체육관에서 약 13,000명이 참석한 가운데 열리게 되었다.

제62회 총회(2016년 9월)는 다음과 같이 교단설립 60주년 기념행사 보고를 행사추진위원회(위원장 박정원 목사)에게서 받았다. 2012년 6월 14일(목) 오후 1시-5시에 부산 사직실내체육관에서 약 13,000명이 참석한 행사는 감사예배, 음악회, 역사의 발자취, 섬김과 봉사(장기기증 협약식, 헌혈증서 전달, 탈북자 교회 지원)로 이어졌으며, 기념사업으로는 교단 내 미조직교회 실태조사와 탈북청소년 대안학교 드림학교 지원을 하고, 또 기념교회 개척기금(약 9천만 원)을 마련하였다는 보고였다.[121]

---

120   제61회 총회회록, 34, 210-611..

121   제62회 총회회록, 37, 565-566.

과거에 어떻게 교단 설립과 관련하여 행사를 해왔는지를 간단하게 살폈다. 교단설립 70년을 어떻게 기념하는가 하는 문제는 이제 우리에게 달려 있다. 단순하게 외부적으로 드러나는 기념행사, 잠시 반짝이는 행사를 하는 것에 치중하지 말고, 어떻게 하면 전국교회가 교단 설립의 본래 정신인 진리운동, 개혁운동, 항의 정신으로 돌아갈지를 염두에 두고 지난 역사를 재평가하며 앞으로 우리가 어디로 가야 할지를 다짐하며 70년 행사를 맞이하면 좋겠다. 약 20년 전 교회 50주년, 희년을 거룩하게 한 행사를 치른 직후에 교회가 수치스러운 바벨론 포로를 경험하였으나, 지금까지도 왜 그러한 일을 겪었는지 총회가 결정한 관련 백서를 발간하지 못하고 그 원인을 아직도 제대로 파악하지 못한 것을 뼈저리게 반성하고 지금이라도 속히 이 일을 추진해야 한다. 70년은 포로 생활이 끝나고 회복의 시대가 왔음을 알리는 기쁨의 시간이지만, 지난 과거에 대한 올바른 평가와 회개 없이는 주님은 결코 우리에게 진정한 회복을 주시지 않을 것이다.

고신교회의 지난 70년을 평가할 때 중요한 항목 중 하나는 고신교회가 지난 70년을 걸어오면서 미래를 준비해 왔는지, 또 미래를 준비해 왔다면 어떤 미래를 어떻게 준비해왔는지에 관한 주제를 빠뜨릴 수 없다. 이를 바르게 볼 수 있을 때 설립 70년을 맞는 우리가 또 새로운 70년이라는 미래를 바르게 설계할 수 있을 것이다.

9장

고신교회와 미래준비

고신교회가 지난 70년 동안 공적으로 교회의 미래를 의논하고 정책을 계발하도록 위임한 부서는 총회에서 세운 <교단발전연구위원회>와 <미래정책연구위원회>이다. 총회가 교단의 미래 발전을 위해 최초로 공적인 위원회를 구성한 것은 50년 전 고려신학대학의 서울 이전 문제가 그 발단이었다.

1. 고려신학대학의 서울 이전 문제로 구성된 제1차 교단발전 종합연구위원회(제22회 총회, 1972년 9월~제24회 총회, 1974년 9월)

제24회 총회(1964년 9월)에서 고려신학교가 총회 직영신학교가 되고 1967년 5월 17일에 학교법인 고려학원이 인가를 받고 1970년

12월 22일에 고려신학대학 설립 인가를 받으면서 부산 송도에 1956년 이후로 자리를 잡은 학교 교사의 신축과 시설 확충은 고려신학대학 관련 당사자는 물론 총회의 가장 시급한 과제로 떠올랐다.

때를 맞추어 제22회 총회(1972년 9월)에 경기노회(노회장 홍반식 목사)가 특별한 청원을 하였다. 내용은 고려신학대학을 현재 부산 송도에서 서울로 이전해 달라는 청원이었다. 총회는 이 문제를 처음에는 행정부에서 취급하기로 했으나 워낙 민감하고 중대한 사안이어서 본회에서 직접 다루게 되었다. 여러 차례의 시간 연장과 정회를 거듭하였으나 이전 여부를 결정하지 못하고 마침내 투표 끝에(가 47, 부 37 기권 1) 7인으로 이루어진 <교단발전종합연구위원회>(회장: 송상석, 서기 및 회계: 김장수, 위원: 한명동 이 선 유윤욱 남영환 최영구)를 구성하여 여기에 맡겨 1년간 연구하여 다음에 총회에 보고하도록 하였다.

어떤 배경에서 경기노회(노회장 홍반식 목사)가 고려신학대학의 서울 이전 청원을 총회에 상정하였을까? 우리는 1972년 9월에 열리는 제22회 총회 개회 앞서 고려신학대학 학장인 한상동 목사가 화란을 방문하여(1972년 3-5월) 화란개혁교회에게서 학교 교사 신축 지원을 약속받아 오고, 1972년 6월 14일에 열린 제28회 교수회에서 <교사 신축위원회>를 구성한 것에 주목해야 한다(홍반식, 오병세, 이근삼, 김성린). 1970년 12월에 고려신학대학 설립 인가를 받고 나서 새로운 교사와 시설이 절대적으로 필요로 하는 시점에 학장 한상동 목사가 화란 개혁교회를 방문하여 새로운 교사 지원 약속을 서한으로 받아왔다. 이를 근거로 귀국하자마자 한상동 목사가 고려신학대학 교수회에서 교사 신축위원회를 구성했다. 이어서 교사 신축위원회 위원이자 교수로 재직 중인 홍반식 목사가 동시에 노회장으로 있는 경기노회, 수도권에 있는 교회들의 뜻을 담아서 제22회 총회에 고려신학대학의 서울 이전 청원을 하게 된 것이다.

이런 배경에서 열린 제22회 총회는 본회에서 서울 이전 문제를 결정하지 못하고 결국 교단발전종합연구위원회를 구성하여 이 문제를 맡겼다. 그런데 교단발전종합연구위원회만 유일하게 고려신학교 교사 신축과 서울 이전 문제를 다루는 공적 부서가 아니었다. 제22회 총회가 마친 후 1972년 9월 28일에 열린 학교법인 고려학원 이사회도 <고려신학교 신축 위원>(한상동 김희도 권성문 주영문 현기택)을 구성한 것이다. 결국 교단발전종합연구위원회는 1년 후에 열린 제23회 총회에서 보고를 하지 못하게 되고 총회는 이 위원회를 다시 존속하는 결정만 하게 된다. 그러다가 1974년 9월에 열린 제24회 총회는 결국 고려신학대학의 교사를 부산 암남동 34번지로 결정하고(동시에 서울 고려신학교는 폐교 결정을 한다) 또 경기노회(노회장 윤봉기 목사)가 고려신학대학의 서울 이전을 촉구하며 제출한 서류를 반려하였다. 그리고 기공 1년 만에 1975년 8월에 고려신학대학의 새로운 교사가 부산 암남동 34번지에 신축하여 완공하게 되었다.

이같이 고려신학대학의 서울 이전을 두고 총회가 교단발전종합연구위원회를 구성하였으나 이 위원회는 서울 이전이 좌초되면서 본래 역할을 이루지 못하게 되었다.

비록 고려신학대학의 서울 이전 문제로 구성한 교단발전연구위원회였으나, 이 위원회는 제25회 총회(1975년 9월)서부터 본격적으로 이 이름에 걸맞게 교단의 미래정책 문제를 다루게 되었다.

2. 교단의 분열 아픔을 딛고 구성한 제2차 교단발전연구위원회(제25회 총회, 1975년 9월~제26회 총회 1976년 9월)

제25회 총회(1975년 9월)는 성도 간 송사 문제로 교단의 분열이라는 아픔을 겪은 총회였다. 비록 교회 수는 55개가 감소되었다고 하지만 분열의 상처는 숫자의 문제에 국한된 것이 아니었다. 바로 이 총회에 경북노회(노회장 박현진 목사)는 교단의 미래 정책 연구를 위해 <총회교단종합정책연구위원회> 구성을 청원하였고, 총회는 이를 받아들여 교단발전연구위원회를 통해 교단의 정책을 종합적으로 연구하는 일을 위임하였다. 그리고 위원회를 새롭게 조직하였다. 위원장은 한명동 목사, 서기는 최해일 목사, 민영완 오병세 최일영 한학수 이금도 심군식 이 선 목사가 위원이다.

교단발전연구위원회는 1년 동안 제4차례의 회의를 거쳐 다음과 같이 교단의 미래를 향한 정책을 제26회 총회(1976년 9월)에 보고하였다.[122] 따라서 교단발전연구위원회 구성은 교단의 분열이라는 아픔을 딛고 교단이 새롭게 도약하기 위한 적절한 조치였다고 할 수 있다. 아래 내용은 위원회가 제안한 정책을 총회가 공적으로 결정한 것이다.

첫째, 고등성경학교 졸업자에게도 현존하는 고려신학대학의 연

---

122   제26회 총회록, 31-43.

수과에 입학하는 응시 자격을 부여하도록 하였다. 그리고 전수과 제도를 둠으로써 교육 수준의 저하라는 단점이 있음에도 불구하고 농어촌 교역자 인력 수급 등의 장점을 위해 서울에 신학 전수과를 설치하고 일정한 학력과 교역 경력을 가진 자에게 응시 자격을 부여하며 최종 학년은 반드시 본 대학에서 이수케 하며, 학적 관리와 학사행정 일체는 본 대학 학장이 지도, 감독하도록 하였다. 이 두 가지 조처는 많은 단점에도 불구하고 나중에 설명될 것이지만 제5차 5개년 교회 수 증가 계획에 맞추어 소극적으로는 교단의 분열을 딛고 적극적으로는 여러 측면에서 위축된 교단의 외적 성장을 목표로 여러 면에서 부족하나 이들을 양성하여 농어촌 교회 등에 전도목사로 파송하려는 뜻이 담겨 있음을 부인할 수 없다.

둘째, 총회 경비의 절감을 위해 총대 여비는 총대가 속한 각 교회가 담당하도록 하였다.

셋째, 재단 이사회의 구성과 선출 방법을 개선하였다. 교단의 분열 한 중심에는 재단 이사회가 있었기에 교단의 미래를 위해 반드시 개선되어야 했다. 현재 이사는 직무 이사 2인(고려신학대학장, 복음간호전문학교장)과 각 노회 대표이사 13인을 합하여 15인인 것을 총회가 직선하는 기능이사 5인을 추가해서 선출하여(이 중에서 장로를 5인 이내에 선출) 이사회를 보다 효과적으로 운영할 수 있도록 하였다. 또 목사 1인, 장로 1인으로 이사회 감사를 두도록 하였다.

넷째, 교단의 존재의의와 이념을 설정하였다. 과거에는 신사참배 반대와 회개운동이라는 명분이 있었으나 1960년 교단 합동 이후로는 그 명분이 소멸되고 있는 것과 교단 약세로 인한 불분명한 가치,

본 교단 출신 엘리트들이 교단을 기피하는 현상 등에 착안하여 다음과 같이 교단 이념을 정하였다: "신구약성경과 장로회 표준서들(웨스트민스터 신앙고백, 대소교리문답, 교회정치, 권징조례, 예배모범)에 의한 개혁주의 신학을 따르고 믿고 전하고 생활한다."

다섯째, 지금까지 총회는 사무적인 일에만 급급한 것에서 탈피하여 정책적인 문제를 다루기 위해 교단 총무실을 서울에 두고, 유급전임총무 1인과 교육간사, 전도간사 및 필요한 간사 약간 명을 두도록 하였다.

여섯째, 총회 기구를 개편하여 상비부에는 행정부, 법규부, 교육부, 선교부, 사회부, 재정부를 두고 정기위원에는 공천위원, 헌의위원, 안내위원, 광고위원을, 상임위원에는 운영위원, 섭외위원, 고시위원, 재판국을 두며, 총무실에는 교단총무와 간사들과 시무직원을 두도록 개편하였다.

일곱째, 총회가 시행하는 강도사 고시를 폐지하고 목사고시로 대체하며 목사고시는 노회가 실시하도록 하였다. 신학생들이 강도사 고시와 신학교 졸업시험이라는 이중 부담을 피하면서 동시에 국내외 교단의 전례를 따르고자 하는 목적이 있었다.

여덟째, 총회의 효율적 운영을 위해 총회 회기를 현행 '9월 3차 주일 후 목요일에서 4차 주일 화요일까지'에서 '9월 4차 주일 후 화요일 오전부터 금요일 오후까지'로 개정하였다.

아홉째, 총회의 보다 효과적인 운영과 수임 사항의 계속적인 진행을 위하여 운영위원회를 두어 현 사무부 제도를 대체하도록 하였다. 총회장이 운영위원회 위원장이 되고, 총회장 부총회장 서기 회계 각 노회장으로 구성하도록 하였다.

열째, 종래의 주일학교를 교회학교로 개칭하여 영아부에서 노년부까지 교회학교의 기본체제를 정비하여 사용하도록 했다. 그리고 총회 교육부에 교재편찬을 위한 전문위원회를 두도록 했으며, 가급적이면 주일저녁예배와 수요기도회 시간을 성경과 교리강해를 주로 하는 교육적 목적으로 활용하도록 하는 원칙을 세울 것을 권장하도록 하였다.

열한째, 국내외 선교 정책을 세워서 교회증가 목표로 제1차 5개년 계획으로 연 20개 교회를 설립하여 총 700개 교회로 성장하도록 하고, 제2차 5개년 계획으로는 연 30개 교회 설립으로 총 850개 교회로 성장하며, 제5차 5개년 계획이 마치는 2000년도가 되면 연 100교회 설립으로 1950개 교회로 성장하는 목표를 세웠다. 교인 200명 이상 회집하는 교회는 1차 5개년 계획 기간 중 1개 이상의 교회를 개척하도록 하였다.

3. 2000년을 바라보며 교단의 미래정책을 수립한 제3차 교단발전연구위원회(제37회 총회, 1987년 9월~제38회 총회, 1997년 9월)

제2차 교단발전연구위원회가 제25회 총회(1975년 9월)에서 구성되어 1년을 연구하여 다음 총회에 교단의 정책을 발표하고 시행한 지 약 10년이 지난 1987년 9월에 열린 제37회 총회는 다가오는 2000년을 바라보며 교단의 정책 수립을 위해 교단발전연구위원회를 만들었다(위원장: 박두욱, 서기: 조긍천, 회계: 정창영, 위원: 오병세 박창환 이금도 조재태 박종수 김정남).

위원회는 교단 정책을 밀도 있고 폭넓게 다루기 위해 월간고신과 교단 산하 각종 기관의 홍보를 통해 아이디어를 모으고, 교단 총무 최해일 목사와 송길원 간사를 옵저버로 참석하게 할 뿐 아니라 송길원 목사를 본 위원회를 간사로 선임하고 7차례의 회의를 통해 정책을 수립하였다.

교단의 미래정책 방향을 전체적으로 제시한 분은 오병세 교수였다. 오병세 교수는 먼저 방향 설정(뿌리찾기, 교단화합방안, 21세기의 청사진 작성), 총회의 기능 및 기구(총회의 지도체제 확립, 총회의 정책수립을 담당하는 기구 설치, 총대 수 선출 기준 정리, 총회의 기구, 편제, 선출 규정), 총회 운영(회의 진행방안, 사무처리 방안, 인사 관리, 재정관리, 총회회관 건립), 교육(신학교육, 평신도 교육), 전도와 선교(국내 개척, 군선교 강화, 해외선교), 목사(목사고시, 목사 안식년 제도 확립, 목사노후 및 유가족 대책), 농촌 목사 자녀교육, 목사 계속 교육), 교인 관리(이명문제, 권징 문제, 장로 집사 권사의 정년 문제, 장기근속 전도사의 처우 문제).

동 위원회는 우선 총회에서 수임한 안건을 우선 다음과 같이 처리하였다:

첫째, 총무실에서 출판업무를 조정하기로 하였다.

둘째, 전라노회가 청원한 고려신학원 설립을 허락하였다.

셋째, 각종 주일헌금 청원을 조정하였다. 즉 3월에는 특수선교헌금(군선교, 농어촌, 전도)을, 5월 중에는 교육헌금(SFC, 주일학교, 전국 CE), 9월에는 구제헌금(은퇴, 생로원, 기타)을 하도록 하고 그 배정은 재정부에서 맡겨 조정하도록 하였다.

넷째, 위임목사제도를 담임목사 제도로 수정하자는 청원은 현 위임목사제도를 유지하기로 하였다.

이어서 동 위원회에서 2000년을 바라보며 연구하여 제38회 총회에서 결정한 정책은 다음과 같다:

첫째, 신사참배 가결 50주년이 되는 1988년 9월에 신사참배 가결 (1938년 9월 10일) 회개운동을 전개하기로 하였다.

둘째, 교리표준(신앙고백) 훈련을 강화하기 위해 각 교회에서 신앙고백을 강해하기로 권장하기로 하였다.

셋째, 9월 둘째 주일을(총노회 조직일 1952.9.11.) 교단주일로 지키기로 하였다.

넷째, 고신역사에 관련된 사료(사적)를 보관하기 위한 위원회를 발족하기로 하였다.

다섯째, 총회 회관 건립을 추진하기로 하고 총회유지재단에 맡기기로 하였다.

여섯째, 총회 회의 진행 방안을 개선하였다. 일례를 들면 노회에서 상정한 안건 외에는 총회에서 취급하지 않기로 하였으며, 회의는 소회 중심으로 하며, 3년조가 지나면 타 상비부로 배정하되 전문성이 있는 상비부서는 3년조를 지나도 재임할 수 있도록 하였다. 사무처리는 총무가 보관소를 마련해서 보관하도록 하였고, 총회에서는 재정보조 청원을 하지 않도록 하였다. 또 상비부의 회의비는 지출하지 않기로 하였다.

일곱째, 교단발전연구위원회를 상임위원회로 두기로 하였다. 그래서 교단의 미래를 위한 정책을 개발하고, 총회 산하 각 기관의 조정 업무를 관장하며 교단발전을 위한 장기적인 종합기획를 하도록 하였다.

여덟째, 은퇴목사 대책위원 업무를 사회에서 하도록 하였다.

아홉째, 고신대학과 신학대학원을 분리하여 운영하도록 하였다.

열째, 이사회의 효과적 운영을 위해 학교법인과 재단법인의 이사 수를 합하여 15명으로 하며, 목사 장로의 비율은 9:6으로 하며 이사 선출은 총회임원 선출 기준에 준하도록 하였다.

2000년을 바라보며 구성한 제3차 교단발전연구위원회의 보고와 제38회 총회(1988년 9월)의 결정을 보면 10년 전에 제2차 교단발전연구위원회가 제시한 정책과 겹치는 것이 많다. 이사회의 기구 개편, 총회 운영과 회의 진행 방안, 교리표준 강화 등을 예로 들 수 있다. 이번 교단발전연구위원회가 독특하게 제시한 것은 총회 회관 건립과 신사참배 가결 50년을 맞아 회개운동을 전개한 것이었다. 그리고 교단발전연구위원회를 상임위원회로 둔 것이었다.

그러나 전도 정책에서 볼 때 제5차 5개년 계획을 세워서 교회의 성장을 구체적으로 제시한 제2차 교단발전연구위원회와 비교할 때 이번 위원회가 전도와 선교의 영역에서 이전의 계획을 이어서 연속하여 평가하고 구체적인 계획을 연구하여 제시하지 않은 것은 아쉬운 대목이다.

4. 1989년(제39회 총회)에서 2000년(제50회 총회)까지 상임위원회 교단발전위원회의 활동

교단발전위원회가 상임위원회가 되면서 동 위원회는 매년 교단의 발전을 위한 정책을 총회에 보고하였고, 총회는 이를 공적으로 결정하였다.

1) 제39회 총회(1989년 9월)

첫째, 총회 총대여비 규정을 정하였다.

둘째, 총회 임원선거 개선 방안을 제시하였다. 총회장은 제1부총회장이 승계하는 것은 원칙으로 하였으며, 제2 총회장인 장로 부총회장은 55세 이상 임직 20년 이상의 장로로 하였다.

2) 제40회 총회(1990년 9월)

첫째, 장로회 친목회를 장로회연합회로 개칭하자는 건은 개칭하지 않기로 하였다.

둘째, 기독교보와 월간고신은 재단이사회가 직영하기로 하였다.

3) 제42회 총회(1992년 9월)

첫째, 교단 40주년 행사를 총회적인 차원에서 하도록 하였다.

둘째, 다가오는 1945년에 해방 50주년 기념행사를 하도록 하고 운영위원회가 세부계획을 세우도록 하였다.

셋째, 총회사무실 운영의 책임자는 총회장과 총무가 맡기로 하였다.

넷째, 2000년대를 위한 교단의 설계를 세우고 교단의 균형있는 발전을 도모하기 위하여 1992~93년을 「교육연구의 해」로 1993~94년을 「선교연구의 해」로, 1994~95년을 「봉사연구의 해」로 하도록 하였다.

4) 제43회 총회(1993년 9월)

첫째, S.F.C는 학원에서 신앙운동을 하는 일로 구분하여 주일학교와 바른 관계를 갖도록 하였다.

둘째, 교회에 교육사 제도를 신설하여 고신대학교 교육학과 출신뿐 아니라 음악과 등 기독교 관련 타과 출신에게도 허용하도록 하였다.

셋째, 신학교 교수 요원의 채용은 박사 학위를 취득한 자로서 국내의 교회 목회 3년의 경력을 가진 자 중에서 선발하되, 잠정적인 조처로 부목사 유경험자를 동등한 자격으로 인정하도록 하고 단, 이와 같은 조처가 성숙될 때까지 박사 학위 취득자를 정식 교원으로 채용하도록 임시조처로 인정할 것을 결의하였다.

넷째, 각 노회마다 담당 교수를 두기로 하였다.

다섯째, 신학생 전원을 기숙사에서 수용하여 훈련 받도록 하였다.

여섯째, 9월 2차 주일인 교단주일을 지키기 위하여, 월간고신과 기독교보가 중심이 되어 그날의 취지를 홍보하며 설교자료 등을 지면으로 알리는 것을 제도화하기로 하였다.

일곱째, 선교 카렌다를 교단 월력으로 이름을 바꾸고, 총회출판국에서 출판하되 총회 선교부 등과 긴밀한 공조체제가 이루어지도록 하였다.

여덟째, '1993~94 선교연구의 해' 행사로 총회 후에 두 번의 연구 발표회(공청회)를 개최하기로 하였다. 국내 전도 연구 발표회(1994년 4월 18일, 월)는 교회개척, 교세확장, 군선교, 학원선교, 농어촌전도, 산업전도, 문서선교, 전파선교, 유사종교 등을 포함한 연구 발표를, 국외 선교 연구 발표회(1994년 5월 16일, 월)는 각 대륙 선교, 북한선교, 공산권선교 등을 포함한 연구 발표를 하기로 하였다.

5) 제45회 총회(1995년 9월)

첫째, 제39회(1989년 9월) 총회가 위임한 목사 최저 생활비에 관하여는 교회에서 성의껏 지불하는 것이 기준이 되며 재난 시 배상금 지불은 개체교회에서 지불한 계산서에 의하여 제출하도록 하였다.

둘째, 총회 회장단 선거관리위원회 규정(선거공영제)은 보류하기로 하였다.

셋째, 총회 회의 진행에 관련하여 신속한 처리방안으로 상정된 안건을 분류하는 작업(각 부서별로)을 총회 회기 이전에 하도록 하여 총회 보고서에 알릴 것, 상정된 안건과 함께 구체적이고 명확한 제안 설명을 하도록 하여 총대원들로 하여금 사전에 충분히 검토하도록 할 것, 각 부서는 조직을 위한 모임으로 끝날 것이 아니라 가능한 충분한 시간을 갖도록 하여 안건토의도 함께하여 보고토록 할 것, 외국사절단(자매, 친교관계) 인사에 있어서는 3~5분 이내에 하며, 우리 선교사 인사는 선교부 보고시에 간단히 하도록 하는 것 등을 결정하였다.

넷째, 주일 각종 행사 시행에 대한 시정 건의서는 제출하기로 하였다.

6) 제46회 총회(1996년 9월)

첫째, 노회구역 조정건과 총회 임원선거 관리위원 규정(공영제)은 1년간 보류키로 하였다.

둘째, 총회 총대 수는 당회를 기준할 경우 5당회마다 목사·장로 각각 1인씩 선정하고 끝수에도 각각 1인씩 추가 선정한다. 입교인을 기준할 경우 900명마다 목사 장로 각각 1인씩 선정하고 끝수는 400명을 초과할 때 각각 1인씩 선정할 수 있다로 규칙을 변경하기로 하였다.

7) 제47회 총회(1997년 9월)

첫째, 유지재단 이사장을 총회장이 겸하는 제도를 발전적으로 폐지하고 4년 임기로 별도의 이사장을 선출하여 운영하자는 청원 건은 유안하기로 하였다.

둘째, 학교법인 이사회가 관장하는 영안실과 주차장 관리에서 나오는 수입의 절반을 유지재단이사회로 이양건은 학교법인 이사장과 유지재단 이사장과 교단 발전연구위원장에게 맡겨 처리하기로 하였다.

셋째, 총회 산하 각노회의 임원은 유지재단에 편입한 교회의 총대를 선출하도록 결의 청원 건은 1년간 유안하기로 하였다.

8) 제48회 총회(1998년 9월)

첫째, 학교법인 산하기관(대학교, 신대원, 복음병원)직원들의 임금을 통일하기로 하였다.

둘째, 노회 명칭은 그 지역 명칭에 따르도록 하였다.

9) 제49회 총회(1999년 9월)

첫째, 노회 구역 조정안은 1년간 유안하기로 하였다.

둘째, 학교법인 감사중 목사 1명, 장로 1명을 증원하기로 하였다.

셋째, 중부권에 집중적 전도를 위해 전도부에 맡겨 총회적으로 5개년 계획을 수립하여 총회 산하기관, 노회, 교회적으로 집중 전도하기로 하였다.

넷째, 총회 구조조정안은 7인 위원에 맡겨 1년간 연구하기로 하고, 위원선정은 임원회에 맡기기로 하였다.

제49회 총회는 총회규칙을 개정하는데[123] 특히 14개의 상임위원회를 두면서 교단발전연구위원회는 폐지하고 제47회 총회(1997년 9월)에서 신설한 특별위원회인 교단미래정책연구위원회(9인)를 상임위원회에 속하게 하였다. 이로써 교단발전연구위원회(위원장 윤지환 목사)는 기존의 상임위원회에서 특별위원회가 되고 말았다.

10) 제50회 총회(2000년 9월)

---

123 개정한 총회 규칙안은 1988년 9.7.에 개정된 이후 1993년.9.23 개정, 1996.9.16.일부개정 이후 이번에 개정되었다.

교단발전연구위원회는 제50회 총회를 계기로 고신 교회 역사에서 사라지게 되었다. 비록 이번 총회에서도 몇 가지 결정을 하였음에도 교단미래정책연구위원회에 기존의 기능과 역할을 내어주게 되었다.

첫째, 교단 발전의 동일한 의제를 논의하기 위하여 미래정책 위원회와 연석회의를 가지기로 하였다.

둘째, 21세기의 교단 발전을 위하여 연구 토론회를 가지기로 하였다.

셋째, 총회 각 부서의 발전과 정책을 논의하기 위하여 다음의 부서장을 초청하여 토론과 건의와 정책을 듣도록 하였다(고신대학총장, 고려신학대학원장, 전도부장, 신학부장, 교육부장, 복음병원장, 기획실장).

5. 한명동 원로목사의 제안으로 구성된 미래정책연구위원회 (1999년 9월~현재)

교단발전연구위원회가 상임위원회로 활동 중인 제47회 총회(1997년 9월)는 한명동 원로 목사의 제의로 뜻하지 않게 미래정책연구위원회가 조직되었다(위원장. 정주채, 서기: 이성구. 회계; 박재한. 위원: 정근두 장희종 윤장운 김성복 박은조 목사. 김종인 장로).[124]

이 위원회의 구성은 본래 어느 특정 노회에서 총회에서 상정한

---

124   제47회 총회, 58.

것이 아니라 제1차 교단발전연구위원회 위원장을 역임한 한명동 원로목사의 갑작스런 제의로 이루어지게 되었다. 제49회 총회(1999년 9월)에 제출한 보고서를 보면 "제47회 총회가 교단의 미래를 예측하고 역사적 사명을 감당할 수 있는 역량을 발휘할 수 있도록 본 위원회를 설립하자는 한명동 원로목사의 제의를 받아들여 9인의 위원으로 하여금 교단정책 수립을 위한 첫걸음을 시작할 수 있도록 허락해 주심을 감사드립니다."라고 하였다.[125] 한명동 원로목사가 총회에 제의한 배경을 정확하게 알 수 없지만, 당시 교단발전연구위원회는 당연직 위원으로 총회장과 총무가 들어가고 또 구성원 일부가 교단의 정치 격랑에 있는 등 교단발전연구위원회의 본래 취지를 충분히 살리지 못하고 있던 터였기에 기존의 교단발전연구위원회로서는 교단의 미래 정책을 연구하고 정책을 수립하는 것으로 부족하다는 의식을 가진 것으로 그 배경을 짐작할 수 있다. 총회 임원회를 통해 구성한 이 위원회 위원은 대부분 수도권과 대도시에서 목회하던 50대의 젊은 목사들이었다.

이들은 위원회의 활동을 교단발전연구위원회와 중첩되지 않도록 유의하면서 교단의 중장기 계획 수립을 목표로 하고 있다고 하였다. 그리고 교회의 개혁과 미래정책 제시라는 중대한 사명을 깊이 인식하고 책임을 다할 것을 밝혔다.[126] 그러나 미래정책연구위원회는 상임위원회로서 3년마다 위원 구성이 바뀌는 것이기에 본래 의도와 정신이 계속 연속되는 것은 보장될 수 없는 것이었다.

---

125   제49회 총회, 418.

126   제49회 총회, 418.

제47회 총회(1997년 9월)에 세워진 미래정책연구위원회 제1기에 해당하는 처음 9인 위원회는 5차례의 세미나와 연구위원들의 연구를 바탕으로 마침내 제49회 총회(1999년 9월)에 개혁과 정책을 제시하였다. 이들이 다룬 영역은 다음과 같다: 교단 정신과 이념에 비추어 본 미래정책의 방향, 신학교육 정책의 방향, 대학교육과 복음병원 운영의 방향, 국내외 선교정책, 교회교육 정책의 방향, 북방선교와 통일정책의 방향, 교회와 복지정책, 총회조직과 기구의 운영방향, 교회 일치와 연합의 방향이다. 특히 복음병원 정체성 확립과 올바른 경영방향 모색, 21세기 교단 전도 정책, 21세기 선교 정책을 주제로 미래정책 세미나를 개최하기도 하였다.[127]

1) 제49회 총회(1999년 9월)

미래정책연구위원회가 제시하여 제49회 총회가 결정한 정책은 다음과 같다:

첫째, 복음병원의 정체성 확립과 올바른 운영을 위해 우선 고신의료원 제도를 폐지하고 고신대학교 복음병원(고신의료원장직 폐지)으로 하고 의학부의 학사는 총장체제로, 병원은 병원장이 관할하고 의무부총장 제도를 폐지하기로 하였다.

둘째, 신학교육의 개혁을 위해 고신대학의 신학과와 고려신학대학원의 교육과정 조정과 관계 정립에 관한 건은 미래정책연구위원회가 주관하고 대학과 신대원 담당자에게 맡기기로 하였다.

---

127 제49회 총회록, 418-421.

셋째, 신학대학원이 운영하는 여자신학원을 남부권에 두도록 허락한 청원은 학교법인 이사회에 맡기기로 하였다.

넷째, 전도부, 선교부 조직에 관한 건은 총회구조조정 연구위원회로, 교단교회 성장 정책 수립 및 촉진에 관한 건은 전도부에 맡기기로 하였다.

이번 총회에서 시작하여 교단발전연구위원회 대신 미래정책연구위원회가 상임위원회가 되었다. 그러나 정주채 목사를 위원장으로 하는 미래정책연구위원회는 제47회부터 제49회까지 임기를 마치게 되고 제50회부터는 본 위원회의 인적 구성이 전면 교체된다.

2) 제50회 총회(2000년 9월) 위원장: 이금조 목사

첫째, 노회 지역조정 건은 해당 교회와 노회가 원하는 대로(현행대로)하는 것으로 하였다. 이 결정은 48회 총회(1998년 9월)에서 교단발전연구위원회의 청원에 대해 노회 명칭을 그 지역 명칭을 따르도록 한 결정을 위배한 것이며, 더구나 나중에 제67회 총회(2017년 9월)에서 노회 명칭과 구역조정이 행정구역을 따라서 결정된 결과를 놓고 볼 때 무척 아쉬운 것이라 할 수 있다.

둘째, 본 교단과 고려 교단(석원태 목사 측)과의 합동 추진 건은 적극적으로 추진하기로 하고 합동 추진위원회를 별도로 구성하였다.

셋째, 희년 대회 개최 건은 본 교단 창립 50주년이 되는 해인 2002년 희년 대회를 갖기로 하고 준비위원회는 본회에 맡기는 것으로 하였다.

넷째, 새로 제작된 찬송가는 1년간 연기 청원하는 것으로 하였다.

다섯째, 고신대학교 신학과와 신학대학원의 발전을 위한 조직 및 운영에 관해 고신대학교 신학과 교수와 신대원 교수가 함께 하는 단일 신학 교수회를 만들어 학사, 행정 및 제반사를 의결케 하도록 하였다. 또 교수들의 순환 근무제를 하도록 하였다.

3) 제51회 총회(2001년 9월) 위원장: 곽삼찬 목사

첫째, 교단 제2창출을 목표로 2020-3000교회 확장 운동키로 하는 건은 전도부에서 실행하도록 위임하였다. 마침내 미래정책연구위원회는 제2차 교단발전연구위원회에 이어서 2020-3000 교회 운동을 통해 교단의 제2창출을 기획하였고, 총회는 이 운동의 실행을 전도부에 위임하였다.

둘째, 미래정책위원회 3년 조는 연령을 4~50대로 해당된 회원의 노회에서 안배하기로 하고 하였다.

셋째, 총회 임원, 이사, 각 부서장, 감사는 겸임하지 못하도록 하자는 건과 총회 선거제도를 제비뽑기로 변경하자는 건, 신학대학원 상회비 1.2% 상향조정 청원을 미래정책연구위원회에서 맡겼다.

넷째, 신학과 교수와 신대원 교수가 함께하는 단일 신학 교수회를 두고 학사 일정 및 제반사를 의결케 한다는 안과 신학 교수 순환 근무제와 학부 신학과 출신 일반대학 출신을 신대원 교육 연한과 교육 과정에서 차등을 두어야 한다는 건을 미래 정책연구위원회에 위임하였다.

4) 제52회 총회(2002년 9월) 위원장: 곽삼찬 목사

첫째, 주 5일 근무에 반대하는 입장을 표명하고 이에 대한 구체적 이유와 대처 방안은 고려신학대학원 교수들에게 맡겨 연구하도록 하였다.

둘째, 교단 훈련원을 설립하기로 하였다.

셋째, 구 진주 성남 교회당 매입하기로 하였다.

넷째, 탈북 청소년을 위한 대안학교를 설립하도록 하였다.

다섯째, 중국 내 한인 교회를 설립하도록 하였다.

5) 제54회 총회(2004년 9월) 위원장: 권오정 목사

첫째, 교단 분열의 위험성과 교단 발전을 방해하는 교단 내 사조직은 해체하기로 하였다.

둘째, 총회 규칙에 따른 시행세칙 제정 청원은 총회 규칙 중 총회 선거조례에는 이미 시행세칙이 있으며 그 외에는 특별한 시행세칙의 필요를 느끼지 못하므로 미래정책연구위원회에서 연구하도록 하였다.

6) 제56회 총회(2006년 9월) 위원장: 이용호 목사

첫째, 미래 트렌드 교단 발전기획단 구성 청원을 허락하였다.

둘째, 교단의 정체성 보존과 교단 발전을 위한 각 노회 별 고신 역사관 방문 행사 실시 청원 은 허락하였다.

7) 제57회 총회(2007년 9월) 위원장: 황삼수 목사

미래정책연구위원회는 교단발전을 위한 비전을 가진 자로 하되, 연령층을 안배하여 선정하였다. 본 위원회가 상임위원회로서 3년마다 위원들이 교체되기에 본래 정신의 연속이라는 목표를 위해 최소한의 조건을 다음과 같이 결정하였다. 또 총회는 본 교단 군목 수 유지 증가를 위한 특단 대책 수립을 위해 군경목선교위원회의 보고를 받기로 하였다.

8) 제59회 총회(2009년 9월) 위원장: 황삼수 목사

첫째, 총회 기구개혁위원회 구성의 건은 제58회 총회에서 가결하여 미래정책위원회에 위임한 것으로 '총회기구개혁위원회 구성'은 9인으로 구성키로 하고 미래정책연구위원장, 규칙위원장, 행정위원장은 당년직으로 하고 4인은 총회임원회에서 총회기구개혁을 할 수 있는 책임이 있고 비중있는 분을 선임하도록 하며 전문위원 2명은 총회기구 개혁위원회가 선임하기로 하고, 총회기구개혁위원회 조직은 제59회 총회에서 조직하여 보고하기로 하였다.

9) 제60회 총회(2010년 9월) 위원장: 박영호 목사

첫째, 교단의 인재풀(Pool) 운영은 받기로 하되 전문연구위원을 두어 시행하도록 하였다.

둘째, 노회별 신학자 배치를 고려신학대학원과 고신대학교의 목사 교수들을 각 노회에 배정하여 자문 역할을 하기로 하고 구체적 시행은 양 기관의 교수회에 일임하기로 하였다.

10) 제61회 총회(2011년 9월) 위원장: 오세우 목사

첫째, 미래정책연구위원회에서 발의한 "교역자 최저 생활비 책정과 지원 문제 연구 청원"은 예산 부족으로 실현 불가능하다는 것과 은퇴교역자 인적자원 활용방안 건은 해당 위원회에서 다룰 수 있는 사안이 아니라는 사회복지위원회의 보고를 받았다.

둘째, 장로교 정치회복을 통한 건강한 선거방안은 "본질적으로 우리 헌법에서 규정하고 있는 것처럼 총회가 장로회 정치의 원리로 돌아가서 비상설 치리회의 성격을 고수해야 한다. 이것이 성경의 원리이고 신앙의 전통이며 신앙의 지혜이다"라는 보고를 받기로 하였다.

셋째, 고신총회 60주년 기념 표준 주석 편찬을 허락하였다.

11) 제62회 총회(2012년 9월) 위원장: 신성현 목사

고신교단 로고와 심벌 제작을 허락하고 실무는 사무총장에게 맡겨 추진하도록 하였다.

12) 제63회 총회(2013년 9월) 위원장: 전 태 목사

미래정책연구위원회와 국내전도위원회가 1년간 연구한 "교인감소 원인 분석과 대책 연구"보고를 보고서대로 받고, 미래정책연구위원회 내에 전문위원 6인을 두어 실제적인 대책을 세우기로 하였다(전문위원 6인: 미래정책위원장, 서기, 회계, 사무총장, 국내전도위원장, 고려신학대학원 실천 신학교수 1명).

13) 제64회 총회(2014년 9월) 위원장: 전 태 목사

경남노회와 미래정책연구위원회가 발의한 종교개혁 500주년 기념 준비위원회 구성을 허락하였다.

14) 제65회 총회(2015년 9월) 위원장: 김창도 목사

첫째, 미래정책연구위원회가 발의한 교회 여성 지도자(신학대학원 출신)들을 위한 총회 차원의 제도 마련(안수 등)의 건은 신학위원회가 새로 구성할 여성안수연구위원회에 맡겨 1년간 연구하여 보고하도록 결의한 건"은 현재 신학대학원에 재학중인 11명의 여학생은 입시와 교육에 있어 남학생과 동일한 자격으로 목회학석사 과정을 공부하고 있으므로 이들을 위한 제도 마련이 필요한 것이기에 법제위원회와 신학위원회가 1년간 더 연구하여 보고하도록 하고, 선교지에서의 여성 선교사 세례권에 대한 문제는 제57회 총회(2007년 9월)의 결정에 따르도록 함이 가하다는 보고를 받기로 하였다.

둘째, 미래정책연구위원회가 청원한 총회상비부(위원회) 및 기관 보고 서식 개정 건과 총회 감사제도 개선 건은 받기로 하였다.

15) 제66회 총회(2016년 9월) 위원장: 김창도 목사

첫째, 미래정책연구위원회가 발의한 교회 여성 지도자(신학 대학원 출신)들을 위한 총회 차원의 제도 마련(안수 등)의 건을 법제위원회와 신학위원회가 1년간 더 연구하여 보고하도록 가결한 건에 대해 "고려신학대학원을 졸업하고 권도사 고시 및 교육을 받은 여성 지도자의 명칭을'권도사(勸道師, exhorter)'라고 칭하자"는 신학위원회의 보고는 기각하기로 하였다.

둘째, 미래정책연구위원회가 청원한 총회 행정부서와 사법부서의 독립 방안과 법제위원회의 답변과 재판국의 판결 관계 정립 건은 법제위원회에 맡겨 1년간 연구하여 보고하기로 하였다.

셋째, 경북노회, 서부산노회와 함께 미래정책연구위원회가 총회 운영위원회에 상임위원회 회계(장로)를 포함하자는 것과 총회운영위원회 수를 목사, 장로 동수로 해 줄 것을 청원한 건을 허락하였다.

넷째, 수도노회와 함께 미래정책연구위원회가 발의한, 현재 은퇴 목사의 투표권을 삭제하자는 헌법을 개정하자는 요청은 부결되었다.

다섯째, 미래정책연구위원회가 발의한 "권징조례 178조 해벌의 절차(치리회 3분의 2 출석에 3분의 2 찬성) 수정"은 허락하기로 하고, 헌법 수의를 결정하였다.

여섯째, 미래정책연구위원회가 각각 발의한 "외국인 300만 시대에 따른 국내 선교전략에 관한 청원"은 다문화선교위원회에, "해외 한인교회 개척 전략에 관한 청원"은 고신총회세계선교회에 맡겨 처리하기로 하였다.

일곱째, 미래정책연구위원회가 발의한 판결문을 별도로 만들어 공유할 수 있는 방안 강구 청원은 판결문은 열람하되 창구는 총회 임원회로 하기로 하였다.

여덟째, 미래정책연구위원회가 발의한 은급재단에 지급여력에 관한 의구심 해결을 위한 청원 건에 대해 향후 50년 동안 은급비 수령은 문제가 없다는 은급재단 이사장의 보고를 받기로 하였다.

아홉째, 남부산노회, 남서울노회, 동부산노회, 마산노회, 수도남노회와 함께 미래정책연구위원회가 발의한 '총회교육원 원장 연령 제한과 임기'건과 사무총장, 언론사 사장 연령제한 변경 청원에 대해 총회의 인준을 받은 각 부 총무(언론사사장, 고신세계선교회 본부장, 교육원장 포함)의 임기는 3년으로 하되, 1차에 한하여 연임할 수 있다."로 교육원장만 '임기는 3년으로 하되, 연임할 수 있다.'로 수정하기로 하였다.

16) 제67회 총회(2017년 9월) 위원장: 조승희 목사

첫째, 미래정책연구위원회가 청원한 총회의 효율적 감사를 위한 제도개선 청원 건을 1년간 행정위원회에서 연구하여 보고하기로 한 건에 대해, "①각 위원회 회의록과 회계장부 및 증빙서류를 감사부에 보내어 1차 서류감사를 하고 필요한 사항이 있을 시에 2차 출석 감사를 하는 것으로 한다. ②효율적 감사를 위해 각 위원회 기관의 회의록과 회계장부를 표준화해서 사용하기로 한다."는 행정위원회의 보고는 받기로 하였다.

둘째, 서부산노회가 청원한 부목사 대책위원회 구성 요청을 미래정책연구위원회가 1년간 연구하여 보고하기로 한 건에 대해, "(1) 매년 총회 사무실에서는 목사들의 임직과 은퇴, 이동에 관한 데이터베이스를 구축하여 은퇴와 담임목사 수급의 문제를 자료로 볼 수 있도록 한다. (2) 미래정책연구위원회가 다음과 같은 부분에 대한 연구조사를 위탁한다. (3) 일정 규모의 교회들은 분립개척을 하도록 권장한다(500명 교회는 5년에 1회, 1,000명 이상 교회는 3년에 1회 등 구체적 명시), (4) 신대원에서 특정분야의 전문성을 가진 목사양성(교육,

청소년, 노인복지 등), (5) 유학생선교, 다문화가정 선교에 관한 연구와 지원(고신총회세계선교위원회에서 적극적으로 국내선교사 양성과 파송을 준비) (6) 다양한 사회복지사 자격증을 취득하도록 하여서 사회다방면으로 진출 (7) 해외 이민교회의 적극적인 개척과 지원"의 미래정책연구위원회의 보고를 받았다.

셋째, 미래정책연구위원회가 청원한 총회 행정부서와 사법부서의 독립 방안 마련 청원 건(제67회 총회 회의안 및 보고서 173쪽)을 법제위원회에 맡겨 1년간 연구하여 보고하기로 한 건에 대해, "현실적으로 인적 교환을 제한하게 되면 총대의 기본권을 제한하는 문제가 생기게 되므로 장기적으로 총회 법제위원회에서 '교회법 연수과정'을 신설하여 시행하므로 전문적인 인원이 확보되어 사법부서의 독립성을 키워가야 한다"는 법제위원회의 보고를 받았다.

넷째, 미래정책연구위원회가 청원한 법제위원회의 답변과 재판국의 판결 관계 정립 청원 건을 법제위원회에 맡겨 1년간 연구하여 보고하기로 한 건에 대해, "법적 해석은 법제위원회의 법해석을 근거로 재판국의 최종 판결이 되어지는 것이 유익하다"는 법제위원회의 보고는 받았다.

다섯째, 미래정책연구위원회가 청원한 "성도들의 다자녀 갖기 총회 차원의 대책 마련 청원"은 담임목사(교역자)의 말씀과 목회적 돌봄을 통하여 다출산의 당위성을 강조하고 또한, 매체(기독교보, 포스터 등)를 통하여 다자녀 갖기 운동을 전개하는 것을 시행하도록 한 건은 "기독교보와 월간 고신 등을 통해 기획기사를 내는 등 적극적인 운동을 펼쳤다."는 총회임원회의 보고를 받았다.

여섯째, 미래정책연구위원회가 발의한 외국인 300만 시대에 따른 국내 선교전략에 관한 청원 건을 1년간 북한 및 다문화 위원회에서 연구하여 보고하기로 한 건에 대해 보고서대로 받기로 가결하다.

일곱째, 미래정책연구위원회가 청원한 성도들이 많은 자녀를 낳도록 총회장의 감사장 수여 청원 건은 교회가 자녀 출산과 관련한 올바른 성경 신학의 정립과 함께, 성도들이 여러 자녀를 낳아 기르도록 힘과 용기를 주는 차원에서 자녀 셋 이상 출산 가정에 대해 교회가 청원하면 총회장 명의로 감사장 혹은 격려장을 수여하기로 하였다.

여덟째, 총회임원회와 예결산위원회와 함께 미래정책연구위원회가 청원한 총회유지재단 취업규칙 제13조 인사위원회 구성변경 청원은 취업규칙 제4장 인사 제13조(인사위원회 구성)는 "인사위원회(이하 위원회라 한다)는 총회장을 위원장으로 목사부총회장, 장로부총회장, 총회 서기, 총회 회계, 총회유지재단이 추천한 1인, 총회교육원이 추천한 1인으로 구성하며, 사무총장은 언권회원이 된다."로 수정하여 받기로 하였다.

아홉째, 법제위원회와 함께 미래정책연구위원회가 청원한 원로목사 추대에 관한 법적 해석에 대해 '노회 허락'은 곧 '노회 결의사항'으로 해석하였다.

열째, 미래정책연구위원회가 발의한 SFC(학생신앙운동) 평신도 간사들의 신학적 소양 교육 청원은 현재 학생신앙운동 간사 교육 훈련 프로그램을 더욱 잘 활용하고 적극적으로 동참시켜 교단의 정체성과 학원 복음화를 위한 자질 있는 평신도 간사로 양성할 수 있도록 지도하기로 하였다.

열한째, 수도남노회가 청원한 기독교학교(설립추진)위원회 설치 청원은 미래정책연구 위원회에 맡겨 연구하여 보고하기로 하였다.

열두째, 미래정책연구위원회가 청원한 교회직원에 대한 재교육 실시 청원은 각 노회가 노회 형편에 맞게 계획을 세워 시행하기로 하였다.

열세째, 미래정책연구위원회가 청원한 "삼천 교회 운동으로 인한 개척교회의 재산관리 청원은 유지재단 편입조건이 충족될 경우 유지재단에서 가입을 받아 관리하고 이외의 경우 노회와 전도위원회에서 관리하기로 하다는 보고를 받았다.

열네째, 경남노회, 남부산노회, 서울노회, 예결산위원회와 함께 미래정책연구위원회가 발의한 "총회교육원에 교재출판국 설치 청원은 합병추진위원회를 조직하되 임원회에 일임하기로 하였다.

열다섯째, 경남노회와 함께 미래정책연구위원회가 발의한 "총회장의 총회유지재단 이사장직 겸직에 대한 재고 청원은 기각하기로 하였다.

17) 제68회 총회(2018년 9월) 위원장: 조승희목사

첫째, 미래정책연구위원회가 발의한 "총회 파송 선교사들의 해외 재산 파악 청원에 대해, 고신총회세계선교회가 파송된 선교사들의 부동산 보유현황과 재산의 형성과정에 관한 내용과 부동산의 관리 방법과 실태를 정확하게 파악하여 차기 총회 시에 보고하기로 한 건은, 고신총회세계선교회의 보고대로 받기로 하였다.

둘째, 미래정책연구위원회 위원장 김창도 목사가 청원한 총회장 제도에 관한 개선을 위한 제안은 법제위원회로, 고신 교회의 개혁교회와 목회자, 그리고 직분자 세우기에 대한 청사진 마련제안은 개혁주의 교회건설연구소로, 장로교 정치원리를 따른 총회일꾼 선출과정에 대한 제안은 공천위원회로, 총회의 여러 기구에서 사역하는 비전에 대한 제안은 법제위원회로, 총회장의 임기 중의 직무수행에 대한 제안은 임원회로, 사무총장과 총회사무실 직원들의 직무와 관련한 연구 청원은 인사위원회와 법제위원회로 각각 보내기로 하였다.

셋째, 미래정책연구위원회가 청원한 총회재판국과 법제위원회 구성, 전문인에 관한 연구는 노회별로 최대한 전문성을 가진 분과 법조인을 전문위원으로 하는 것으로 하였다.

넷째, 미래정책연구위원회가 청원한 "총회 교육의 표준화를 위한 연구 청원"은 전도위원회에서 실시하는"개척전도학교의 교육 표준화 연구 청원"은 전도위원회에 맡겨 1년간 연구하도독 하였고, "고신총회의 선교사를 양성하는 KPM에서 실시하는 선교 훈련원의 교육과정 표준화 연구 청원"은 KPM에 맡기기로 하였다.

18) 제69회 총회(2019년 9월) 위원장: 한영만 목사

첫째, 미래정책연구위원회가 청원한 '고신목회연구원 설립과 시행 요청' 건에 대해 미래정책연구위원회와 신학위원회에 맡겨 1년간 연구하여 내년 총회에 보고하도록 한 건은, 받지 않기로 하였다.

둘째, 미래정책연구위원회가 발의한 "총회 차원의 고신 교회의 역사적 중요 문서 수집과 분석서 연구 편찬 청원의 건"은 특히 역대 노회 및 총회의 중요 결정 및 판례 모음집 편찬, 고신교회 헌법(관리표준)의 역사 편찬, 전국 노회 노회 규칙의 표준화 연구는 제69회 총회 회기에 총회행정실에서 자료를 수집하고 제70회기에는 법제위원회가 자료를 분석, 정리하고 71회기에는 재정이 허락될 경우 편찬하기로 하였다.

19) 제70회 총회(2020년 10월) 위원장: 김형태 목사

첫째, 미래정책연구위원회가 청원하고 신학위원회와 고려신학대학원 교수회에 맡겨 1년간 연구하여 차기 총회에 보고 하기로 한 '생계 대책을 위한 목사의 이중직 허락 연구'건은, 원칙적으로는 허용해서는 안 되지만 노회의 지도하에 단기적, 일시적, 생계형 이중직은 허용하기로 하였다.

둘째, 미래정책연구위원장 조승희 목사가 청원하고 신학위원회와 고려신학대학원 교수회에 맡겨 1년간 연구하여 차기 총회에 보고하기로 한 '사도신경의 재번역(수정)과 해설서 발행'과 '초기 신조와 개혁교회의 신앙고백서와 웨스트민스터 표준문서의 공적인 번역(수정)과 해설서 편찬'은 내용의 방대함과 전문성으로 인해 단기간에 이룰 수 없으므로 연구 기간을 연장하기로 하였다.

셋째, 미래정책연구위원회가 청원한 '교회 미개척 지역 분포도 자료조사, 지역 노회와 연계연구 청원'은 교회개척설립을 위한 설명회 및 워크숍 자료집(총회시 배부)을 받는 것으로 하였다.

넷째, 미래정책연구위원회가 각각 청원한 '기소위원 제도의 활성화 청원'과 '폐 당회를 해야 하는 교회의 장로 정년 연장에 대한 청원'은 신설한 헌법개정위원회에서 맡겨서 처리하기로 하였다.

20) 미래정책연구위원회의 1999년에서 현재까지 활동 평가

기존에 총회 상임위원회로 교단발전연구위원회가 있음에도 한명동 원로목사의 제의로 제47회 총회(1997년 9월)에서 신설한 미래정책연구위원회는 2021년 현재까지 약 22년 동안 고신총회에서 끊임없이 고신 교회의 미래를 위한 정책을 연구하고 제시해왔다. 이들의 헌신적인 노력에도 불구하고 몇 가지 생각할 점이 있다.

첫째, 미래정책연구위원회가 상임위원회가 되면서 기존의 위원들이 3년마다 교체되므로 고신 교회의 중장기(5년~10년) 발전을 위한 미래정책을 제시하는 것에는 대단히 미흡했다는 것을 지적하지 않을 수 없다. 지엽적이고 단기적인 정책에 그치는 것들이 많았다. 이전 위원회가 제시한 것을 다음 위원회가 연속적으로 이어간다는 보장이 없기 때문이다. 제47회 총회에서 처음 구성한 정주채 위원장이 이끄는 위원회는 야심 차게 여러 차례의 세미나와 공청회를 통해 고신 교회의 미래를 위해 정말 중요한 영역에서 개혁 방안과 정책을 제시하였지만 제49회 총회(1999년 9월)에서 첫 보고를 하는 동시에 활동을 끝내야 했다. 제50회 총회서부터는 이들이 제시한 정책이 연속적으로 그리고 더욱 깊고 구체적으로 시행이 되어야 했지만 아쉽게도 이어지지 못하고 말았다.

둘째, 상임위원회로서 미래정책연구위원회는 매년 나름대로 양으로는 아주 많은 정책을 제시하기는 했지만, 그러나 충분한 연구와 활동을 통해 검증을 거치지 못한 채 깊이와 현실 의식이 부족한 채 총회에 제시하므로 어떤 정책 제안은 총회가 다시 1년을 연구하도록 하거나 혹은 해당 부서로 이관시켜 다시 연구하도록 결정한 것이 많았다. 심지어 기각된 것도 더러 있다. 물론 해당 부서가 더 깊이 연구하도록 미래정책연구위원회가 어떤 정책을 단순하게 제안할 수 있기는 하지만, 미래정책연구위원회는 말 그대로 고신 교회를 전체적으로 보면서 어떤 정책을 세울 때는 사전에 관련 부서와 함께 충분히 토론하고 연구한 다음에 자체적인 정책을 총회에 제시하는 것이 옳다. 총회가 미래정책연구위원회가 제안하는 정책을 받아들이지 않은 것은 어떤 의미에서는 총회가 위원회가 제시한 정책의 무게와 권위를 인정하지 않은 것과 다름이 없다. 사실 어떤 때는 미래정책연구위원회의 이름과 무색하게 고신 교회의 미래 정책과 별로 관련이 없는 단순한 의견을 제시한 적도 여러 번 있었다.

지금까지 지난 70년 동안 고신교회가 공적으로 고신교회의 미래를 연구하고 정책을 세우고 제시한 총회의 두 부서, 교단발전연구위원회와 미래정책연구위원회의 역사를 중심으로 고신교회가 과연 어떤 미래를 어떻게 준비해왔는가를 개관하였다.

이제 다음에서 간략하게 결론 내리고자 한다.

첫째, 우리가 두 부서의 역사에서 확실하게 알 수 있는 것은 위 두 위원회가 모두 상임위원회가 전환되면서 오히려 위원회의 본래 목적인 고신교회의 미래를 전체적으로 내다보면서 또 5년에서 10년 기간의 중장기정책을 연구하고 개발하는 것이 어렵게 되었다는 점이다. 따라서 현 미래정책연구위원회를 기존의 상임위원회에서 특별위원회로 전환하여 5년 혹은 10년을 주기로 해서 고신교회의 미래를 설계하고 정책을 세우도록 하는 것이 바람직하다. 그리고 세부적인 시행과 점검은 사무총장을 중심으로 관장하도록 하면 될 것이다. 그리고 미래정책연구위원회는 반드시 총회 총대가 아니라 할지라도 젊은 유능한 인재를 전문위원으로 세워서 충분히 시간을 두고 각 방면에서 사전 연구와 공청회와 세미나를 통해 토의하고 연구하여 정책을 제시하도록 해야 한다. 그리고 이러한 미래정책연구위원회가 충분한 연구와 토의를 거친 자료를 토대로 총회에 제시하는 정책은 특별한 이유가 없으면 총회는 권위 있게 받아야 할 것이다.

둘째, 고신교회의 미래를 준비하기 위해 총회의 상임위원회에 불과한 미래정책연구위원회가 지금도 과연 필요한지 의문을 제기할 수 있다. 이전과 달리 지금은 총회 산하와 고신교회 안에 많은 법인, 준법인 이사회, 상비부서로 분화되어 있어서 각 기관에서 얼마든지 자체적으로 미래를 위한 정책을 계발할 수 있기 때문이다. 예를 들면 총회교육원 이사회는 교회교육을 위해, KPM 이사회는 해외선교에 관련한 정책을, 고려학원 이사회는 고신대학교와 고려신학대학원, 복음병원의 미래를 위한 정책을 계발할 수 있기 때문이다. 그렇지만 고신교회 전체를 내다보면서 각 기관이 볼 수 없는 정책을 제시하고 또 각 기관 간의 역할을 조정하기 위해 미래정책연구위원회는 반드시 있어야 한다. 각 기관은 자칫 고신교회 전체를 보지 못하고 자기 기관만 생각할 수 있기 때문이다.

셋째, 지금까지 고신교회가 어떻게 공적으로 어떤 미래를 준비해 왔는가를 그 역사를 살폈다. 적어도 제1차, 제2차 교단발전위원회가 한 것처럼 고신교회 전체를 내다보며 종합적으로 그리고 교회 미래를 위한 정책을 중장기 기간에 걸쳐 시행할 수 있도록 수립할 수 있어야 한다. 교단발전연구위원회가 상임위원회로 되면서 왜 위원회의 기능이 약화 되고, 또 미래정책연구위원회 제1가 처음 시도와 달리 실패하게 되었는지, 또 그 이후 미래정책연구위원회가 상임위원회가 되면서 왜 제대로 기능을 하지 못했는지, 왜 고신교회 전체를 내다보는 정책 수립에 실패했는지 그 이유를 꼼꼼히 살펴서 이후로 잘못된 전철을 밟지 않고 총회가 공적으로 고신 교회의 미래를 위한 합당한 정책을 바르게 제시할 수 있기를 바란다.

10장

고신교회 70년과 헌법개정역사

교리표준(웨스트민스터신앙고백서, 대교리문답, 소교리문답)과 관리표준(예배지침, 교회정치, 권징조례)으로 이루어진 교회 헌법은 법조항들로 이루어진 교회론이다. 교회론이 다루는 주제가 교회 헌법에서는 법 조항들로 그 형태만 바뀌었을 뿐이다. 이 점에서 헌법에 명시된 법 조항은 현재 우리가 속한 고신교회의 얼굴 모양을 확인할 수 있는 중요한 지표다. 우리 고신교회가 가지고 있는 교회관, 실제로 삼위 하나님 앞에서는 물론 우리 스스로에 대해 어떤 교회를 지향하고 있는지뿐 아니라, 나아가 고신교회가 이 세상을 향해 무엇을 믿고 무엇을 고백하며 무엇을 증거하고 무엇을 바라는지를 알 수 있다.

제70회 총회(2020년 9-10월)는 코로나19라는 큰 위기와 도전 가운데서도 헌법개정을 결정하고 제72회 총회(9월)는 제7차 헌법개정안(교리표준은 제외)을 35개 노회에 수의할 것을 결의하여 이 개정안은 지난 2023년 4월 정기노회에서 가까스로 통과되고, 2023년 7월 20일에 공포하였다.

고신교회 70년 동안 우리 헌법이 어떻게 개정되고 변천되었을까? 이를 통해 우리 교회가 과거 어디에서 왔으며 어떤 길을 걸어왔고 지금 어디에 서 있으며 또 무엇을 꿈꾸며 어디로 가고 있는지를 판단할 수 있다. 고신교회는 1952년에 독노회로 설립된 이후 이번 개정까지 포함하면 모두 7차례에 걸쳐 헌법을 개정하였다. 1957년, 1972년, 1981년, 1992년, 2011년, 2023년 개정에다 1961-1962년에 승동 측(현재 대한예수교장로회 합동교단, 이하 합동)과 합동 일환으로 개정이 이루어진 합동헌법을 포함하면 그렇다. 물론 이 7차례 개정 외에 수시로 부분적인 개정이 이루어졌다. 7차 개정까지의 역사를 개관하면서 각 개정헌법의 특징을 간략하게 살피고 이를 평가하며, 앞으로의 과제에 대해 논해 보자. 1차에서 6차까지의 상세한 개정 역사는 『한국장로교회 헌법개정역사』(고신총회를 중심으로)를 참고하기를 바란다.

1. 제1차 개정(1957년)에서 제6차(2011년)까지

1) 들어가며

1952년 한국장로교회에서 시작한 고신교회가 가진 헌법은 조선예수교장로회 제23회 총회(1934년)가 채택한 소위 '1934년 헌법'이다. 이 '1934년 헌법'은 조선예수교장로회 최초로 완전한 규모를 갖춘 1922년 헌법(1. 신조: 서문과 12 신조와 인가식, 2. 성경요리문답

107개조, 3. 정치 24장과 부록, 4. 예배모범 19장, 5. 권징조례 14장)을 1929년 일부 수정을 거쳐, 이후에 한글 사용법 변화로 다시 개정되었다. 이후 이 헌법은 일제 말기 조선예수교장로회가 일본 기독교단으로 바뀌면서 무용지물이 되다가 1945년 해방 이후에 다시 복원되어 1954년까지 하나의 장로교회에서 사용되었다.

1934년 헌법은 1960년 고신교회와 승동 측이 합동하기로 하고 합동개정헌법을 만들 때 토대로 삼은 헌법이기도 하다. 합동 당시 고신교회와 승동측은 이미 각각 1934년 헌법에서 개정한 독자적인 개정헌법이 있었다. 이 점은 앞으로 한국장로교회의 여러 교단이 통합이나 연합을 하고자 할 때 고려해야 할 점이다.

고신교회가 이 1934년 헌법을 처음으로 개정한 것은 1952년 독노회로 시작하여 총회로 개편한 제6회 총회(1956년 9월)였다. 이것이 제1차 개정이다. 2023년까지 70년 고신교회 역사에서 6차례 개정이 더 이루어졌다. 그래서 지난 고신교회 70년 역사(1952-2022)에서 평균 10년마다 1차례씩 개정한 셈이다. 7차례의 전면 개정 외에 부분 조항의 수정도 많이 있었다.

고신교회의 헌법개정역사를 다룰 때 개정 차수를 정하는 것을 두고 생각할 점이 있다. 흔히 제2차 헌법개정은 승동 측과의 합동으로 두 차례(1961년, 1962년)에 걸쳐 만든 합동개정헌법으로 환원총회(1963년 9월) 이전까지 잠깐 존속한 것인데, 이 합동개정헌법을 과연 헌법개정역사 일부분으로 포함시킬 것인가 하는 문제가 있다. 또 제4차 헌법개정은 다른 개정헌법과 달리 모든 수정안을 묶어서 일괄적으로 노회에 수의하여 결정하지 않고 세 차례에 나누어 곧 제28회 총회(1978년 9월), 제29회 총회(1979년 9월), 제30회 총회(1980년 9월)에서 각각 일부 조항을 노회에 수의하여 결정하고 별도의 공포 없이 1981년 3월에 책으로 발행되었다. 여기서 이 모든 것을 합하여 제4차 개정으로 묶을 수 있는지에 관한 의문이 남아 있다. 그럼에도 위두 개정헌법을 개정역사에 포함해서 다루기로 한다.

2) 간략한 개관

제1차 개정(1957년 9월). 내용: 교회정치
제6회 총회(1956. 9. 20)에서 성안 채택
제7회 총회(1957. 9) 노회 수의 결과 보고 및 공포

제2차 개정(1961년, 1962년). 내용: 교회정치, 헌법적 규칙
제10회 총회(1960년 12월 13) 성안채택, 노회수의
결과 보고 및 공포 (1961년 2월)
* 승동 측과 합동개정 (합동총회-제45회 계속총회)
제11회 총회(합동 제46회 총회, 1961년 9월).
내용: 추가 수정안 노회 수의 결정 헌법적 규칙, 총회
규칙 개정,
개정안 공포 (1962년 9월)

제19회 총회(1969년) 웨스트민스터 신앙고백서 및
대소교리문답 채택

제3차 개정(1972년 9월)

내용: 신앙고백 및 대소요리문답(재번역), 교회정치,

권징조례, 예배모범

제21회 총회(1971년 9월). 개정안 각 노회 수의 결정

제22회 총회(1972년 9월). 개정안 공포

제4차 개정(1981년). 내용: 신앙고백 및 교회정치, 권징조례,

예배모범

제28회 총회(1978년 9월)

제30회 총회(1980년 9월). 노회 수의 결정(* 웨스트민스터

신앙고백서 제34-35장 추가).

제5차 개정(1992년). 내용: 교리표준 및 관리표준 전반

제41회 총회(1991년 9월). 수정안을 각 노회 수의 결정

제42회 총회(1992년). 개정안 공포

제6차 개정(2011년). 내용: 관리 표준(교회정치/예배지침/

권징조례)

제60회 총회(2010년 9월). 개정안 노회 수의결정

2011년 6월 18일 예배지침과 권징조례 개정안

공포 (교회정치는 부결)

제61회 총회(2011년 9월). 헌법전문/교리표준(번역)

채용 및 재수정한 교회정치를 다시 노회 수의 결정

2011년 12월 1일 교회정치 개정안 공포

제7차 개정 (2023년 7월 20일).

내용: 교리표준, 관리표준(예배지침, 교회정치, 권징
조례) 및 시행세칙

제72회 총회 (2022년 9월). 교리표준은 개정안성안 부결
되고 관리표준(예배, 정치, 권징)과 시행세칙의
개정안 성안은 채택됨. 2023년 4월 노회수의
통과. 2023년 7월 20일 공포.

3) 평가

제1차에서 제6차까지 개정역사를 다음 몇 가지로 간략하게 평가
할 수 있다.

첫째, 교회의 정체성을 위해 씨름해 왔다.

제16회 총회(1966년 9월)는 교단 표준문서(웨스트민스터신앙고
백서, 대교리문답, 소교리문답, 교회정치, 예배모범, 권징조례) 연구를
시작하여 제19회 총회(1969년)에 웨스트민스터신앙고백서를 공적으
로 채택하고, 제26회 총회(1976년 9월)는 교단 이념을 확정했다: "신
구약성경과 장로회 표준서들(웨스트민스터신앙고백, 대교리문답, 소
교리문답, 교회정치, 권징조례, 예배모범)에 의한 개혁주의 신학을 따
라 믿고 전하고 생활한다." 그리고 제30회 총회(1980년)는 웨스트민
스터신앙고백서 제34, 제35장을 추가한다.

이러한 정체성은 대외 교류와 강단 교류에서도 드러났다. 제21회

총회(1971년 9월)는 강단 교류에서 국내외를 막론하고 본 교단의 신앙 신학 생활에 맞지 않는 교단은 거부하고, 제27회 총회(1977년 9월) 역시 연합집회에서는 사도신경을 고백하는 교단과 가능하지만, 교육 관련 집회에서는 강사는 반드시 해 지도기관의 인준을 받기로 했다. 그러나 제35회 총회(1985년 9월)는 강단 교류와 관련하여 종전 입장에서 후퇴하여 개체교회 당회 재량에 위임하는 결정을 내리고 만다.

교회 정체성과 관련하여 고신교회를 끊임없이 괴롭힌 것은 성도 간 사회법정송사 문제다. 제23회 총회(1973년 9월)는 성도 간 세상 법정 제소는 이유 여하를 막론하고 신앙적이 아니며 건덕 상 방해됨으로 하지 아니하는 것이라고 하였으나, 이후 총회는 이유를 막론하고 할 수 없다는 주장과 부득이한 경우는 할 수 있다는 주장이 대립하며 몇 차례나 결정이 번복되고 심지어 이로 인해 교단분열을 겪는 아픔을 겪었다. 그러다가 제65회 총회(2015년 9월)에서 고려 측과의 통합이 결정적 계기가 되어 '부득이한 경우'와 상관없이 교회와 성도 간 사회법정 소송은 원천적으로 불가하다는 결정을 내렸다.

총회는 교회의 정체성을 목회자 양성 기관인 신학교와 교수들에게 엄격하게 요구했는데, 성령론 문제로 해당 교수가 학교를 떠나는 일이 발생하고, 이후 일부 교수는 다른 사안으로 총회에서 신학사상을 검증받아야 했으며, 종교개혁 500년을 맞는 제67회 총회(2017년 9월)와 제68회 총회(2018년 9월)에서도 교수들이 이신칭의 복음에 근거한 신학을 총회 앞에서 천명해야 했다. 정체성 확립과 관련하여 총회는 대세라는 논리를 따를 때도 있었다. 개역개정성경 채택 문제와 관련해서 제49회 총회(1999년 9월)에서 강단용으로는 적합하지 않다는 신학대학원 교수회 보고서가 있었으나, 제56회 총회(2006년 9월)는 대한성서공회의 요청과 다수 한국교회가 채택하고 있다는 논리로 이 문제를 개체교회 당회에 맡기는 결정을 내렸다.

둘째, 지나치게 상세하게 규정한 헌법 조항의 증가와 헌법적 규칙과 헌법 조합을 구분하지 못하는 경향이 보인다.

이런 경향은 제5차 헌법개정(1992년)에서 일부 보이다가, 제6차 헌법개정에서 더욱 강도가 세졌다. 제5차 개정헌법(1992년) 예배지침에서 이전에 볼 수 없었던 '헌금'에 대한 서술이 대폭 개정되어 헌금의 종류를 열거하고 십일조를 교인의 의무로 제시하였다. 이는 개혁주의 장로교회뿐 아니라 대다수 한국 장로교회 예배지침에도 없는 조항이다. 헌금의 의의와 정신은 기술하지 않고, 헌금이 가지고 있는 감사의 측면보다 헌금의 종류와 십일조의 의무를 강조한 것은 자칫 율법주의로 오해의 여지를 줄 수 있다. 또 제6차 개정(2011년)은 교회정치 제25조에서 교인의 의무를 말하면서 모든 교인(어린이들과 직장인과 노인을 포함하여)이 참여할 수 없는 '수요기도회 참여'까지 언급했다. 모든 교인이 참여할 수 없는 모임까지 무리하게 공적 모임으로 제시하여 부득이한 일로 참여하지 못하는 교인의 어깨에 불필요한 멍에를 지웠다.

제5차 개정헌법(1992년)이 어떤 헌법보다도 가장 오랫동안(20년) 수명을 유지할 수 있었던 이유 중 하나는 헌법과 헌법적 규칙을 구분한 것이었다. 그런데 제6차 개정헌법(2011년)은 헌법적 규칙에 해당하는 상당수 조항을 원래 헌법 조항으로 복귀시켰다. 교회정치에서

108개 조항의 헌법적 규칙이 6개 조항으로 줄었다. 이런 상세한 규정화는 자칫 신자의 자유를 무시하고 규정을 위한 규정으로 가는 여지를 줄 수 있다.

셋째, 권징조례의 경우, 조항 수만 늘면서 기독교적 정신이 약화하고 사회소송 절차를 따라가고 있다.

제6차 개정헌법(2011년)에서 가장 큰 변화는 권징조례다. 제5차 개정헌법(1992년)와 비교할 때 조항 수가 세 배나 많아졌다. 그런데도 기독교적 권징의 정신은 더욱 약해졌다. 상세하게 모든 것을 규정하려고 한 것에 그 원인이 있다. 장로교회는 전통적으로 중요한 원리만 법 조항에서 제시하고 실제적인 적용은 각급 치리회에서 성경과 신조, 그리고 본성의 빛을 따라서 판단하고 처리하도록 한다. 이 점에서 교회법과 사회법의 차이가 있다.

넷째, 교권(敎權, 교회권세)의 남용 소지가 있는 조항이 조금씩 늘어가고 있다.

1981년 헌법서부터 노회의 시찰 기능을 강화하는 대신 도입한 재판권을 겸임한 전권위원회 제도는 고신교회 역사에서 언젠가 재평가해야 한다. 전권위원회에 부여한 '재판권'은 2011년 헌법에서 삭제되나 여전히 막강한 행정권을 행사할 수 있다. 제6차 개정헌법(2011년)은 장로회 최고 치리회인 총회 의장에 불과한 총회장의 지위를 서술하기 위해 조항을 신설하여 총회장은 총회를 대표하고 총회 업무와 산하기관을 총괄한다고 하였다. 제36회 총회(1986년)에서 교단의 명칭을 "대한예수교장로회총회"라고 함으로 '모든 회중'을 가리키는 '총회'(히브리어, '카할')와 치리회로서 '총회'를 혼동한 것도 큰 문제다.

다섯째, 직분의 지위와 명예, 권한에 역점을 두는 개정이 갈수록 이루어지고 있다.

명예권사를 세우는 건은 제32회 총회(1982년 9월), 제33회 총회(1983년 9월), 제34회 총회(1984년 9월), 제56회 총회(2006년 9월)에서 다루어질 만큼 일부 교회의 요구는 그치지 않았다. 제5차 개정 헌법(1992년)은 교회정치 제6장 제52조 제2항에서 원로장로를 신설하고, 노회에서 은퇴목사의 지위와 권한은 개정 때마다 논란 거리다. 제32회 총회(1982년 9월)는 교회에서 장로명단을 게재하는 서열은 장립과 취임 순으로 하되, 동시 임직 시는 연령순으로 하도록 했다. 제48회 총회(1998년 9월)도 주보나 교회주소록에서 원로(은퇴)목사, 은퇴장로의 서열을 묻는 질의에 시무하는 목사 장로를 우선적으로 배열하되 나머지는 담임목사 재량에 맡기기로 했다. 이는 모두 서열을 중시하는 우리 문화를 대변한다. 지난 헌법 개정역사는 고신교회가 직분이 주는 명예와 서열 문화를 극복하지 못하고 있음을 잘 보여주고 있다.

2. 장로교회 정치원리와 교회론의 관점에서 조명하는 제7차 개정(2023년)

교회(헌)법은 "법 조항들로 이루어진 교회론"이라 불린다. 루이스 벌코프(Louis Berkhof)에 따르면 장로회 정치원리가 제시한 교회는 한 마디로 "그리스도께서 자기 말씀과 성령으로 다스리는(치리하는) 교회"다. 장로교회 교회법 각 조항 저변에 있는 가장 근본적인 원리는 교회에 대한 유일한 치리는 오직 그리스도께만 있다고 하는 고백이다. 네덜란드의 신학자 노르트만스(1871-1956, O. Noordmans)는 이 장로회 정치를 가리켜서 "성령의 사역과 관련하여 인간적인 수단을 가장 최소화하기 위한 교회 정치형태"라고 불렀다. 그래서 장로회 정치는 오직 그리스도가 말씀과 성령으로 다스리는 교회가 되기 위해서 한 직분자가 다른 직분자나 회중 위에 군림하는 것과 한 사람이나 목사, 당회가 회중 위에 군림하는 것과 또 한 교회가 다른 교회에 군림하는 것과 나아가 노회 혹은 총회에서 한 사람이나 혹은 상층부(임원이나 특정 부서)에 의해 나타나는 교권주의를 극히 경계한다.

장로회 정치원리가 제시하는 교회론 관점에서 이번 7차 헌법 개정안에 나타난 교회론을 살펴보자. 각 조항에서 말씀과 성령으로 그리스도가 다스리는 교회를 얼마나 잘 드러내는지, 또 성령의 사역과 관련해서 얼마나 인간적인 수단을 가장 최소화하면서 즉 교권주의를 경계하면서 그리스의 다스림이 온전히 나타나는 교회를 제시하고 있을까?

1) 선명하지 않은 교인의 권리

교회정치는 직원만 아니라 교인을 다룬다. 그리스도의 몸에는 직원만 아니라 교인도 있다. 특히 교인은 믿음과 행위의 문제에서 그리스도 안에서 가지는 자유와 권리가 존중을 받도록, 이것이 법 조항에 분명하게 나타나야 한다. 이 점에서 새 개정안이 '교인(1/3이상)이 공동의회를 소집할 수 있는 권리'(교회정치 제146조 2항)를 부여한 것은 정말 잘했다. 그런데 1992년 제5차 개정헌법부터 삭제된 '교인은 헌법에 따라 진정, 청원, 소원, 상소할 권리가 있다'가 아직도 깔끔하게 회복되지 못한 것은 안타깝다.

2) 직무가 없는 명예 집사(권사)

직무가 아니라 순전히 명예를 위해 세우는 명예 집사(권사) 신설 조항(교회정치 제36조)은 말씀과 성령을 통해 다스리는 그리스도의 치리와는 너무나 거리가 멀다.

3) 여전히 해결하지 못하는 목사의 동등성(지위/권한에서)

목사는 설교와 성례라는 은혜의 방편을 전달한다는 점에서 모든 목사의 지위와 권한은 동등하다. 그런데 새 개정안은 4차 산업혁명의 격변기를 맞고 어느 때보다 공정을 중시하는 사회를 살면서 장유 유서의 유교문화권에 있는 한국교회의 오랜 숙제라 할 수 있는 위임목사-전임목사-부목사, 원로목사-은퇴목사의 차별 문제를 헌법에 그대로 둠으로써 목사를 1등, 2등으로 나누는 이 난제를 해결하지 못하고 있다. 목사 간에 차별이 있을 때 교회 안에 그리스도의 치리 대신에 사람의 힘과 권한이 크게 작용하는 것을 교회 역사와 현실에서 보지 않는가?

4) 성령의 역사와 그리스도에 의한 치리보다는 한 사람이나 혹은 치리회의 상층부(임원, 특정 부서)의 영향력이 더 행사할 가능성이 있는 치리회

노회는 지역교회와 당회와 목사를 감독하고 살피는 '시찰' 직무를 맡았다. 이 시찰로 노회는 그리스도의 치리를 각 지역교회와 목사와 당회에 나타나게 해서 화평과 성결의 열매를 맺어야 한다. 그런데 새 개정안은 1981년 헌법서부터 약화한 노회의 시찰 기능 조항을 그대로 두고 있다. 시찰을 통해서는 그리스도의 치리가 노회를 통해 정상적으로 시행되지 못하고 있다.

1981년 개정헌법서부터 도입된 전권위원회는 잘 살펴야 한다. 비록 '재판권'은 2011년 헌법에서 삭제되었으나 여전히 막강한 행정권을 행사하는 전권위원회 제도를 수정해야 한다. '모든 권한'을 뜻하는 '전권'이라는 용어 자체가 오해를 불러일으킨다. 그리스도의 권한으로 하나님의 명령을 겸허하게 전달하기보다 자칫 사람의 권한이 더 크게 작동할 여지가 있다. 따라서 이를 삭제하고 그때마다 구체적인 목적을 위해 거기에 합당한 특별위원회를 세우는 것이 좋다.

새 개정안은 2011년 헌법에 신설된 '총회장의 지위' 조항(제144조)을 그대로 두고 있다("총회장은 총회를 대표하고 총회 업무와 산하기관을 총괄한다"). 이 조항으로 고신교회는 회의 기간이 마치면 파회(罷會)하는 총회 의장인 총회장을 교단장으로 만들었다. 총회가 해산한 뒤에도 버젓이 그 지위를 이용하여 교회들 위에 군림하는 막강한 권한을 가진 사람으로 바뀌었다. 총회장의 지위를 별도로 규정할 필요가 없이 제102조(치리회의 회장)에서 서술한 대로 "각 치리회는 사무를 질서 있고 신속하게 처리하기 위하여 회장을 선정하되 목사가 회장이 된다"로 충분하다. 총회장은 여기에 서술된 그 이상도 그 이하도 아니며 총회장에게 특별한 지위를 부여할 수 없다. 이는 그리스도의 치리와 성령의 역사를 최대화하기 위해 사람의 영향력을 최소화하는 것과 정반대의 방향이며, 그리스도의 권한을 강탈할 수도 있는 위험천만한 일이다. 이는 장로회 정치원리를 거스를 뿐 아니라 한국 어떤 장로교회도 지금까지 법 조항에서 시도하지 못한 일이며, 과거에 부당한 교권의 피해를 직접 겪은 고신교회의 정체성과 역사에 모순되는 일이다.

이와 함께 교회정치 제137조에서 '총회'의 영문 이름을 "The Kosin Presbyterian Church in Korea / KPCK)"이라고 한 것은 결정적인 실수다. 제36회 총회(1986년)는 교단의 명칭을 "대한예수교장로회총회"로 확인하고 영어표기를 "General Assembly of Presbyterian Church in Korea"로 확인했다. 이 결정은 치리회인 '총회'(General Assembly)와 '교회들'을 가리키는 '교단'을 혼동한 것이다. '모든 회중'을 가리키는 구약성경에 나오는 '총회'(히브리어로 '카할')와 치리회로서 '총회'를 혼동했다. 제137조(총회의 의의)에서 총회를 영어표기로 "The Kosin Presbyterian Church in Korea(KPCK)라고 한 것도 '교단'과 치리회인 '총회'를 구분하지 못하는 무지를 보여준다. 영어표기는 '교단'을 가리키는데 한글로는 '총회'라 부르고 있다. 이 혼동이 심각한 이유는 치리회인 총회를 교단으로 보면서 그리스도께서 총회에 주신 정당한 교회의 권세는 당회와 노회에 주신 권세보다 훨씬 더 크다는 생각을 은연중에 줄 수 있기 때문이다. 교회역사는 오직 그리스도의 치리를 극대화하기 위해 어떤 형태의 부당한 교권도 우리 안에 스며들지 못하도록 경계해야 함을 교훈하고 있다.

5) 집사회가 없는 제직회, 장로보다 못한 집사의 지위

헌법의 교회정치는 아직도 제7장(집사 및 권사) 제77조에서 집사의 직무를 다루나 이 직무를 규모 있게 수행하기 위한 집사회는 말하지 않는다. 제151조에서 제직회를 언급할 뿐 집사회는 찾을 수 없다. 1922년에 작성한 교회정치를 보면 집사들이 집사회를 조직하여 집사의 직무를 하는 것이 원리적으로는 맞는 일이다. 하지만 교회 형편상 집사들이 집사회를 구성하여 집사의 직무를 수행할 수 없기에 집사는 물론 목사와 장로, 영수와 조사, 심지어 서리 집사 제도를 만들어 이들 모두가 함께 참여하여 "집사회를 대변하는 제직회"를 조직해서 제직회가 집사의 일을 수행하도록 했다. 그런데 시간이 지나면서 "집사회를 대변하는 제직회"는 살아남고 집사회는 사라지고 말았다 (조선예수교장로회 1934년 교회정치에서부터). 집사는 나눔의 일을 통해 그리스도의 치리를 회중에 나타내야 할 직분이라는 점에서 목사와 장로와 동등하다. 집사회를 따로 두어 집사들이 목사와 장로와 동등한 지위를 가지고 직무를 시행하고 그리스도의 치리가 교회에 더욱 온전히 나타나도록 해야 한다.

6) 기독교적 권징 정신은 약화하고 세상의 소송 절차를 따라가는 권징조례

2011년 권징조례는 이전 1992년 권징조례에 비해서 3배나 조항 수가 늘어났다. 늘어난 조항들을 보면 대부분 교회 권징이 '기독교적' 권징으로서 권징의 본래 원리와 정신(회개와 화평(화해), 교육, 훈련, 양육의 요소 등)을 담은 것보다는 거의 사회의 사법적 과정과 시스템, 용어를 따라갔다. 그런데 새 개정안은 이러한 근본적인 문제점을 손대지 못하고 2011년 권징조례 일부 조항만 수정했다. 교회 권징이 기독교적 권징인 것은 한마디로 '영적' 특성 때문이다. 교회 시벌은 그 자체가 목적이 아니라 범죄자의 회개와 교회의 거룩과 화평이 목적이다. 교회 권징의 특성을 가장 잘 보여주는 것이 마태복음 18장에 나오는 원리다: "네 형제가 죄를 범하거든 가서 너와 그 사람과만 상대하여 권고하라 만일 들으면 네가 네 형제를 얻은 것이요 만일 듣지 않거든 한두 사람을 데리고 가서 두세 증인의 입으로 말마다 확증하게 하라 만일 그들의 말도 듣지 않거든 교회에 말하고 교회의 말도 듣지 않거든 이방인과 세리와 같이 여기라"(15-17). 아직 잘 알려지지 않은 범죄에 대해서는 당회와 노회에 가져오기 전에 먼저 권면하고 또 증인을 세워서 권면하라는 원리이다. 또 다른 중요한 권징의 원리는 갈라디아서 6:1에 나오는 "형제들아 사람이 만일 무슨 범죄한 일이 드러나거든 신령한 너희는 온유한 심령으로 그러한 자를 바로잡고 너 자신을 살펴보아 너도 시험을 받을까 두려워하라"이다. 그래서 교회 권징은 사회 송사 과정과 달리 강제적이지 않다.

새 권징조례는 이러한 기독교적 권징의 원리와 특성이 너무 약화되어 있고, 대신 민주주의 원칙에 따른 사법적 절차와 과정, 기한을 다루는 조항만 열거되고 있다. 법 조항을 통해 민주주의 원칙은 확립되었을지 모르나 오히려 복음의 정신은 많이 사라졌다. 단적인 예로 제3조에서 권징의 성격을 정의할 때 "권징은 세례 이상의 교인과 직원의 범죄(폭언, 성회모욕, 폭행, 명예훼손, 불온유인물, 기물파손, 예배방해 등 포함)와 치리회가 재판하여 유죄할 때에 시벌하는 행위이다"라고 정의한 것을 들 수 있다. 권징의 성격을 '시벌하는 행위'로 이해한 것은 성경이나 신조, 개혁주의 권징의 정신에 합당하지 않다. 나아가 '회개'와 '화평'을 목적으로 하는 기독교적 특성을 가진 교회의 권징을 오직 정죄와 시벌을 목표로 하는 세상 법 수준으로 격하시켰다. 이것으로 치리회의 권징을 통해 나타나야 할 그리스도의 영적 권한과 치리가 왜곡된 것은 아주 심각한 일이다.

그 외에도 새 개정안(권징조례) 제30조를 보면 1981년 개정헌법(제7조~10조)에서 '화해'(화목, 화평)의 정신을 강조한 조항이 거의 사라졌다. 예를 들면 제7조의 "누가 범죄하였다는 말만 있고 소송하는 원고가 없으면 재판을 열 필요가 없다. 단, 권징할 필요가 있는 경우에는 치리회가 원고로 기소할 수 있다."는 것이나 제8조의 "혹시 범죄사건이 중대할지라도 이상한 형편을 인하여 판결하기가 극난한 경우에는 차라리 하나님께서 공의의 방침으로 실증을 주시기까지 유안하는 것이 재판하다가 증거 부족으로 중도에 폐지하여 일반 권징의 효력을 손실하게 하는 것보다 낫다"는 1992년, 2011년은 물론 새 개정안에서도 볼 수 없다.

제22조(총회재판국 구성)에서 제3항을 신설하여 "본 교단 시무장로 중 법조인(판사, 검사, 변호인) 1인 이상을 전문위원으로 둔다"고 한 것은 교회법이 가진 '기독교적' 특성을 더욱 약화하는 일이다. 교회 권징은 그 특성이 영적이어서 재판과정, 원리, 속성에서 일반 소송 과정과는 전혀 다르기 때문이다. 백번 양보해서 법조인을 필요에 따라 자문할 수 있도록 자문위원으로 두는 것은 허용될 수 있으나, '전문위원'이란 이름으로 두는 것은 바람직하지 않다.

1981년 권징조례와 그 이후 개정된 권징조례(1992년, 2011년, 새 권징조례 초안)를 비교해보면 예전에 있었던 것이 지금은 없거나 혹은 다른 곳(교회정치 제26조, 29조)으로 이동한 것이 있다. 즉 1981년 권징조례에 나오는 제11장(이명자 관할 규례), 제12장(이주 기간에 관한 규례), 즉 이명과 관련한 조항은 권징의 바른 시행을 위해 본래 권징조례에서 다루어졌다. 목사나 교인은 어떤 때와 어떤 지역에서 범죄하여 재판을 받을 때 '그가 그때 어느 치리회에 속했는가'가 아주 중요하다. 재판은 그가 속한 소속 치리회에서 받기 때문이다. 바로 이 '권징'을 제대로 할 목적으로 이명자 관할과 이주 기간 규례가 나왔다. 목사와 교인 모두 똑같은 원리가 적용된다. 그런데 1992년 이후 2011년, 2022년(초안)은 모두 이러한 맥락과 정신을 무시하고 이명 관련 조항을 교회정치로 이동했으며, 그 과정에서 상당수의 중요한 내용을 생략하고 그냥 무미건조한 행정적 절차로서 제시했다.

이와 관련하여 새 개정안이 2011년 권징조례의 제7조(교인의 자녀관리)를 교회정치 제25조(교인의 의무)로 이동한 것 역시 잘못했다. 사실 위 조항은 본래 J. A. Hodge의 <교회정치문답조례>(원제, What is Presbyterian Law?, 1886년)에 있는 내용인데, 1992년 권징조례에 실었다. 여기서 권징의 대상을 다룰 때 '교인의 자녀' 조항이 나온다. 즉 성찬 교인은 누구나 권징 대상이지만 보이는 교회의 경계 안에서 출생한 모든 자녀도 교회의 회원이며 교회의 치리와 권징에 복종해야 한다고 했다. 본래 이 내용이 위치한 권징의 맥락을 무시하고 이를 교회정치 제25조(교인의 의무)로 이동했다. 1981년 권징조례에는 권징이 바르게 시행되는 풍성한 교회론이 있었는데, 1992년 헌법 이후 권징조례에서 이같은 교회론을 찾아볼 수 없는 것이 너무 안타깝다. 속히 회복되어야 한다.

7) 공예배를 등한시할 가능성이 있는 애매한 구분

예배지침 제21조를 신설하여 공예배와 기도회의 기존 구분을 모호하게 만들었다. 주일공예배 외 기도회를 '예배'라는 이름으로도 부를 수 있게 한 것이다. 그 배경은 예배라는 이름을 달지 않으면 교인들이 그 모임에 참여할 동력이 현저히 줄어든다는 생각 때문이다. 수요기도회, 금요기도회, 새벽기도회, 가정기도회, 구역기도회를 수요예배, 금요예배, 새벽예배, 가정예배, 구역예배로 부르는 것이 훨씬 낫다는 생각이다.

사실 공예배와 기도회의 기존 구분은 다른 공적 모임을 중시하면서도 주일공예배를 경시한 배경에서 주일 공예배를 지킬 목적으로 생겼다. 그 역사를 보면 '기도회' 용어는 본래 웨스트민스터예배지침은 물론이고 1788년 미국장로교회 초창기 예배지침에도 없는 것이었으나 1894년 미국남장로교회의 예배지침에서 처음으로 수록되었다. 이 기도회 명칭은 당시 미국에서 일어난 대각성 운동의 결과 수많은 집회가 열리고 있을 때 이를 주일 공예배와 구별하고, 나아가 이러한 집회를 바르게 인도하기 위해서 신설되었다. 1894년 남장로교회 예배지침을 보면 기도회는 당회의 감독으로 열려야 함을 강조하고, 인도는 목사와 당회원, 혹은 자격 있는 신자가 하게 했다. 기도회 내용은 기도/찬송/성경봉독/권면으로 하도록 하고, 특히 남자 성도가 공중기도를 인도할 것과 적절한 길이와 경건한 기도를 언급하였다. 이런 배경에서 고신교회도 주일공예배를 보호하기 위해 제5차 개정헌법(1992년)에서 도입되었다. 그런데 이번 새 개정안이 이런 배경을 무시하고 주일 공예배 외의 모임도 예배라고 부르게 한 것이 자칫 주일 공예배를 약화시키는 원인이 되지 않을까 우려가 된다.

결론적으로 2023년 7월 20일에 공포된 제7차 개정헌법을 어떻게 봐야 할까? 과연 고신교회가 꿈꾸는 교회 청사진과 설계도를 보여주는지, 복음과 개혁주의 신학에 부합한 지, 그리고 고신교회의 정체성을 약화하거나 혹은 부인하는 것은 없는지를 봐야 한다. 헌법과 헌법적 규칙을 구분하여 성경에서 분명한 원리 위에 변하지 않는 구속력 있는 조항과 상황에 따라 얼마든지 변할 수 있는 조항을 구별하는 것이 중요하다. 교리표준이나 관리표준에 속한 다른 문서와 일치하는 표현을 사용하는지, 각 조항의 역사적 배경(개정 역사, 총회의 결정 역사)과 현재 교회의 현실을 염두에 두는지, 나아가 앞으로 10년 혹은 20년 미래를 내다본 것인지도 살펴야 할 것이다. 이 기준으로 볼 때 이번 개정안은 여러 문제를 가지고 있다.

무엇보다도 헌법을 통해 과연 그리스도께서 말씀과 성령으로 다스리는 교회를 잘 드러내는지, 특히 성령께서 역사하시도록 인간적인 수단을 가장 최소화하고 교권주의를 경계하는지, 회중(교인)과 당회 사이에, 당회와 노회/총회 사이에 상호작용이 조화를 이루는지를 생각할 때 새 개정안은 문제를 가지고 있다.

교인이 양심의 자유를 가지고 상회에 진정, 청원, 소원, 상소할 권리가 있음을 분명하게 1981년 헌법처럼 밝히지 못한 점, 그럼에도 직무는 없이 이름만 가진 서리집사 제도의 유지, 집사의 직무를 그대로 이을 뿐인 권사를 준항존직원으로 격상한 것을 그대로 둔 점, 특히 순전히 명예를 위해 명예집사(권사)를 세우는 신설 조항은 교회직원이 회중을 위해 그리스도의 치리를 대신할 자라는 우리 고백과는 전혀 어울리지 않으며 당회와 회중(교인) 사이에 상호작용이 있다고 말하기가 어렵다.

목사의 동등성과 직분 간의 동등성을 해치는 조항(목사 간에 차등을 두는 조항, 집사회 대신 제직회를 둔 조항)으로 약자를 보호하고 공정을 드러내기보다는 인간의 힘을 더 커지게 했고, 시찰 기능은 약하게 만들어 놓았다. 여기에다가 여전히 막강한 권한을 휘두르게 만든 전권위원회, 교단장으로 만든 총회장의 지위, 총회를 교단과 같게 본 조항은 성령의 역사가 나타나도록 사람의 영향력을 최소화하는 장로회 정치의 특성과는 너무나 거리가 멀다. 이러한 요소로 볼 때 이번 개정안에는 여러 교회정치형태 중에서 소위 '집합 정치(Collegialism)',[128] 교회 상층부가 교회를 다스리는 정치체제의 원리가 상당히 들어와 있다. 이 체제에서 개체교회와 회중은 하나의 제도교회에 속한 지부에 불과하다. 노회와 총회가 교회의 집합체이기에 그 자체가 교회로 인정되며 총회(노회)의 임원이 최고 권위를 가지고 있다. 이 체제에서는 특정한 한 사람이나 여러 사람에게 쏠린 권한의 집중으로 인해 언제라도 부당한 교권이 나타날 수 있다. 이런 식으로는 지역교회의 당회와 노회/총회가 상호작용을 하며 여기에 오직 그리스도께서 다스린다고 고백하는 것이 주저되지 않을까? 개

---

128   루이스 벌코프, 839; J.M. Vorster, *An Introduction to Reformed Church Polity*(Potchefstroom: Pochefstroomse Teologiese Publikasies, 2000), 12.

정안의 권징조례는 2011년부터 사회의 형사소송법의 용어와 과정과 체계, 민주주의적 요소를 많이 본받고 도입하면서, 1981년 권징조례에서 지닌 권징의 원리와 정신은 많이 약화한 채 하나님의 법을 세상 법 수준으로 격하시켰다고 평가할 수 있다. 지금 이 권징조례에서 과연 교회의 거룩과 화평에 관한 복음을 들을 수 있으며, 권징의 교제가 풍성한 교회, 이러한 성도의 교제를 향한 열망을 느낄 수 있을까? 법과 원칙과 절차는 따지면서 정작 복음은 없는 바리새인의 율법주의가 되어가지는 않는가?

11장

통계로 보는 고신교회 70년[129]

지난 70년이라는 고신교회의 역사를 살필 때 흩어진 많은 자료가 그 근거가 될 수 있겠지만, 그중 하나는 총회록에 공적으로 실린 각 종 통계이다. 특히 '각 노회 상황 보고'라는 이름으로 매해 열린 총회 의 회의록인 총회록에 실린 통계는 고신교회의 70년이라는 주요 흐 름을 아는 기초 자료가 되며 중요한 단서가 된다. 그런데도 고신교회 역사에서 아직 이 총회록의 통계 연구가 본격적으로 이루어지지 않 아서 총회 통계가 체계적으로 정리되어 있지 않을 뿐 아니라 심지어 어떤 총회는 그 통계가 부실하거나 정확하지 못한 점도 있어 통계 자 체의 신뢰 문제까지 생각할 수 있는 어려움을 가지고 있다. 이 모든

---

129 1984년 이전 통계는 남영환 목사의 <한국기독교사>에 나오는 자료를, 이후 최근까지 통계는 총회록 을 중심으로 하되 <고신교단50주년기념화보집>에 실린 이재술 장로의 통계를 참고하였으며, 남영환 목사 와 이재술 장로가 제시한 자료 사이의 숫자가 다를 때는 해당 연도의 총회록을 살폈다.

열악한 상황에도 불구하고 1952년 고신 교회 설립부터 시작하여 70회 총회를 맞은 2020년까지 대략 10년 단위로 끊어서 특히 교인 수, 교회 수, 목사 수, 장로 수 등의 통계를 중심으로 지난 고신교회 70년의 흐름을 분석하고 해설하고자 한다.

1. 중요한 통계 분석과 해설

1) 교인 통계

교인은 장로회 정치원리에서 볼 때 본래 세례교인(입교인)을 가리킨다. 이들만이 교회의 교인으로서 중요한 권리를 가지고 있다. 성찬에 참여하는 권리, 공동의회에 참석하는 권리, 영적으로 보호를 받을 권리, 영적으로 어떤 것을 요청할 권리, 당회의 결정에 이의를 제기하고 노회와 총회에 상소할 권리 등이 있다. 그래서 세례교인(입교인)이 가장 중요하다.

이를 기준으로 교회에 출석하는 모든 사람을 다음과 같이 소위 신급(神級) 별로 분류하게 된다. 이들 외에 유아세례교인, 학습교인, 원입(願入)교인이다. 이 모두의 수를 합친 것이 교인총계이다. 유아세례교인은 유아 시에 세례를 받았으나 아직 입교 하지 않은 교인을 가리키고, 학습교인은 교회에 출석하였으나 아직 세례받지 않은 교인을 가리키며, 원입교인은 이제 갓 교회출석을 하여 학습교인이 되지 못한 교인을 가리킨다.

교인총계를 낼 때는 세례교인(입교인), 유아세례교인, 학습교인, 원입교인의 수를 합치면 된다. 그런데 유아세례를 받지 않았고 친구에게 전도를 받아 교회의 주일학교에 출석하는 주일학교 어린이는 어디에 속할까? 당연히 원입교인이다.

지난 총회록의 교인 통계를 보면 이 간단한 원리가 적용되지 못할 때가 많았다. 남영환 목사는 <한국기독교교단사>에서 교인총계를 세례교인과 학습교인, 원입교인, 주일학교 학생 수를 합쳐 계산하였다.[130] 즉 유아세례교인을 빼고 이를 주일학교 항목으로 대체한 것이다.

제14회 총회(1964년 9월)부터 제20회 총회(1970년) 이전까지 신급 별 통계에서 유아세례교인 항목이 보이지 않는다. 제20회 총회(1970년 9월)부터 다시 유아세례교인 항목이 나오다가 제37회 총회(1987년 9월)부터 유아세례 교인 통계가 다시 나오지 않는다. 제45, 46회 총회에서 다시 일부 노회에서 나타나다가 제47회 총회(1997년 9월)부터 거의 모든 노회가 유아세례교인 수를 보고하고 있다.

유아세례교인 수를 통계에서 넣기도 하고 빼기도 한 것은 단순히 정확한 교인총계 문제를 넘어 장로교회의 신앙 원리 가운데서 중요한 자리를 차지하는 언약신앙에 관한 것이라 할 수 있다. 장로교회 정치에서 장로와 당회는 유아 시에 세례를 받은 언약의 자녀를 양육할 책임과 이들이 속히 공적 신앙고백과 입교를 하도록 권면할 책임이 있다. 교회 안에서 언약신앙의 확립을 위해 유아세례 교인 통계는 아주 중요하다. 그런데 이를 '주일학교'라는 범주 안에 함께 묶은 것은 큰 착오이다. 주일학교 학생을 유아세례교인과 원입교인으로 구분

---

130   남영환, 한국기독교교단사(서울: 영문 출판사, 2005), 268-280.

하면 된다. 그리고 기관별 통계를 낼 때 주일학교의 수를 별도로 파악하면 된다.

아래는 지난 70년 동안 고신 교회에서 교인 수의 흐름을 알 수 있는 대략적인 도표이다.

<표 1>

	세례(입)교인	유아세례	주일학교	학습교인	원입교인	교인총계
1952	4,419					
1956(6회 총회)	15,350					
1957[131]	17,366					
1960	17,503		33,722[132]	6,476	9,083	67,123
1963	13,650					
1972	23,182	6,479		6,800	10,220	73,569
1975	23,309	5,491	27,025	7,175	10,963	68,472
1982	54,620		60,011	17,108	23,384	179,489
1984	72,278		77,785	22,398	47,915	223,950
1992	122,017		74,754	20,632	35,183	274,525
2002	213,746	47,830		50,451	131,863	390,522
2012	270,351	46,777		26,290	139,070	482,488
2015	274,884	44,535		21,359	120,698	461,476
2016	285,863	47,036		20,848	118,267	472,014
2020	278,441	39,039		14,663	80,145	412,288

1952년에 설립이 되었으나 신급 별 교인 통계를 낸 것은 제10회 총회(1960년 9월)부터다. 이때부터 세례(입)교인과 학습교인, 원입교

---

131   제7회 총회(1957년 9월)부터 총회 통계표가 기존에서 학습교인 수, 유년주교생 수, 교사 수, 당회 수, 전도사 수 등 항목을 추가하여 확장되었으나, 6개 모든 노회가 이 모든 항목에 빠짐없이 보고하지 않았다. 완전한 형태로 보고한 항목은 교회 수, 세례교인 수, 당회 수, 장로 수, 전도사 수이다(제1회–제10회 총회록, 154).

132   유아세례교인 항목 대신 나타난다.

인, 그리고 주일학교 항목에서 통계를 작성하였다. 물론 유아세례 항목은 총회 통계에서 제20회 총회(1970년 9월)부터 나타난다.

위 통계에서 제일 먼저 눈에 띄는 것은 1952년에 진리운동으로 시작한 고신교회가 1956년 9월의 통계를 보면 6개 노회로 이루어지는 총회로 격상하면서 교인 수가 4년 만에 거의 4배가 늘어 약 10,000명의 세례교인이 증가한 것을 볼 수 있다. 이는 총 노회 조직 후 일제 강점기에 신사참배를 항거하며 죽도록 충성해온 충복들의 신앙을 흠모하고 이들과 함께 한국교회의 정화와 재건에 동참하기를 원하는 신자들이 경남, 경북뿐 아니라, 전라 충청 수도권지역에서까지 생겨나게 되어 진리운동이 전국적으로 급속하게 확산되어갔다는 것을 가리킨다.[133] 교회 수는 312개에서 565개로 거의 2배로 증가하였다.

1963년에는 13,650명으로 이전과 비교할 때 상대적으로 급감한 것을 볼 수 있다. 이는 우리가 아는 것처럼 1960년에 승동 측과 합동하였다가 1963년에 환원하면서 많은 교인이 환원에 동참하지 않은 것을 여실히 보여주는 통계이다. 합동 당시 590개 교회에서 환원 때는 435개 교회로 줄어들었고 교인도 17,503명에서 13,650으로 약 4천 명의 교인을 잃게 되었다.

1975년 통계를 보면 세례교인의 수는 3년 전의 1972년 통계와 비교할 때 거의 유사한 것을 볼 수 있다. 3년이 지났음에도 왜 증가하지 않고 제자리에 맴도는 것일까? 교인총계를 보면 1972년은 73,569명

133   허순길, 『한국장로교회사』(서울: 영문, 2008), 419.

에서 1975년에는 68,472명으로 약 5천 명이 오히려 줄어든 것을 볼 수 있다. 1975년에 무슨 일이 있었던 것일까? 1973년부터 시작된 법적 소송 문제에 대한 공방으로 경남노회가 행정보류를 하고 이탈하게 되었기 때문이다. 그래서 1975년 통계에는 경남노회의 보고가 누락된 것이다. 교회 수도 566개에서 453개로 축소되었다.

설립 20년이 되는 1972년부터 10년 단위로 2020년까지 살필 때 적어도 2002년까지 급격하게 성장한 것을 알 수 있다. 세례교인 수를 보면 1972년에는 23,182명이 1982년에는 54,620으로 거의 3만 명이 증가하였고, 1992년에는 지난 10년 동안 거의 7만 명이 증가하였다. 사실 1982년, 1984년에 이전에 고신교회에서 이탈한 교회들이 일부 영입되었으나 교인 증가세에 비추어 그 수가 의미 있는 만큼의 규모가 되지 않아 표에서는 잘 드러나지 않는다. 2002년에는 같은 기간에 거의 9만 명이 증가하였다. 이러한 폭발적인 증가는 교인총계에서도 나타난다. 1972년에는 73,569명이 1982년에는 179,489명으로 거의 10만 명이 늘었고, 1992년에는 274,525명으로 거의 10만 명이 늘었으며, 2002년에는 390,522로 12만 명이 늘었다. 그러다가 2012년 통계를 보면 증가하는 속도가 이전과 비교해서 아주 작게 둔화된다. 세례교인 수는 270,351명으로 2002년보다 6만 명으로 증가하고, 교인총계도 482,488명으로 2002년보다 9만 명으로 증가하였다.

결국 2012년을 기점으로 2020년까지 세례교인 수는 8-9년이 지났음에도 답보 상태를 유지하고 있고, 교인총계는 2015년에 고려 측과의 통합으로 20, 296명의 교인이 추가되었음에도 오히려 7만 명이 감소한 것으로 나온다. 유아세례교인은 2020년의 통계를 2012년과 비교할 때 거의 8천 명이 감소하였다. 같은 기간에 학습교인은 1만 2천 명이 줄었으며, 원입교인은 6만 명이 감소하였다. 앞으로 이 기초 자료를 근거로 더욱 자세한 자료와 통계를 통해 감소 원인을 다양하게 분석해야 할 과제가 남아 있다.

2) 교회 통계

교회 통계를 낼 때 당회 수, 조직교회와 미조직교회, 기도소를 기준으로 하거나 혹은 교인 수를 기준하거나 아니면 경제적인 자립도를 기준으로 하거나, 행정구역이나 도시와 농어촌 등의 기준으로 분류해서 통계를 내야만 정확하게 교회 상황을 파악할 수 있지만 이 분류를 하지 않고 아주 단순하게 교회 수의 증감을 통해 고신 교회의 70년을 살피고자 한다.

<표 2>

	교회 수
1952	312
1956(제6회 총회)	565
1957	588
1960	590
1963	435
1972	566
1975	453
1982	727
1984	912
1992	1,266
2002	1,591
2012	1,771
2015	1,840
2016	2,042
2020	2,110

교인 통계에서 이미 본 주요 흐름이 교회 통계에서도 일부 나타난다. 1952년 설립된 고신교회가 312개밖에 되지 않았으나 4년이 지난 제6회 총회 시에는 565개 교회로 크게 증가하였다. 합동과 환원을 겪은 후인 1963년에는 590개에서 435개로 축소되었다. 또 경남노회 분열 당시인 1975년에는 453개로 1972년과 비교할 때 거의 100개 교회가 줄어든 것을 알 수 있다.

교인 통계와 비교할 때 차이가 나는 점은 교인 통계는 1972년부터 2002년까지 가파르게 증가하다가 2012년을 기점으로 크게 감소하는 추세를 보였지만, 교회 통계는 지금까지 꾸준히 서서히 증가하고 있다는 것이다. 1972년에는 566개가 1982년에는 727개로 증가하였고, 그리고 다시 1992년에는 1,266개로 지난 10년 동안 500개가 증가하였으며, 다시 2002년까지 지난 10년 동안 330개가 증가하였고 이후 2012년까지 다시 약 200개가 증가하였다. 이후 8-9년이 지난 2020년에는 2,110개로 340개가 증가하였다. 물론 여기에는 지난 2001년과 2015년에 각각 서경노회의 영입(58개 교회)과 고려 교단과의 통합(163개 교회)으로 220개 교회가 증가한 것을 감안해야 한다.

교인 통계에서 본 대로 2012년까지 교인 수의 증가세가 약간 주춤거리다가 2012년 이후로는 교인의 수가 제자리에 답보 혹은 감소 추세에 있는 것에 비해, 교회 수는 비록 작지만 계속 꾸준히 증가하고 있는 것은 고무할만한 일이다. 여기에는 제57회 총회(2007년 9월)에서 시작하여 지난 6월까지 379호 교회를 개척한 3천 교회 운동이 기여하였다.

3천 교회 운동을 총회가 결정하는 2007년 통계를 보면 1,679개 교회가 2020년에는 2,110개 교회가 되어 지난 13년 동안 431개 교회가 증가하였다. 지난 2015년 고려 교단과의 통합으로 163개 교회가 추가된 것을 감안하면 3천 교회 운동으로 시작하여 세워진 교회 수가 정확하게 몇 개가 되는지 조사할 필요가 있다. 2021년 6월 기준으로 지난 13년 동안 세워진 379개와 통합으로 추가된 고려 교단의 교회 163개를 합치면 542개가 된다. 총회록의 통계를 보면 2007년에서

2020년까지는 431개만 증가한 것으로 되어 있다. 111개의 교회 수가 차이가 난다. 같은 기간에 고신 교회에서 111개 교회가 폐쇄되든지 혹은 다른 교단으로 이동하든지 사라졌다는 것이다. 3천 교회 운동으로 현재 379개 교회가 세워졌으나 이 교회 중에서 폐쇄된 교회는 없는지 혹시 돌아보아야 한다.

3) 목사와 교역자 통계

<표 3>

	목사	교역자[134]	비고(교인총계)	비고(교회 총계)
1952	50			312
1956(6회 총회)	111			565
1957	126	281		
1960	126	237	67,123	590
1963	140			435
1972	209	337	73,569	566
1975[135]	229	287	68,172	453
1982	442	626	179,489	727
1984	585[136]	602	223,950	912
1992	1,094	1,114	274,525	1,266
2002	2,435	1,369	390,522	1,591
2012	3,124(2457)[137]	1,632	482,488	1,771
2015	3,355	1,428	461,476	1,840
2016	3,657	1,509	472,014	2,042
2020	3,867	1,318	412,288	2,110

---

134 강도사, 전도사(남녀), 목사 후보생(신학대학원 재학), 교육전도사를 포함한다.
135 경남노회 분열로 경남노회의 보고가 누락되어 있다.
136 서울노회의 보고가 누락된 숫자. 이재술 장로는 637명이라고 밝히고 있다(579)
137 괄호 안의 숫자는 시무 목사의 총계를 가리킨다.

이 통계에서 하나만 지적하고자 한다. 2012년을 기점으로 교인총계가 감소하는 것과 동시에 목사를 제외한 교역자(목사후보생, 강도사, 전도사) 역시 감소하였다는 점이다. 이 통계는 교역자라는 항목안에 세부적으로 강도사, 목사후보생, 남자 전도사, 여자 전도사 등으로 더 자세히 분류하여 통계를 내지 않아서 정확하게 분석하는 것은 어렵다. 그러나 남녀 전도사와 강도사, 목사후보생이 줄어들면서 목사 수는 상대적으로 증가한 것은 분명한 사실이다. 목사 항목 역시 위임목사와 무임목사, 은퇴목사, 부목사, 기관목사, 선교사, 전도목사 등으로 자세히 분류하지 못해서 다양하고 깊이 있는 분석은 할 수 없지만 목사 수는 계속 꾸준히 늘어가고 있다는 점이다.

4) 기타 교회 직원 통계(표 4 참조)

여기서도 몇 가지 지적한다면 첫째는 2012년 이후로 시무 장로의 수에 비교할 때 은퇴, 무임, 협동 장로의 수가 그만큼 증가하였다는 점이다. 2012년을 예로 든다면 전체 장로의 수가 6,136명인데 비해 시무 장로의 수는 3,882명이다. 이를 2002년과 비교해 보자. 2002년에 장로의 수는 3,764명이다. 여기에는 은퇴 장로를 비롯하여 무임, 협동 장로가 포함되어 있다. 10년 사이에 은퇴 장로를 비롯하여 무임, 협동 장로가 많이 생긴 것이다. 한편 교인 수와 장로의 수를 비교해보면 2002년에 교인총계는 390,522명에 비해 장로 수는 3,764명으로서 약 교인 100명에 장로 1명의 비율이다. 반면 2020년은 교인 412,288명에 장로는 7,928명으로 대략 교인 50명에 장로는 1명이다. 둘째, 서리집사 수와 교인 수를 대비해보면 특히 2002년 이후 교

<표 4>

	장로	장립집사[138]	권사[139]	서리집사[140]	교인총계
1952	37				
1956(6회 총회)	157				
1957	160				
1960	213				67,123
1963	193				
1972	402	126		5,769	73,569
1975[141]	449	122		6,676	68,472
1982	1,022	676	271[142]	17,396	179,489
1984	1,379	786[143]	464[144]	20,918[145]	223,950
1992	2,647	579[146]	676[147]	16,091[148]	274,525
2002	3,764	14,711	5,543	79,313	390,522
2012	6136 (시무 3882)	8,608	12,505	112,142	482,488
2015	6680 (시무 3967)	9,355	14,835	114,710	461,476
2016	7072 (시무 4036)	10,614	16,501	116,101	472,014
2020	7928 (시무 4119)	10,543	18,679	108,984	412,288

---

138 장립 집사 통계는 제20회 총회(1970년 9월)부터 나타난다.

139 제27회 총회(1977)에서 권사 제도가 신설되었다. 따라서 1952년부터 1975년까지 권사는 통계 항목에 나오지 않는다.

140 서리 집사 통계는 제20회 총회(1970년 9월)부터 나타난다.

141 경남노회 분열로 경남노회의 보고가 누락되어 있다.

142 경북, 경안, 부산노회 보고가 누락된 숫자이다.

143 서울노회 보고가 누락된 숫자이다.

144 서울노회 보고가 누락된 숫자이다.

145 서울노회 보고가 누락된 숫자이다.

146 23개 노회 중에서 9개 노회만 보고한 숫자이다.

147 23개 노회 중에서 9개 노회만 보고한 숫자이다.

148 23개 노회 중에서 9개 노회만 보고한 숫자이다.

인 4명 중 1명이 서리 집사일 만큼 서리 집사의 수는 교회에서 아주 많음을 숫자로 파악할 수 있다. 셋째, 교회 총계와 장로의 수를 대비해보면 2020년에 교회 수는 2,110개인데 장로의 수는 7,929명으로 1개 교회에 장로 5명, 이 중에서 시무 장로는 4명이 있다는 결론이 나온다. 넷째, 권사의 수를 교인 수와 비교해보면 2002년은 390,522명의 교인에 권사는 5,543명으로서 권사 1명에 약 교인 38명인데, 2020년은 교인은 412,288명 권사는 18,679명으로 권사 1명에 교인은 약 22명이 된다.

2. 평가와 과제

총회록 통계 연구가 기초 단계에 불과하지만 이를 기초로 중요한 항목을 분석한 것을 몇 가지로 결론을 내리고, 총회 통계와 관련하여 앞으로 나아가야 할 과제를 제시하고자 한다.

첫째, 교인의 수는 1972년 이후 2012년까지 폭발적으로 증가해왔지만 2012년을 기점으로 급격하게 감소하고 있다. 따라서 교인의 수의 감소에 관한 다양한 원인을 분석하고 조속히 대책을 세워야 할 것이다.

둘째, 교인의 수가 2012년을 기점으로 감소세에 있지만, 교회의 수는 상대적으로 조금씩 증가하는 것을 보았다. 이는 총회가 2008년부터 추진하는 약 13년 동안 3천 교회 운동의 일환으로 비롯된 결과로 생각할 수 있다. 그러나 2015년 총회에서 고려 교단과 통합하여 163개 교회가 추가되고 379개 교회가 새롭게 개척되어 산술적으로

542개 교회가 증가되어야 하지만 통계 지표는 교회 수가 431개만 증가한 것으로만 나와 있다. 111개 교회는 어디론가 사라지고 없는 것이다. 따라서 앞으로도 3천 교회 운동을 추진하여 교회 수가 증가하도록 해야겠으나 이에 못지않게 중요한 것은 미자립교회나 개척교회를 잘 돕고 관리하는 것임을 통계 연구가 여실히 보여주고 있다.

셋째, 2012년을 기점으로 교인총계가 감소하는 것과 반대로 목사의 수는 조금씩 늘어가고 있고, 대신 목사를 제외한 교역자(목사 후보생, 강도사, 전도사)는 감소하고 있다. 교역자의 수가 줄고 있다는 것은 머지않아 목사 수도 줄어들 때가 닥치고 있다는 것을 보여준다.

넷째, 기타 직원의 수의 증감을 보면 교인의 수가 줄고 있는 것에 비해, 권사와 서리집사 수 대비 교인의 수를 비교해보면 2020년에는 교인 20명에 권사 1명, 교인 4명에 서리집사 1명까지 육박했으며, 그나마 시무 장로의 수는 교인 100명에 1명이다.

다섯째, 총회의 통계는 각 노회에 속한 교회들의 상황을 보고한 것이다. 단순히 교인의 수나 교회 수, 목사와 장로의 수가 얼마나 증가하고 감소하였는지를 보여주는 교세(敎勢) 통계에만 그치지 않는다. 각 노회가 총회에 정기적으로 하는 통계 보고는 교세통계 이상으로 각 노회에 속한 고신교회들의 상황 보고를 뜻한다. 고신 교회의 얼굴 모습 전체를 보여주는 중요한 통계이다. 그렇다면 이 통계 항목에는 당연히 신급별로 구분한 각종 교인의 수와 교회 수, 목사를 비롯한 기타 교회 직원의 수, 당회의 수뿐 아니라, 일제 치하에서 조선예수교장로회가 해방 이전까지 총회에 보고한 내용처럼, 이명 간 교인, 이명 온 교인, 시벌 받은 교인, 해벌 받은 교인, 실종 교인 등의 항목도 포함되어야 한다. 예를 들어 1924년 조선예수교장로회 총회에 보고된 통계에서 경남노회의 보고를 보면 목사 12명, 장로 57명, 장립집사 3명, 남자 조사 21명, 남자 전도인 13명, 여자 전도인 9명, 영수 216명, 서리집사(남) 303명, 서리집사(여) 128명, 조직교회 36개, 미조직교회 197개, 기도소 30, 예배당 수 226, 세례받아 입교한 수 601명, 세례받은 유아 중 성찬 참여한 자 30명, 이명증서로 받은 입교인 110명, 해벌한 교인 30명, 금년에 성찬에 참여한 자 중 제명한 자 379명, 별세한 교인 56명, 이명증서로 이거한 교인 195명, 책벌한 교인 104명, 출교한 교인 24명, 성찬에 참여하는 세례인 도합 4171명, 의무잃은 교인(실종 교인) 147명 등이 나온다. 한국교회 초창기 적어도 해방 이전까지는 이같이 총회의 통계를 통해 당시 교회 질서와 교회 생활이 어떠했는지를 엿볼 수 있다. 특히 이명증 제도가 정착되어 있어서, 매년 통계에 이명증서로 받은 입교인 수, 이명증서로 이거한 입교인 수, 이명증서가 없는 자의 수를 적시하도록 하였다.

현재 총회가 시행하는 통계 항목은 이러한 교회 상황 보고를 망라하지 못하고 있다. 총회의 통계를 교세통계의 차원에서만 볼 것이 아니라 전국 노회가 총회에 보고하는 '고신 교회 상황 보고'라는 것에 유념하여 이 기준을 따라서 통계 항목을 다시 새롭게 수정 보완할 필요가 있다. 적어도 매해 총회 통계를 통해 고신 교회가 어떻게 진행되고 있음을 볼 수 있어야 하겠다. 총회의 통계는 교회관에 관한 문제이며, 이것이 바로 정립될 때 교회 역사 연구에서 좋은 자료로 쓰이게 될 것이다.

2부

고신총회
70년의 중요결정을
돌아본다

1장

예배, 성례, 그리고 예식

교회는 예수 그리스도의 공로로 구원받은 그리스도인들이 모여 참되고 유일하신 하나님 앞에 예배하는 공동체이다. 하나님은 예배의 방식을 직접 제정하셨다. 따라서 사람의 상상이나 성경이 지시하지 않은 방식으로 예배해서는 안 된다. 이 예배가 고신교회에서 지난 70년 동안 어떻게 이루어져 왔을까? 그 답을 고신교회의 <예배지침>과 <예식서>의 역사를 통해, 그리고 이와 관련한 총회의 결정을 통해 살피고자 한다. 이로써 예배와 성례, 예식의 관점에서 70년을 돌아보고 이를 계기로 고신교회가 다시 참 예배 공동체로 바로 서기를 바란다.

1. <예배지침>과 <예식서>의 역사에 나타난 변화

1952년에 출발한 고신교회는 1934년의 조선예수교장로회 헌법을 모범으로 삼았다. 여기에 실린 예배지침은 영국의 웨스트민스터 총회(1643-1649)에서 작성된 <예배지침>에서 나와 미국 장로교회를 통해 왔다. 고신 교회는 1934년의 '예배모범'을 1981년까지 유지하다 1992년에 대폭 개정하였다. '예배모범'을 '예배지침'으로 변경하고 기존 18장을 10장 40조(헌법적 규칙 6조)로 수정했다. 2011년의 예배지침은 1992년의 예배지침을 거의 이어받았다. 이 과정에서 주목할 몇 가지 변화(둘은 부정적이고 하나는 긍정적인 것)를 살피고자 한다:

첫째, 1981년 이전에는 별도로 취급된 '헌금' 항목이 1992년 개정부터는 제3장(주일예배) 안에 포함되었다. 무엇보다 내용이 전면적으로 개정되는데 헌금의 종류를 열거하고 헌금과 십일조를 교인의 의무로 강조하여 제시했다(제15조 예배와 헌금). 이는 이전 1981년 예배지침과 비교할 때 차이가 난다. 1981년 예배지침은 헌금의 의의를 서술하였다: "교회의 각 신도는 주께로부터 받은 재물을 가지고 정한 규례대로 헌금하는 일을 배양할지니 이로써 주 예수 그리스도의 명하신 대로 복음을 천하 만민에게 전파하는 일을 도움이 옳으니 주일마다 이 일을 위하여 회중으로 헌금하는 기회를 정하는 것이 합당하고 매우 아름다운 일이다. 성경에 가르친 대로 이같이 헌금하는 것은 전능하신 하나님께 엄숙히 예배하는 것의 일부분으로 한다." 예배의 요소인 헌금을 서술하면서 의무를 강조하여 제시한 것은 유례없는 일이다. 한국 장로교회 합동, 통합 교회 예배지침에도 없다. 예배에서 헌금이 가진 감사의 정신보다 의무를 강조한 점은 율법주의로 오해할 여지를 줄 수 있다.

둘째, 이전(1981년)까지는 <교회정치>에서도 예배의 요소를 다루었지만(제8장 교회예배의식) 이제 이를 삭제하고 <예배지침>에서만 다루고 있다. 이는 직원과 치리회를 규정하는 교회정치가 무엇보다 예배를 위해 있음을 간과하는 것이다. 교회정치와 예배지침의 관련은 성경(고전 14장)에서 볼 때 명확하다.

셋째, 2011년 예배지침 개정은 이전과 달리 예배의 본질(제2조)과 요소(특히 성례식과 세례, 성찬)를 서술할 때 언약을 강조함으로 예배가 본래 언약에 토대한 것임을 밝혔다.

고신교회는 미국교회 전통을 따라 예배지침 외에 예식서가 있다. 고신총회는 1982년, 1999년, 2014년에 예식서를 제정했다. 제1차 예식서(1982년)는 가장 중요한 예식인 주일공예배 순서를 생략함으로 오점을 남겼다. 제2차 예식서(1999년)는 목사임직식을 목사안수식으로 개칭하고 치유예배를 추가한 것이 특징이다. 제3차 예식서(2014년)는 공예배와 기도회를 구분하고 시벌과 해벌, 기도문, 환자와 임종자 심방을 추가했다. 상례와 예배당 봉헌 예식을 단순하게 했다. 그러나 현 예식서는 그 토대가 되는 신앙고백서, 예배지침을 여전히 온전히 반영하지 못하고 있다는 것은 앞으로 남은 과제이다.

2. 개체교회 당회에 맡긴 강단

강단은 바른 교리를 전하는 곳이며 이로써 고신교회 성도가 하나가 된다. 이를 위해 총회는 강단을 지킬 의무가 있다. 그런데 지난 역사에서 총회는 이 책임을 개체교회 당회에 떠맡겼다. 제21회 총회

(1971년 9월)는 강단교류에서 국내외를 막론하고 칼빈주의 신앙과 신학, 생활에 맞지 않는 교단은 거부하기로 했다. 제27회 총회(1977년 9월) 역시 다시 선명하게 입장을 밝혔다. 제35회 총회(1985년 9월)는 몇 년간의 연구와 유보와 고심 끝에 종전 입장에서 후퇴하여 개체교회 당회 재량에 위임하는 결정을 내렸다. 나아가 제49회 총회(1999년 9월)가 <개역개정성경>을 고려신학대학원 교수회의 보고서를 통해 강단용 성경으로는 적합하지 않다는 지적을 받았음에도 제56회 총회(2006년 9월)는 대한성서공회의 요청과 다수 한국교회가 채택하고 있다는 논리로 개체교회 당회에 맡기는 결정을 내렸다. 이때 고신교회는 복음병원 부도라는 고신교회 역사 초유의 사태에 온통 신경을 쓰고 있었다.

3. 십일조에 대한 율법적인 태도를 삼가는 결정

예배지침에서 헌금을 의무로 제시하다 보니 이를 율법적 태도로 대하는 것은 충분히 예상할 수 있었다. 제53회 총회(2003년 9월)는 고려신학대학원 교수회가 보고한 "그리스도인의 헌금 생활의 표준으로서 십일조" 보고서를 받았다. 핵심은 다음과 같다: "구약과 신약의 원리에 따라 십일조를 하는 것이 합당하나 너무 "십일조"라는 문자에 얽매여 율법적인 태도로 지킬 것이 아니라 모든 것이 하나님께로부터 왔다는 사실을 믿고 하나님의 은혜에 대한 감사의 마음으로 자원하여 기쁨으로 힘써 드려야 한다는 것이다."

4. 흔들리는 성례

제55회 총회(2005년 9월)는 예배지침 제6장 제26조에 나오는 "학습제도" 폐지 건의를 다루었으나 현행대로 하기로 했다. 학습제도가 초기 한국교회의 상황에서 비롯된 것이므로 폐지하자는 취지이나 총회는 계속 두는 것이 훨씬 유익하다고 판단하였다.

제56회 총회(2006년 9월)는 사직된 목사가 시행한 세례를 인정하는 여부를 두고 해당 교인이 다시 세례받기를 희망하면 줄 수 있는 것으로 가결하였다. 그러나 이는 신앙고백서 제28장 에 있는 대로 '세례의 성례는 어느 사람에게든지 단 한 번만 베풀어져야 한다'는 것과 성례의 효과가 이를 시행하는 사람의 경건에 있지 않고 성령의 역사와 성례 제정의 말씀에 있음을 위배하는 결정이었다. 제69회 총회(2019년 9월)는 고려신학대학원 교수회가 보고한 "지체장애인의 세례에 대한 연구보고서"를 받았는데, 보고서에는 부모가 불신자인 중증 지체장애인도 교인 중에 영적 부모나 후견인을 세워 대신 서약하고 세례를 허락하는 내용이 포함되어 있다. 언약의 유비와 교회론을 그 근거로 제시했다. 일찍이 제60회 총회(2010년 9월)는 중증 지체장애인의 세례 가능성을 신중하게 타진만 했을 뿐인데, 제69회 총회(2019년 9월)는 이를 과장하여 충분한 토론과 검증과정 없이 허락하였다.

제60회 총회(2010년 9월)는 '성찬식의 엄격한 시행'을 확인한 적이 있다. 이는 일부 해외 자매교회가 고신교회의 현 성찬 시행에 관해 총회 섭외위원회에 의구심을 표시한 것에서 발단하였다. 성찬 시행 한 주일 전에 미리 광고할 것과 손님으로 온 자에 대해 엄격하게 하고, 총회와 노회에서 시행할 때 중창단의 찬양을 하는 등 참된 의미를 훼손하는 일이 없도록 하였다.

5. 본래 의미를 되찾은 직원 임직과 혼인, 그리고 기타

최근까지 총회는 교회직원 임직을 주일성수를 이유로 허용하지 않았다(제47회 총회, 제56회 총회). 그런데 제69회 총회(2019년 9월)는 고려신학대학원 교수회의 보고를 토대로 '임직은 하나님께 서약하는 일이며 그 자체가 예배 요소 중 하나이므로' 주일 임직이 가능하다고 결정했다. 직원 임직이 본래 의미를 제대로 찾은 셈이다. 또 동 총회는 세속화되는 결혼의 의미를 성경 원리를 따라 다시 정립하였다. 특히 혼인은 반드시 공적인 서약이 포함되며, 목사의 주례가 없는 혼인을 삼가며 장소는 예배당이 바람직함을 밝혔다.

이 외에도 제37회 총회(1987년 9월)는 장례식 때 하는 헌화는 우상숭배가 아닌 고로 무방하나 혹 양심에 거리낀다고 생각하는 자는 참여하지 않아도 무방하다고 하였고, 제53회 총회(2003년 9월)는 목사 위임식이나 직원 임직식에서 세족식을 시행하는 것을 금하였다.

시대가 변하면 예배와 예식의 모습이 바뀔 수밖에 없다. 하지만 우리 예배는 종교개혁의 정신에 입각하여 은혜의 방편인 하나님의 말씀이 온전하게 선포되고, 성례가 제대로 시행되는 예배, 또한 우리 고유의 문화를 잘 반영한 아름다운 예식을 해야 하겠다. 코로나가 가속화시켰지만 세상이 교회의 예배를 주목하고 있다. 우리는 예배에 목숨을 걸라고 하는 구호를 외치고 있지만 우리 예배가 복채를 내고 하는 무당의 푸닥거리와 하나도 다르지 않다면 어떻게 되겠는가? 하나님이 예배를 닫으시고 흔들어 놓으신 이유가 무엇인지 깊이 헤아려야 하겠다. 우리가 스스로 예배를 지겨워하고, 예배를 통해 우리 욕망을 채우려고 하고, 그래서 예배가 하나의 공연이 되어가고 있지 않은가? 우리 예배와 예식은 계속해서 발전해야 한다. 개신교회의 예배와 예식은 천박하게 보이는데 로마교회의 예식은 아름답고 영적(?)이라고 생각해서 청년들조차 그것에 빠져 들어가고 있다는 것을 뼈아프게 생각해야 하겠다. 예배와 예식이라는 형식 속에 복음을 제대로 담아내지 못하면 우리의 성숙도 세상의 구원도 요원할 것이다. 우리 예배는 하나님을 아는 지식이 자라가야 하겠고, 우리 성례는 표현이 성숙해져야 하겠고, 우리 예식은 더 아름다워야 하겠다. 그래서 세상으로 하여금 저것이야말로 우리가 그리는 예배하려는 모습이라고 말할 수 있다면 좋겠다.

2장

교회질서

고신교회에 속한 교회들은 적어도 성경과 신앙고백과 장로회 정치원리를 토대로 같은 교회의 질서를 따르고 있다. 예를 들어 교회를 설립하고, 분리, 합병, 폐쇄할 때 그리고 교인의 권리와 의무를 인정하고 시행하는 일과 교인의 이명에서, 직분을 세우는 일에서, 당회와 노회, 총회와 같은 치리회의 운영에서, 제직회와 공동의회 운영에서, 공예배와 기도회, 권징 등에서 고신교회는 적어도 같은 질서를 따르고 있어야 한다. 고신교회 70주년을 맞아서 지난 70년을 회고하며 우리가 그동안 얼마나 같은 교회질서를 따라왔는지를 근본적으로 묻지 않을 수 없다. 이는 결국 신앙고백과 교리의 통일성, 믿음의 통일성, 진정한 교회 연합과 직결되기 때문이다. 지난 역사를 제대로 평가해야 여기서 우리의 현재와 미래를 올바로 결정할 수 있다.

1. 교회의 정체성을 지키기 위한 몸부림

진리운동과 개혁운동을 기치로 하는 교회로서 시작한 우리는 1952년 독노회 설립 이후 회개운동이라는 명분으로 한국장로교회에서 분명한 정체성을 가지고 있었다. 그러나 1960년 승동 측과의 합동과 환원을 거치면서 그 이상의 명분을 가져야만 했다. 교회 차원으로 정체성 확립이 규모있게 확대된 것은 제16회 총회(1966년 9월)부터이다. 마침내 제26회 총회(1976년 9월)는 교단의 이념을 확정하였다: "신구약성경과 장로회 표준서들(웨스트민스터신앙고백, 대교리문답, 소교리문답, 교회정치, 권징조례, 예배모범)에 의한 개혁주의 신학을 따라 믿고 전하고 생활한다."

신사참배반대운동을 배경으로 태동한 고신교회의 정체성 확립은 주일성수(45회, 51-53회, 56회, 61회), 단군상 철거(50회에서 59회까지 활동), 국기에 대한 경례 구호 변경 촉구(45-46회, 49회), 최근에는 낙태, 동성애 합법화와 포괄적차별금지법 제정을 둘러싼 사회악법저지운동으로, 또 코로나19가 장기화로 인해 사회적거리두기 일환으로 정부가 요구한 대면예배 제한 조처에 대한 항의와 헌법소원으로 나타났다.

교회의 정체성과 관련하여 지난 70년 동안 끊임없이 우리를 시험한 것은 성도 간 사회법정 송사문제였다. 제23회 총회(1973년 9월)에서 "성도간의 세상 법정 제소는 이유 여하를 막론하고 신앙적이 아니며 건덕상 방해됨으로 하지 아니하는 것이 총회의 입장이다"라고 하였으나, 이후 총회는 마치 시소게임을 하는 것처럼 이유를 막론하고 할 수 없다는 입장과 부득이한 경우는 할 수 있다는 입장이 대립되어 한때는 교단분열을 겪는 아픔을 겪기도 하였다. 그러다가 제65회 총회(2015년 9월)에 고려 측과의 통합으로 인해 이 문제가 정리된다.

2. 신학교와 교단가입, 이단에 대한 태도

고신총회는 교회의 정체성을 무엇보다 목회자를 양성하는 신학교와 신학교의 교수들에게 요구하였다. 신학교수들은 교회의 교사로서 목사후보생에게 바른 교훈을 가르치는 공적 책무를 맡았기 때문이다. 그래서 성령론 문제로 안영복 교수가 학교를 떠나는 일이 발생하였고 이후 이성구 교수와 양낙흥 교수는 총회에서 신학사상을 검증받아야 했으며 종교개혁 500년을 맞는 총회(67,68회)에서는 신학대학원 교수들이 이신칭의 복음에 근거한 신학을 총회 앞에서 천명해야 했다.

타 교단 목사가 고신교회에 가입하는 조건을 어느 교단보다도 까다롭게 하는 것도 정체성의 견지에서 이해할 수 있다. 자격과 절차에서 대학과정과 신학대학원을 졸업한 자로서 본 교단 직영 고려신학대학원에서 30학점을 이수해야 한다는 편목위탁규정(교회정치 39조, 헌법적 규칙 제3장 24조)이 대표적인 예이다. 교회 기반을 지역에 두는 것과 노회 간의 동등성 원리를 중시하는 장로회의 정체성에서 볼 때 제67회 총회(2017년 9월)에서 대대적으로 이루어진 노회명칭과 노회구역조정은 큰 의미가 있는 것이었다.

고신교회의 지난 70년은 진리를 위해 이단과 싸워 온 역사였다고 할 수 있다. 거의 매년 총회는 이단 판정 여부에 대해 다루었다. 이는 교회의 현실이 어떠했는지를 잘 보여주는 단면이다. 몇 가지 총회가 이단으로 판정한 실례를 들면 18회(용문산 나운몽 집단), 41회(지방교회, 복음침례회[구원파], 다미선교회, 대방주교회, 애천교, 김기동 귀신론, 이초석, 이태화, 부활의교회), 45회(다락방), 55회(이만희 신천지) 등이다.

정체성 확립과 관련하여 어떤 경우에는 총회는 대세라는 논리를 따를 때도 있었다. 예를 들어 개역개정성경을 결정할 때 제49회 총회(1999년 9월)에서 신학대학원 교수회의 보고서를 통해 강단용으로는 적합하지 않다는 지적을 받았음에도 제56회 총회(2006년 9월)는 대한성서공회의 요청과 다수 한국교회가 채택하고 있다는 논리로 개체교회의 당회에 맡기는 무책임한 결정을 내렸다. 이때 고신교회는 복음병원 부도라는 고신 역사 초유의 사태에 온통 신경을 쓰고 있었다.

3. 비틀거리는 장로회 정치원리

지난 70년 동안 장로회 정치원리가 크게 흔들린 사례를 들어본다면 우선 각 직분의 동등성 원리를 해치는 경우이다. 장로회 정치원리에 따르면 목사 장로 집사의 존재 기반은 그리스도께서 자기 교회에 주신 항존 직무에 있다. 즉, 목사는 설교와 성례 시행, 장로는 목사와 함께 교인을 권징하는 것이며, 집사는 재정을 관리하며 특히 가난한 자들에게 나누는 것이다. 그런데 집사는 이러한 직무를 수행하지 않고 거의 장로가 되기 위한 발판으로 여겨지고 있으며, 심지어 당회가 본래는 집사들의 고유 직무인 재정감독에 대한 권한을 가지고 있다(교회정치 제121조 10항). 이는 직분이 가진 고유한 직무와 권한을 넘어서고 직분간의 동등성을 해치는 것이라 할 수 있다.

나아가 목사의 동등 원리를 해치는 여러 형태의 조직과 제도, 관행 역시 지적할 수 있다. 대표적인 사례가 바로 같은 목사이면서도 동시에 총회장 한 사람에게 집중된 과도한 권한을 규정한 조항이다. 교회정치 제148조(총회장의 지위와 직무 대리)는 2011년 개정에서 새롭게 신설된 조항으로서 개정 당시 다소 논란이 되었다. 1981년 개정헌법과 1992년 개정헌법은 총회장의 지위에 대해 별도로 특별한 조항을 신설하지 않고, 다만 모든 치리회(당회, 노회, 총회)의 '회장'이라는 명칭으로 묶어서 그 업무를 다루고 있다.

위임목사와 임시목사 제도가 자칫 목사 간의 차별을 가져올 수 있다는 걱정 때문에 위임목사와 임시목사(전임목사) 제도를 폐지하고 담임목사 제도를 신설하자는 청원이 지난 70년 역사에서 끊이지 않았다는 것을 기억할 필요가 있다. 제6차 헌법 개정(2011년)에서 조직교회의 담임목사만이 노회장이 될 수 있다는 교회정치 제130조 제5항을 개정하자는 청원 역시 최근까지 끊이지 않고 있다. 나아가 관행으로 자리 잡은 부목사의 지위 역시 목사의 동등성 원리에서 다시 생각해봐야 한다.

지난 70년의 역사를 되돌아보면 우리 안에 여러 형태의 갈등이 표출되었음을 알 수 있다. 적어도 재판국과 전권위원회의 보고를 통해 이를 알 수 있다. 전권위원회는 특별위원회인데, 43회에서 48회까지 해마다 구성되었고, 58회 59회에서도 구성되었다. 특히 45회부터는 학교법인을 둘러싼 갈등이 구성 배경이 된다. 이는 복음병원의 부도로 인한 고려학원의 사태로 이어지게 되었다.

4. 교회질서 관점에서 우리에게 다음의 과제가 주어져 있다고 하겠다.

같은 교회질서에 반하는 개교회주의를 극복하고, 같은 질서를 통해 예배와 교리의 순전함을 지키고 진정한 믿음의 통일성을 이루어야 한다. 현재 우리 교회 안에 직분 선출이나 예배의 질서 등에서 헌법이 규정하는 같은 질서를 따르지 않고 불법과 편법을 사용하는 일이 허다하다. 개체교회들이 같은 교회질서를 따르고 있는지를 감독하는 교회시찰 기능이 거의 약화되거나 시행되지 않고 있다. 어떻게 하면 교회들이 모두 같은 교회질서 가운데 있으므로 교회의 예배와 교리를 순전하게 지켜갈 수 있을지, 이것이 70년을 지나는 중요한 과제이다.

각 직분과 각 치리회는 고유한 권한과 직무를 넘어 월권을 행사하지 않도록 법적 장치를 마련해야 한다. 아울러 교회 헌법이 규정하는 교인의 권리를 보장해야 한다. 그런데 이와 관련하여 2011년 개정헌법과 1992년 개정헌법이 이전 헌법 1981년 개정헌법은 서술하고 있지만 삭제한 내용이 있다. 즉 "교인은 교회 헌법에 따라 진정, 청원, 소원, 상소할 권리가 있다"이다. 장로회 정치원리에서 교인의 합당한 권리는 아주 중요하기에 앞으로 교회생활에서 교인의 권리가 정당하게 보장될 수 있도록 해야 한다.

우리는 율법주의의 함정에 빠지는 것을 경계해야 한다. 지난 70년의 역사를 교훈 삼아 헌금이나 예배출석 등을 어떻게 하면 단순히 신자의 의무가 아니라, 구원의 감사로 제시할 것인지를 연구하고 제시할 수 있어야 한다. 규정을 위한 규정, 질서를 위한 질서가 아니라, 이 모든 질서가 결국에는 주 예수 그리스도의 은혜에 대한 감사와 주 예수께서 이루신 화평과 거룩을 교회생활에서 더욱 공고히 하기 위한 목적임을 드러내도록 해야 한다.

매년 교회(혹은 노회)의 갈등이 총회에까지 올라오고 있다. 재판국의 판결을 기다리고 있고, 심지어 여기서 그치지 않고 사회 법정에 가기도 한다. 비록 갈등의 배경이나 양상이 다양하겠으나, 이러한 갈등을 해소하고 교회법과 질서의 목표인 화평을 이루기 위해 총회에 교회 내외 갈등을 조정할 수 있는 특별위원회를 두기를 제안한다.

교회질서는 교인들의 교회생활만이 아니라 사회생활을 위해서도 필요하다. 현대사회는 급변하고 있다. 포스트모더니즘이라고 하는 상대주의와 4차산업혁명이라고 하는 디지털혁명이 우리의 삶을 엄청나게 바꾸어 놓고 있다. 이 시대에 고신교회의 정체성을 지키고 계승하는 것이 어떤 것인지를 구체적으로 연구하고 제시하는 것이 반드시 필요하다. 이것은 연구소를 하나 세운다고 해결되는 문제가 아니다. 복음이 총체적이면서 세계관이라는 것을 가르치고 알리기 위한 태스크포스팀이 속히 생겨나야 할 것이다. 신학자, 목회자, 과학자, 사회학자 등이 함께 머리를 맞대고 그때 그때 제기되는 문제에 대해 파악하고 교회에 신속하게 정보를 제공하는 팀이 필요하다. 우리 생활 전 영역에서 하나님의 의와 하나님의 나라를 구하기 위해 동성애와 낙태, 포괄적 차별금지법 반대뿐 아니라 그 이상의 보다 더 근본적인 대안이 나와야 한다.

3장

교회교육

교회는 예수 그리스도의 지상 명령(마태복음 28:18-20)에 순종하여 말씀을 가르치고 지키는 일을 사명으로 삼고 있다. 그렇다면 고신교회는 설립된 1952년 이후 지난 70년 동안 가르치는 사역, 그 가운데서도 '교회교육'을 어떻게 실천해왔을까?[1] 지난 70년간 총회가 이와 관련하여 공식적으로 결정한 내용을 통해 이를 살펴보고자 한다.

1. 교회교육을 담당한 총회 부서: 종교교육부에서 총회교육원에 이르기까지

고신교회는 1952년 9월 제1회 총노회에서부터 조선예수교장로회

---

[1] 우리는 여기서 교회 교육을 기독교교육과 구분하여 교회 안에서 이루어지는 주일학교교육(교육과정 개발, 교과서 개발, 교사 교육 등), 교육 목회, 설교와 예배 등을 다루는 교육으로 이해하고자 한다.

총회 전통을 따라 '종교교육부'를 설치하였다. 종교교육부는 종교교육에 관한 일을 장리(掌理)하는 것이라고 하였다(총 노회 규칙 제24조). 여러 종교가 공존하는 사회에서 '종교교육'이라는 말이 생소하지만 이 용어는 기독교적 배경에서 나왔기에 '신앙교육' 혹은 '기독교 교육'을 뜻한다.[2] 그러다가 제16회 총회(1966년 9월)에서 종교교육부가 교회교육부로 개편된다. '교회교육'이란 교회라는 영역에서 이루어지는 신앙교육(기독교교육)을 가리킨다. 종교교육보다 범위가 훨씬 좁은 개념이다. 종교교육부가 교회교육부로 개편된 것은 당시 한국교회에서 현실적으로 신앙(기독교)교육이 이루어지는 현장이 교회가 거의 유일하다는 점에서, 또 교회교육이 당시 한국교회가 요청하는 기독교교육의 일차적인 과제라는 점에서 이해할 수 있을 것이다. 현실에서 종교교육은 곧 교회교육이고, 교회교육은 주일학교교육을 뜻했다.

교회교육부는 제26회 총회(1976년 9월)에서 교단발전연구위원회의 보고를 받고 신학교육부와 함께 '교육부'라는 이름으로 개편되면서 사라진다. 교육부는 신학 분과, 평신도분과, 교재편찬분과로 나뉘는데 '교재편찬분과'가 앞선 종교교육, 교회교육을 대신하게 되었다. 종교교육이 교회교육으로 축소되더니 이제 다시 교재편찬 업무로 국한된 것이다.

다행히 얼마 지나지 않아 제28회 총회(1968년 9월)는 경기노회, 진주노회, 교육부(교재편찬위원회)의 건의를 받아 교회교육을 전문적으로 관장하는 '총회 교육국' 설치를 허락하지만 인력과 재정 지원

---

2 '종교교육학'은 기독교적 배경에서 교육학이 신학으로부터 해방되는 과정에서 탄생한 것으로, 신학과 교육학 사이에 독자적인 학문 체계로 자리를 잡았다.

이 부족하여 시행되지 못하다가 제32회 총회(1982년 9월)는 전라노회의 건의를 받아들여 시행 중인 조직(총무: 심군식, 간사: 이성구, 위원)에다 위원장 홍반식 박사와 위원 9인을 보강하고 전담 간사 생활비를 예산으로 편성한다. 그러나 교육국 대신 총회 특별위원회인 '교육위원회'로 개편되어 내용에서는 기존과 큰 차이를 갖지 못했다.

제54회 총회(2004년 9월)는 마침내 교회교육의 전문화 시대를 위한 기구로 현 총회교육원 설치를 허락하고 이사회를 구성하여 2005년 1월 17일에 문을 열었다. 제1대 이사장 권용수 목사, 1대 원장 나삼진 목사의 취임으로 시작하여 현재 제10대 이사장 오승균 목사, 제3대 원장 이기룡 목사가 봉사하고 있다. 총회교육원은 21세기 한국교회의 교육목회에 대한 패러다임을 제시하고 여러 분야에서 종합적인 콘텐츠를 제공하면서 고신교회는 물론 한국교회에 큰 공헌을 해왔다. 그러나 초창기 고신교회가 개혁주의 전통을 따라 종교교육을 맡은 부서에서 출발한 점을 잊지 말고 앞으로 교회교육을 넘어 기독교학교를 통한 기독교교육까지 확장되어야 할 사명을 가지고 있다는 것을 기억해야 할 것이다.

2. 교회 교육이념과 교육목적의 제정과 재개정의 실패

제15회 총회(1965년 9월)는 종교교육부의 교육과정심의위원회(1965년 1월)에서 제정한 교육이념과 교육목적을 채택하였다. 현재 고신교회 헌법 예배지침 제33조(주일학교 교육이념), 제34조(주일학교 교육목적)에 실렸다. 이를 시작으로 제16회 총회(1966년)는 표준

문서연구위원회를 결성하여 19회 총회(1969년)에서 신앙고백서와 대교리문답을 고신교회 교리표준으로 채택하고, 또 제26회 총회(1976년 9월)는 고신교회의 이념을 정했다: 「신구약 성경과 본 장로회 표준서들(웨스트민스터 신앙고백과 대소요리문답 교회정치 권징조례 예배모범)에 의한 개혁주의 신학을 따라 믿고 전하고 생활한다」. 한편 총회교육원은 40년 이상 사용한 교육이념과 교육목적을 시대의 요구에 맞춰 보완하기 위해 교육목적 개정위원회를 구성하여 연구를 거쳐 2009년 9월에 예정된 제59회 총회에 교육이념과 교육목적 개정안을 제출하지만 원로목사회 등의 강한 반대에 부딪혀 총회 개회 직전 이를 철회되었다. 당시 개정안에는 '개혁주의' 용어가 빠진 것으로 알려졌다. 2008년-2009년 이때 고신교회 안에서는 '개혁주의' 용어에 거부감이 커진 시기였다. 2008년 7월에 열린 하기목회대학원에서는 '개혁주의를 벗어나야 한다'는 강연과 발언이 있었으며, 앞선 6월에는 태국에서 열린 고신선교포럼에서 '개혁주의가 전부가 아니다'라는 일부 논문이 있었다.

3. 주일학교 교과과정과 교재개발, 그리고 교육목회

제5회 총노회(1956년)에서 유년주일학교(3800부), 장년 공과(500부)가 각각 출판된 이후, 제14회 총회(1964년)는 1966년부터 유년주일학교 공과를 계단 공과로 사용토록 결정하는데 1965년 12월 4일 회의에서 종교교육부는 교육과정을 '생명의 양식'으로 정하고 12월 10일에는 마침내 계단 공과(3권)를 한국교회에서 처음으로 출간하게 된다. '생명의 양식'은 제1차 교육과정(1966-1986)을 시작으로 제66회 총회(2016년)의 개편 사업 승인 허락 후 현재 제6차 교육과정을 개편하고 있다. 교재로는 어린이를 위한 '그랜드스토리' '킹덤스토리', 청소년을 위한 '클릭 바이블 II', 청장년을 위한 '행복한 구역모임' 여름/겨울 계절학기 교재 등이 있다. 특히 어린이부터 장년에 이르기까지 여러 종류의 큐티 교재를 만들어 말씀 묵상 운동을 벌이는 것은 고신교회의 특색을 잘 살린 것이며, 교사와 평신도 리더십 계발을 위해 교사대학, 성경대학, 교리대학을 운영하고 있다. 그 외 총회교육원은 현재 교육목회라는 패러다임으로 평생교육, 교육지도자 양성, 기독교교육 출판사역, 교육정책 개발도 하고 있다. 특히 4차 산업혁명과 코로나의 도전에 맞서 스튜디오K를 열고 활동을 시작한 것은 고무적인 일로 보인다.

교육원이 발행하는 학습, 세례(입교) 교육 및 문답서와 기존 단계별 교육 교재 사이에 연계가 부족한 것은 보완해야 한다. 현재 교회 어린이, 청소년이 과거와 달리 대부분 유아 세례자인 점을 염두에 둘 때 그렇다. 사실 교회교육은 유아 때 받은 세례로 시작하여 성찬에 참여하는 것 사이에 있다. 이 점에서 별개로 발행되는 과정과 교재를 일원화할 필요가 있다. 나아가 교회역사에서 전통적인 교육자료로 사용해온 교리문답 등을 충분히 활용해야 한다. 교리문답은 사도신경과 주기도, 십계명으로 성경을 요약한 것이다. 이를 잘 활용하고 여기에 현대적 적용을 강화하면 좋을 것이다. 은혜의 방편, 성례, 공예배, 교회, 현대 윤리적 문제(동성애, 전쟁, 낙태, 이혼 등) 등의 교육도 보충되어야 할 것이다.

4. 교육사 제도의 불발

제43회 총회(1993년)는 교단발전연구위원회의 보고를 받고 교회 교육전문인 양성을 위해 '교육사' 제도를 신설하고 고신대학교 교육학과는 물론 타 학과 출신에게 기회를 주고 이를 계속 연구하기로 하였으나(제45회 총회 역시) 불행하게도 이 결정은 곧 사문화되고 만다. 이는 교육사를 지망할 남학생들이 대부분 신학대학원을 더 선호하는 현실을 감안하지 못한 것이었다.

5. 총회교육원의 흔들린 위상

제59회 총회(2009년)에서 시작한 총회구조조정으로 총회교육원의 위상은 크게 흔들렸다. 기존의 회계, 재정, 출판 업무가 타 부서로 이관되고 교육원은 교육연구, 교재개발 업무만 하도록 한 것이다. 이에 적극적으로 응하지 않는 나삼진 교육원장에 대해 제62회 총회(2012년)는 총회감사부의 요청으로 총회특별처리위원회를 설치하고, 총회인사위원회의 결정으로 2014년 3월 25일부로 해고 결정을 내렸다. 당시 나삼진 원장은 2013년 7월 31일로 임기 만료가 되어 제63회 총회(2013년 9월)에서 새로운 임기 인준을 가까스로 통과하였다. 이에 제64회 총회(2014년)에 5개 노회가 나삼진 원장 해임의 정당성을 질의하지만 총회는 해임 절차가 적법하다고 결론 내렸다. 총회구조조정에서 빚어진 참으로 안타까운 일이었다. 4년 후 제68회 총회(2018년)는 늦었지만 28년 6개월 동안 간사와 원장으로서 한국교회와 고신교회의 교회교육에 봉사한 나삼진 목사에게 공로패를 전달하였다. 앞으로 총회는 기독교교육과 교회교육의 전문화를 위해 총회교육원에 인사와 재정은 물론 아낌없는 지원을 해야 할 것이다.

고신교회는 총노회로 출발할 때부터 교회교육에 크게 신경을 써 왔다. 고신교회의 출발이 개혁주의 원리에 근거한 회개운동과 신학 교육으로부터 출발했으니 당연한 것이라고 하겠다. 현재 고신교회의 교회교육은 총회교육원이 총괄하고 있는 바 코로나시대를 맞아 부모교육, 그리고 온라인교육, 더 나아가 평생교육으로 방향전환을 하고 있다. 이런 방향전환은 바람직하지만 인력부족으로 너무 과중한 업무에 시달리고 있다. 우리는 원래 교회자녀들의 신앙교육에 대한 일차적인 책임이 부모에게 있고, 대에 대를 이어서 신앙을 고백하는 언약교육이라는 것을 알아야 하겠다. 지금까지는 주일학교의 성장이 교회의 성장을 견인했지만 이제는 부모가 자녀를 주일학교에 맡겨 버리고 있기 때문에 부모가 자녀에게 신앙을 전수하는 일을 막고 있다. 그러므로 앞으로 교회교육은 교회가 부모와 함께(더 나아가 기독교학교도 만들어서) 성경교육을 근간으로 하되 평생 교회의 사람으로 살아갈 수 있도록, 그리고 다원화되고 복음을 적대시하는 세상 속에서 복음이신 그리스도를 고백하며 살아가도록 도와주는 것이 무엇보다 중요하겠다. 교회가 고백하는 교회가 되어야 하듯이 교육도 고백하는 교육이 되어야 하겠다.

4장
신학교와 목회자 교육

여기서 말하는 신학교육은 좁은 뜻에서 고신교회(총회)가 직영하는 고려신학대학원(전신-고려신학교)을 통해 목사 후보생에게 시행하는 신학교육을 가리킨다는 점을 미리 밝힌다. 주 예수님은 이 세상에 계실 때 교회의 대표들인 사도들에게 "그러므로 너희는 가서 모든 민족을 제자로 삼아 아버지와 아들과 성령의 이름으로 세례를 베풀고 내가 너희에게 분부한 모든 것을 가르쳐 지키게 하라"(마태복음 28:19-20)고 하셨다. 즉, 주님은 자기 교회에 말씀을 주시고 이를 지키고 가르치며 전하게 하셨다. 바로 이 사명을 이루기 위한 신학교육을 고신교회는 지난 70년 동안 어떻게 감당해왔을까?

1. 변질된 교회 회복과 신학의 올바른 정체성 정립을 위한 고려신학교 설립(1946년 9월 20일), 그리고 고신교회의 시작(1952

년 9월 11일)

1946년 9월 20일에 부산에서 개교한 고려신학교 설립은 순교적 이상을 가진 분들이 옥중에서 구상한 이상의 실현이었다. 그 주역을 맡은 이들은 주남선 목사와 한상동 목사이다. 이들의 목표는 분명했다. 변질된 교회 회복과 신학의 재정립이었다. 일제 강점기 동안 교회의 최고 치리회인 총회(제27회, 1938년)가 공적으로 신사참배를 결정함으로 배교한 교회의 재건과 개혁주의 신학의 정통을 계승하기 위한 신학교 설립은 필연적이었다. 이것이 고려신학교의 교육이념에 고스란히 잘 담겼다: "신구약 성경이 하나님의 말씀이니 신앙과 본분에 대하여 정확무오한 유일의 법칙임을 믿고, 그대로 가르치며 또 장로회 원본 신조인 웨스트민스터 신앙고백의 교리대로 교리와 신학을 가르치고 지키게 하여 생활의 순결과 순교적 이념으로 교역자 양성을 목적으로 한다." 그런데 해방 후 총회의 주도권을 장악한 이들이 세를 규합하여 고려신학교를 해체하기 위해 모든 노력을 기울이던 중 제36회 총회(1951년 5월)가 경남(법통)노회를 총회에서 축출하는데, 이에 경남(법통)노회는 조직을 정비하고 장로교회의 헌법과 정신을 따라 독자적으로 교회를 재건하기 위해 1952년 9월 11일 진주 성남교회에서 모인 제57회 정기노회에서 총노회 조직을 결의하고 10월 16일에 총노회 발회식을 가짐으로 한국장로교회에서 고신교회가 시작되었다. 고려신학교는 처음에는 경남노회와 나중에는 고신교회와 서로 불가분의 관계를 맺고 협력해 왔다. 둘 다 개혁주의 신앙과 신학으로 교회를 재건하려는 공통의 목표가 있었기 때문이다. 제26회 총회(1976년 9월)는 고려신학교의 설립 배경과 교육이념 연장선에서 고신교회의 이념을 다음과 같이 결정했다: "신구약 성경과 본 장로회 표준서들(웨스트민스터 신앙고백과 대소요리문답 교회정치 권징조례 예배모범)에 의한 개혁주의 신학을 따라 믿고 전하고 생활한다." 따라서 지난 고신교회 70년의 신학교육 평가는 이 기준으로 이루어져야 한다: 설립 정신과 교육이념, 교단 이념이 얼마나 교수와 직원과 학생, 교육과정, 교육 방식, 학교생활에 나타났는가? 또 이 학교에서 신학교육을 받은 목사들의 강단에서 얼마나 좋은 열매를 맺어 왔는가?

2. 교회가 신학교육의 주체가 되다: 교회(총회) 직영 신학교 결정

신학교육을 담당하는 고려신학교는 비상한 상황에서 사립 학교로 출발하였다(1946년). 그러다가 18년 후인 제13회 총회(환원 총회, 1963.9)를 지나 제14회 총회(1964년 9월 22일)에서 마침내 교회(총회) 직영 신학교로 결정하였다. 신학교는 교회의 학교가 되는 것이 성경의 원리이기 때문이다. 신학교는 말씀을 전할 사역자를 양성하여 교회를 봉사하는 기관이다. 말씀을 증거하는 사명이 교회에 주어졌다. 경기노회의 건의와 고려학원 이사회(이사장 황철도 목사)의 건의를 받아서 총회는 각 노회가 파송하는 이사로서 총회 직영 첫 이사회를 구성하고, 신학교의 운영비를 각 노회에 할당하기로 결정했다(당시 7노회에 148,000환 결정). 신학교육을 위해 교회와 노회가 물질을 책임지기로 한 것이다. 이로써 신학교육의 주체는 고신교회가 되어 총회는 현재 고려학원 이사회와 신학위원회를 통해 각각 신학교육을 여러 형태로 실질적으로 감독해 왔다. 총회가 2022년 현재 기준으로 신학대학원을 위해 해마다 9억을 지원하는 것은 다른 신학교에서 유례를 찾아볼 수 없다. 교회와 신학교의 유기적 관계는 신학교의 학생은 반드시 지역 노회의 추천, 청원을 통해 입학과 수학을 하고(제50회 총회, 2000년) 또 제60회 총회(2010년 9월)가 재학생이 소속한 노회 참관을 의무사항으로 한 것과 목사후보생의 학교생활도 노회가 감독하게 한 것과 신학교육을 담당하는 신학교의 교수를 지역 노회로 배당하도록 결정한 것에서 볼 수 있다(제43회 총회, 1993년 9월).

고려신학교가 1971년에 고려신학 '대학'으로, 1980년 10월에는 다시 일반기독교대학인 고신대학으로 바뀌면서 교회와 신학교의 관계에 부정적인 결과가 나타나 신학교에 대한 교회의 관심이 점차로 줄고 재정후원에 큰 타격이 있기도 했다. 이에 제38회 총회(1988년 9월)가 신학대학원과 고신대학을 분리하기로 결정하므로 고려신학교의 고유한 정체성을 회복하고자 했다. 제43회 총회(1993년 9월)가 학교법인 고려학원과는 별도로 목사 양성기관인 고려신학대학을 단설 신학대학원으로 추진하기로 했음에도 안타깝게도 아직 실현되지 못하고 있다. 이는 앞으로 설립 70년을 지나는 고신교회의 남은 과제일 것이다.

3. 시련과 시험을 겪는 신학교육

신학교육과 관련한 고신 교회의 70년 역사는 밝지만은 않았다. 고려신학교가 이따금 시험과 시련을 겪을 때마다 신학교육도 적지 않은 해를 입었다. 예배당 소송을 둘러싼 신학적인 의견 대립으로 인한 박윤선 교장의 일시적 사임(1956년), 주일성수 견해 차이로 겪은 박윤선 교장 해임과 학교의 시련(1960년), 교단 합동과 환원으로 인해 위협받은 신학교 존립(1960-1963년) 외에도 신학교의 외형 확장 과정에서 비롯되어 편법으로 인가받은 학교법인 사건(1967년)과 이후 신학교의 여러 소요, "법적 이사장" 문제로 겪은 대립과 분열(1972년), 교회의 동의 없는 기독교 일반대학으로의 변신(1980년), 영도 제2캠퍼스 조성을 둘러싼 의견의 대립(1984-1985년) 등이 그것이다.

1969년 서울로의 신학교 이전 건의가 있은 지 27년 후인 제36회 총회(1986년 9월)에서 최종 결정을 하고 마침내 1998년에 천안으로 이전함으로 이로 인해 신학교는 최고의 교육시설을 확보하고 이를 계기로 지방신학교가 정리되고(제39회. 1999년) 신학교 교육의 단일화가 이루어졌다. 장소나 건물 자체가 자동으로 최고의 교육을 보장하는 것은 아니기에 교수들은 개혁주의 신앙고백과 성경 원어를 강조하며, 제43회 총회(1993년) 결정으로 기숙사를 정비하여 전 신입생에게 기숙사 입사를 의무화하여 새벽기도와 매년 성경 일독 이상의 훈련을 강화하였다. 또 신학교육의 단일화를 위해 타 교단 목사가 본 고신 교회에 가입할 때는 자격과 절차에서 대학과정과 신학대학원을 졸업한 자로서 본 교단 직영 고려신학대학원에서 30학점을 이수해야 한다는 편목위탁규정(교회정치 39조, 헌법적 규칙 제3장 24조) 외에도 어떤 경우는 신학대학원이 해당 목사가 수료한 신학교육을 심사하여 30학점 이상을 이수하도록 규정하기도 하였다.

고신교회의 정체성과 관련하여 성령론으로 인해 안영복 교수가 학교를 떠나는 일도 있었다고(1992년). 이후 이성구 교수와 양낙흥 교수는 오랜 시간 동안 총회에서 신학사상을 검증받아야 했다. 종교 개혁 500년을 맞는 제67회 총회(2017년 9월)와 제68회 총회(2018년 9월)에서 교수들이 이신칭의 복음에 근거한 신학을 총회 앞에서 천명해야 했다. 이로 인해 신학교육을 받는 학생들은 큰 혼란을 겪지 않을 수 없었다.

4. 화란개혁교회의 영향과 공교회적인 신학

신학교육을 말할 때 화란개혁교회를 빠뜨릴 수 없다. 미국 정통장로교회 선교사 한부선, 하도례 교수(1953년-1987년)와 미국 장로교회에 속한 현요한 선교사와 신내리 선교사 등도 큰 기여를 했다. 그런데 화란개혁교회는 1969년에 고신교회와 정식 자매교회 관계를 맺은 이후 신학교를 위해 매월 미화 500불, 상당한 수의 책을 기증하고 후원했으며, 고려신학교의 송도 새 캠퍼스 신축(1975년)에 미화 약 25만불을 지원하였고, 1980년에 고재수 교수와 박도호 교수 선교사를 파송했다(약 10년간). 또 장차 교수가 될 유학생 지원을 아끼지 않았고 이로 인해 화란개혁교회의 신학이 고신 교회 신학교육에 큰 영향을 미치게 되었다. 이로써 고신 교회는 훨씬 더 공교회적인 신학을 추구할 수 있게 되었다. 안타까운 것은 많은 목사들이 화란개혁교회와 신학에 대해 우호적인 태도를 보이지 않고 있는 것이다. 이것은 화란개혁신학이 교회성장에 아무런 도움이 되지 못한다는 생각 때문일 것이다. 교회와 설교단이 신학의 장이어야 하는데 이제는 그것이 도리어 부메랑이 되고 있는 것을 본다. 온갖 이단사설이 교회안에 활개를 치고 있으니 말이다.

지금 신학교육은 이전보다 훨씬 더 큰 역사적, 시대적 도전에 직면해 있다. 무엇보다 신학교에 진학하는 학생 수가 급감하고 있고 이에 재정문제도 생각하지 않을 수 없다. 이것은 현재 교회의 상황과 미래의 모습을 그대로 반영하고 있는 것이다. 이는 거대한 시대적인 흐름이기에 장기적이고 근본적인 대책을 수립해야 한다. 무엇보다도 신학교육 내용이 신학교 설립 목표에 충실한지를 항상 성찰하며, 급변하는 상황 속에서 신학교육 방법도 고민할 필요가 있다. 예를 들어, 성경원어를 제대로 익힐 수 없는 목사후보생들이 많은데 성경원어를 끝까지 고집해야 한다면, 이에 맞는 현실적인 방안을 찾아야 한다. 목사직을 직업에 비유하는 것이 좀 그렇지만 신학대학원은 직업양성소라고 보면 된다. 목회 현장과 신학교육의 밀접한 교류가 필요하다.

지금까지 신학교육은 목사 후보생 양성에 주로 초점이 맞추어져 있었으나 여성들을 위한 신학교육의 중요성과 필요성도 계속 증가하고 있고, 신학교육에 대한 교인들의 관심도 높아지고 있고 무엇보다 목사 재교육도 주기적으로 해야 한다. 신학교육에서 이를 어떻게 수용하고 해결할 것인지가 큰 과제이다. 마지막으로, 우리는 화란의 개혁신학자 바빙크가 '교회없는 신학은 죽고, 신학없는 교회는 시들고 만다'고 한 말을 항상 새겨야 하겠다.

5장

직분자 세움과 교육

목사, 장로, 집사는 각각 자기 직분에 고유한 항존(恒存) 직무를 가지고 있다. 목사는 설교와 성례 시행, 장로는 권징(勸懲), 집사는 구제와 나눔의 직무를 가지고 하나님의 교회를 돌보고 다스리는 자들이다(권사는 집사의 직무를 돕는 자다). 이들은 교회에서 영적 정부를 구성하는 영적 통치자로서 세상 정부를 구성하는 통치자와 비교된다. 그런데 세상의 통치자가 자기 직무와 관련하여 끊임없이 배우고 준비하는 것처럼 영적인 통치자인 교회 직원은 직무와 관련해서 얼마나 배우고 준비할까? 신학교를 졸업하고 강도사로 훈련을 마친 후에도 목사는 물론, 장로와 집사(권사 포함) 역시 진실하게 자기 직무를 잘하기를 바란다면 회중의 선출을 받고 당회나 노회가 주관하는 고시를 치고 6개월 이상 직무 교육을 받고 임직했음에도 교회에서 수행하는 항존 직무와 관련하여 항상 부족함을 느낄 것이다. 더구나 항상 변하는 시대에서 교회 항존 직원의 직무 내용과 형식, 방법은 늘 도전을 받아 왔다. 이 점에서 교회 직원은 임직 후에도 어떤 식으로든 직무 교육이 계속 필요하다. 고신교회는 지난 70년 동안 개혁주의 교회 건설의 목표를 위해 교회를 돌보고 다스리는 자인 직분자 교육의 중요성을 알고서 어떻게 이를 시행해 왔을까?

1. 목회자 교육

목회자의 연장 교육 필요를 느끼고 총회가 이를 위해 고신대학교 부설로 <하기 목회자 대학원>을 상설기구로 공적으로 결정한 것은 고신교회 설립 32년째 되는 제35회 총회(1985년)였다. 사실 이는 제34회 총회(1984년)에 건의된 것으로 1년 연구 후에 나온 결정이었다. 물론 이보다 앞서 제30회 총회(1980년)가 교육부(부장 박정덕 목사)의 청원을 받아들여 세계적으로 목사 재교육을 실시하는 시대적 흐름에 따라 본 교단 목사의 자질 향상을 위해 2년 이수 연한으로 목회학 석사와 신학석사 학위를 수여하는 목사신학연수원을 결정한 적이 있었다. 제35회 총회(1985년)는 하기 목회자 대학원 개설을 결정하면서 첫째, 매년 여름 방학 시즌을 이용하여 적절한 시간과 프로그램으로 하기 목회자 대학원을 상설기구로 개설하고 학위에 필요한 시간을 이수하고 학점을 취득한 자에 한해서는 학위를 수여하도록 하고, 둘째, 사무 처리는 고신대학원이 담당하되 기타 사항은 신학부와 합의하여 진행하기로 하며. 셋째, 본 교단 목사는 지적 성장을 위하여 의무적으로 교육을 받도록 가결했다. 당시는 소위 교회성장세미나, 제자훈련 등이 한국교회에 유행처럼 번질 때였다. 바로 이때 총회가 고신교단의 신학과 정체성에 맞는 목회자 교육을 공적으로 결정하고 시작한 것은 적절하였다. 제36회 총회(1986년) 회록을 보면 제2회 하기목회대학원은 1986.6.23.-7.4에 두 주간 동안 고신대학 송도캠퍼스에서 열려 이근삼 박사 외 14명의 강사가 수고했고, 총 348명이 등록하였다고 나와 있다(이 중에서 고신 목회자는 274명으로 총 78.7%).

개설된 지 10년이 될 때 총회(제43회 총회, 1993년)는 참석 유도를 위해 숙식비 외 비용은 총회가 담당하기로 했고, 제45회 총회(1995년)는 목회자의 관심을 끌 주제와 강사진들로 교육과정을 새롭게 추진하고 또 3년마다 1회는 의무교육과정으로 개편하기로 하였다. 그러나 목회자 연장 교육이 제대로 규모를 갖춘 것은 제49회 총회(1999년)와 제51회 총회(2001년)를 거쳐 제54회 총회(2004년)가 고려신학대학원장 한진환 목사가 제출한 "목회자연장교육 청원"이 허락되고(졸업 후 5년 이내에 1회, 다음 5년 이내 1회, 각 회당 3시간씩 의무교육), 제55회 총회(1995년)에서 목회자 연장 교육의 주관처가 신학부임을 확인한 후에 고려신학대학원이 주도하여 2008년부터 본격적으로 신학위원회와 이 문제를 의논하면서 시작되었다. 신학위원회가 주최하여 2009년 6월 16일에 경주문화회관에서 열린 하계목회대학원에서 목회자연장교육 설명회가 개최되고 이후 <목회대학원> 이름으로 신학위원회와 고려신학대학원의 공동주관으로 목회자 재충전과 깊이 있는 성경 연구를 목적으로 2010년 1월부터 1년에 2회(동계, 하계) 열렸고 2016년에는 4년 8학기 제도가 정착됐다. 그런데 일부 목회자에게는 참석 경비가 부담스러울 수 있었다. 목회대학원 참석자에게 등록비를 해당 노회가 지원하도록 요청한 헌의안에 대해 제61회 총회(2011년)는 각 노회 형편대로 할 것을 결정했다. 제65회 총회(2015년)는 신학대학원을 졸업한 지 10년 차 되는 목회자는 의무 참석을, 특히 이들은 개체교회가 참석할 시간과 예산을 지원할 것을 결의하였다.

고려신학대학원을 중심으로 목회자 연장 교육이 점차 규모를 갖추어 가는 것과 달리 2010년대에 한국교회 전체에 목회자의 설교 표절 문제가 수면 위로 부상하면서 급기야 고신 총회에도 "설교 표절에 대한 대책 마련 청원"이 제기되었다. 이를 1년간 연구한 신학위원회는 제67회 총회(2017년)에서 각 노회가 목회자의 설교 표절을 감독할 것과 특히 목회대학원 수강을 통해 자기 발전을 위해 노력할 것을 결정했다.

목회자의 자질 관련 청원이 총회에 여러 번 제기되었다. 사실 이는 목회대학원의 교육만으로 해결할 수 없는 보다 더 근본적인 일이다. 제68회 총회(2018년)와 제17회 총회(2021년)는 각각 목회자의 자질 향상을 위한 대책 청원에 대해 신학대학원이 이 점을 고려하여 바르게 교육하도록 결정하였다. 제71회 총회(2021년)에는 고려신학대학원의 학생 일부만 받는 논문 작성 지도를 전원에게 확대하자는 청원이 들어왔다. 그 취지는 목회자가 이단적인 가르침에 대응하는 등 다양한 주제에 관해 자기 소견을 글로 표현하는 능력을 갖추게 하는 것이었다. 고려신학대학원을 졸업한 강도사의 교육 문제도 총회에서 다루어졌다. 그러나 제56회 총회(2006년)에서 현재 총회가 시행하는 교육을 해당 노회로 이관할 것을 요청하는 청원과, 제68회 총회(2018년)에서 미래정책위원회가 요청한, 총회 신학위원회가 현재 주관하는 강도사 교육의 표준화 건의를 각각 기각함으로써 이 사안을 좀 더 깊게 논의하지 못했다.

제71회 총회(2021년)에서도 목회자 연장 교육에 대한 청원이 헌의되었다. 이는 기존 목회대학원 제도 개선을 요구한 것이기도 하다. 안건의 핵심은 기존 하기목회대학원 외에 목회자의 자질 향상을 위해 정기적인 교육을 시행할 것과 이를 위해 <목사장로아카데미>를 총회에 조직하여(3년조) 목회자는 7년마다 30시간을 의무적으로 이수하도록 하고 이를 이행하지 않을 시 노회 임원과 총회 총대 자격을 주지 말자는 것이다. 즉 목회자 교육을 더 강력하게, 실질적으로 시행하자는 것이다.

2. 장로, 집사, 권사 교육

장로, 집사, 권사로 피택되고 나면 <교회정치>에서 정한 질서대로 (제68조, 79조, 88조) 각 교회에서 6개월 정도 교육을 받는다. 총회가 목사를 제외한 직분 교육에 규정한 것은 이것이 전부다. 6개월 이상 교육받는 것만 정할 뿐 교육의 형태와 내용, 방식에 관해 총회가 한 것이 거의 없다. 이 모든 것을 개체교회 당회에 다 맡겼다. 교육 시행은 개체교회 당회가 주관할지라도 교육 내용과 자료, 교재 편성은 적어도 고신 교회 안에서 표준화된 직원 교육을 위해서라도 총회가 주관하는 것이 마땅하다. 그런데 고신교회 70년 동안 총회가 장로를 비롯하여 집사와 권사를 위한 직무 교육에 관해 결정한 것은 거의 없다. 이들의 선출, 자격, 임직 등 문제만 다뤘을 뿐이다. 다만 지난 제71회 총회(2021년)에 목회자 교육과 함께 장로도 정기적인 교육이 필요하며 5년마다 15시간을 의무로 이수하고 이를 이행하지 않을 시 노회 임원과 총회 총대 자격을 주지 말자는 안건이 올라왔다. 여기에도 집사와 권사를 위한 직무 교육은 배제됐다. 집사와 권사의 직무를 위해서는 직무 교육이 필요 없다고 생각하는 것이 큰 문제다. 그래서 교회마다 항존 직무가 없는 집사와 권사가 늘고 있는지 모른다.

또 직분자가 피택 후 6개월 이상 교육을 받지만 교육의 질이 각 교회 형편과 수준에 따라 다르다는 것이 큰 문제다. 수도권 지역은 최근 고신신학원이 장로고시반을 운영하면서 각 교회가 다르게 시행함으로 나타난 단점을 어느 정도 해소하였다. 그러나 대부분 지역은 노회 설립 평신도신학원이나 혹은 총회교육원에서 시행하는 성경대학, 교리대학에 맡기는 실정이다. 이렇게 해서는 통일되고 표준화된 교육내용과 질을 보장하기가 어렵다.

장로는 항존 직무를 제대로 하고, 당회원으로서 예배와 심방과 교육과 기타 영적인 일을 총찰하기 위해 끊임없이 배워야 하지만 임직 후에는 이렇다 할 교육이 없으며 교육을 받으려는 의지가 약하다. 이미 다 되었다고 생각해서 오히려 생각이 고착되는 경우가 많다. 연합회 수련회나 모임에서 강사가 가르치는 것과 동료 장로가 전수하는 것에서 배우는 것으로 만족한다. 집사와 권사도 마찬가지로 임직 후에는 이렇다 할 교육이 없다. 각 교회에서 매년 초 제직 세미나를 하는 게 전부다. 물론 직분자가 아닌 일반적인 교육은 교회에서 받고 있다(설교, 성경공부, 제자훈련 등). 그런데 이에 못지않게 중요한 것은 직무 교육이다.

목사는 졸업 이후 지속적인 공부와 교육을 받을 수 있는 체계적이고도 지속 가능한 커리큘럼이 필요하다. 신학대학원 교수회는 신학대학원에서의 수업 방식이 졸업 이후에도 스스로 공부할 수 있도록 개선할 필요가 있으며 그런 방향을 지도해 주어야 한다. 신학대학원 시절에 읽어야 할 책, 즉 과제가 아니라 지속적인 공부를 위한 추천 도서를 제공해야 한다. 노회나 시찰회 중심으로 성경 연구 시간과 독서 방식을 공유하는 체계를 마련해 줄 필요가 있다. 스스로 점검하기란 어렵다. 서로 자극을 줄 수 있는 제도가 마련되어야 한다. 노회 고시부에서 목사고시 논문으로 제출하는 주제를 소재로 노회원들이 토론할 수 있는 장을 노회 후에 마련하는 것도 좋은 방법이 될 것이다.

장로, 집사, 권사의 경우 먼저 총회 차원에서 이들의 직무 교육을 위한 표준화된 교육내용과 교재개발을 서둘러야 한다. 나아가 할 수 있다면 수도권처럼 고신신학원과 유사한 형태를 지역별로 구성하여 임직 전후로 정기적으로 교육하는 것도 필요하다.

6장

개혁주의와 전도

개혁주의는 어떻게 전도할까? 전도와 관련하여 고신교회 70년을 어떻게 평가해야 할까? 고신교회는 1952년 9월에 발회한 제1회 총노회부터 전도부를 두어 전도에 관한 일을 맡겼다(총노회 규칙 제22조). 그런데 본격적으로 고신교회가 교단 차원에서 전도계획을 수립하고 시행한 것은 23년 후인 제25회 총회(1975년 9월)가 구성한 교단발전연구위원회를 통해서였다.

1. 5차 5개년 교회증가계획(1976년-2000년)

제25회 총회(1975)는 성도 간 송사 문제로 교단 분열의 아픔을 겪은 총회였다. 교회 수가 1972년에는 566개이던 것이 453개로 대폭 줄었다. 이때 고신 교회의 새로운 도약을 위해 구성한 교단발전연구위원회는 1년 동안 준비하여 교단의 미래정책을 제26회 총회(1976년 9월)에 보고하는데, 그중 하나가 바로 장기적인 전도 정책이었다. 당시 5차례의 5개년 경제개발계획을 연상시키는 5차례에 걸친 5개년 교회증가 계획(총25년)이었다. 먼저 제1차 5개년(1976-1980) 계획으로 연 20개 교회를 설립하여 총 700개 교회로, 제2차 5개년(1981-1985) 계획으로는 연 30개 교회 설립으로 총 850개 교회로 성장하며, 제5차 5개년(1996-2000) 계획이 마치는 2000년도가 되면 연 100개 교회 설립으로 총 1,950개 교회로 성장하는 목표를 세웠다. 이를 위해 교인 200명 이상이나 경상비 1,500만 원 이상 교회는 1개 교회를 개척하고, 교회 경상비가 800만 원 이상 되는 교회는 2개 교회가 연합하고, 500만 원 이상 800만 원 이하 되는 교회는 4개 교회가 연합하여 1개 교회를 세우도록 권장하였다.

교회증가 계획에 필요한 재정 확보를 위해 제28회 총회(1978년)는 전국 교회를 대상으로 매년 1,000원 회원 모집, 전도 주일(11월 첫 주일) 100원 이상 연보를, 제33회 총회(1983년)는 교단의 취약 지역인 대전, 전주, 충주에 교회를 세우면서 세례 교인은 매년 1,000원 이상을 헌금하여 지원할 것을, 제36회 총회(1986년)는 개교회마다 예산의 10%를 전도비로 책정하고 전라지역에 교회를 설립하기로 결정했다. 제37회 총회(1987년)는 전도와 교회 개척 협조를 위해 전국남전도회연합회 창립을 허락하고, 제38회 총회(1988년)는 미자립교회의 지원을 위해 도시 노회와 약체 노회와 연결을 했으며, 제39회 총회(1989년)는 익년 1990년을 교단 전도의 해로 정하고 「2000 교회 운동」을 전개하며 전도훈련과 영성 훈련을 위해 전도훈련원을 결의했다. 또 전도 영역 확대를 결정했으며(터미널 선교, 운전 선교 등), 제40회 총회(1990년)는 전국교회가 기간을 정해 총력전도(10.21~12.16)를 시행하고 50개의 교회 개척을 결정했다(1억 재정 규모의 교회는 3년에, 2억 이상 재정 규모의 교회는 1년에 각각 1개 교회). 마침내 5차 5개년 교회증가계획이 마치는 2000년인 제50회 총회에 보고된 교세 통계를 보면 교회 수는 1,466개(교인 수는 293,448명)로, 25개년 교회증가계획을 처음 수립한 1975년 당시 453개에 비해 약 1,000개의 교회가 증가되었다. 비록 목표한 2,000개 교회에는 미치지 못했으나 최선을 다했다고 할 수 있다.

2. 2020-3000 교회 운동(2001년-현재)

새 천년을 맞아 제51회(2001년) 총회는 교단의 제2 창출을 목표로 미래정책연구위원회에서 제시한 「3000 교회 운동」을 허락하지만 이전과 다른 특별한 지원 방안이 제시되지 않음으로 이 운동은 제대로 가동되지 못했다. 제52회 총회(2002)가 전도부에 유급 전담 총무 1인을 두기로 하고, 또 총회 규칙을 개정하여 기존의 전도부를 전도선교부(국내전도위원회, 세계선교위원회, 북한선교위원회, 특수선교위원회, 정보통신위원회, 군경목선교위원회, 농어촌위원회, 전국남여전도회연합회지도위원회)로 확대하지만 역시 마찬가지였다.

제57회 총회(2007)에서 고신 교회에 속한 세례교인이라면 매년 1인당 1,000원 헌금을 의무로 정하고 이를 총회 상회비와 함께 납부할 것을 결정하는데, 이로써 모든 개척교회에 1,000만원의 지원금을 제공하는 등 교회개척에 큰 동기를 부여함으로써 비로소 이 운동이 본격적으로 시작되었다. 이때 교회 수는 1,670개, 세례교인 수는 26만3천 명이었다. 총회는 우선 2008년-2012년에는 350개 교회를 개척하여 총 2,000개 교회를 세울 것을 목표하고, 2013년-2017년에는 1,000개 교회를 개척하여 총 3,000개 교회를 세우는 목표를 정했다. 이를 위해 익년에 열린 제58회 총회(2008년)는 개척교회 준비를 돕는 개척교회훈련원 개최를, 제59회 총회(2009년)는 「3000교회 100만 성도 운동」으로 개칭을, 제60회 총회(2010년)는 매년 세례교인 1인당 2,000원 전도 헌금 배정을 각각 결정했다.

「3000교회 100만 성도 운동」은 특히 2010년을 기점으로 인구감소와 교회 신뢰도의 추락, 세속화 등의 배경으로 교인감소라는 큰 암초를 만나지만 그럼에도 계속 이어져 해마다 약 30개 교회가 세워졌다. 전도국 설치(제65회 총회, 2015년)가 고려되고, 교회별 개척교회 운동(제68회 총회, 2018년)에 다시 박차를 가했지만, 일각에서는 본 운동을 재고하자는 목소리가 끊이지 않았고 마침내 제64회 총회(2014년)에는 이것이 헌의안으로 제출되기도 했다. 총회는 악조건에서도 활발하게 교회 개척 운동이 일어나고 있는 것에 유의하며 이를 계속 전개하기로 하였다. 새천년 시작으로 전개한 「2020년-3,000교회 100만 성도 운동」은 본래 목표인 2020년을 넘은 현재 2022년인 지금도 계속 진행 중이다. 2021년 9월(제71회 총회)을 기준으로 교회 수는 2,113개(교인 수는 401,538명)이며, 2008년 이후 개척된 교회 수는 현재 2022년 5월을 기점으로 387개이다.

지난 70년 동안 고신교회는 전도와 교회 설립을 위해 수고와 헌신을 아끼지 않았다. 그렇지만 지난 70년을 돌아볼 때 아쉬운 점도 노출되었다.

첫째, 교회개척 운동에 초점이 맞추다 보니 전도가 상대적으로 약화되었다. 국내전도위원회가 현재 시행하는 권역별 전도동력세미나는 전도열매를 거두고 있는 교회 목회자들의 사례발표회 형식으로 진행되어 개체교회에 동기를 부여하는 데 도움은 되지만 성도들이 전도하는데 필요한 방법이나 도구개발 등은 이루어지지 않고 있다. 전국 남녀전도회는 단독 혹은 다른 기관과 연합하여 개척교회 설립, 해외선교 등을 지원하지만 전도를 위해 회원을 훈련하고 사역하는 경우는 거의 없어 전도회가 전도에서는 거의 유명무실하게 되었다. 주일학교연합회도 주일학교에 맞는 전도 방법을 개발하거나 훈련하는 것보다는 여름성경학교, 대회 등에 활동이 집중되어 있고, SFC도 연합수련회 외에 별다른 전도 활동이 없다. 각 노회 전도부도 산하 개척교회나 미자립교회에 대한 재정적 지원이나 세미나를 개최하는 것 외에 개체교회의 전도를 위해 구체적인 지원을 하지 못하고 있다. 앞으로 고신총회 산하의 위원회, 연합회, 기관은 개체교회가 교인을 훈련하여 전도하는데 필요한 방법이나 프로그램, 도구 등을 제공하는 데 적극적이어야 할 것이다.

둘째, 전도와 관련하여 제63회 총회(2013년)에 미래정책연구위원회와 국내전도위원회에 직전 총회에서 1년간 연구를 위임하여 보고된 '교인감소원인 분석과 대책' 연구보고서에 주목할 필요가 있다. 교인감소는 비록 고신교회에만 국한되는 것은 아니지만 고신교회도 이를 비껴갈 수 없었다. 고신교회 총회록에 보고된 교세통계를 보면 교인수가 1972년(73,569명) 이후 2012년(482,488명)까지 폭발적으로 증가해왔으나 2012년을 기점으로 지금까지 계속 급격하게 감소하는 추세다(2020년-412,288명). '교인감소원인 분석과 대책' 보고서에 따르면 저성장의 원인과 분석으로는 경제성장과 주5일근무제, 저출산과 인구구조변화, 기독교인들의 정치비리와 교회의 사회적 이미지 하락, 이단사이비집단의 영향, 한국교회의 세속화가 지적되었고, 대책으로는 복음과 교회의 본질을 회복하는 것과 지도자 특히 목회자의 변혁과 신학교육의 재정립, 주5일근무제에 대한 대처, 대사회복음운동으로 실추된 이미지 회복, 물질만능주의의 배격, 나눔실천, 목회자 최저생계비와 은퇴 후 복지조정, 출산장려 등이 제시되었다. 이같이 교인 수의 감소에 관한 정확한 분석과 대책 수립, 나아가 실행 없이는 전도와 3000교회 운동이 분명히 한계가 있음을 직시해야 한다.

셋째, 교회개척훈련원을 통한 개척 운동에 주력하고 있지만 실제로 교회개척을 준비하는 이들에게 필요한 방법, 방향, 과정, 전략 등의 내용을 갖춘 커리큘럼이 없고 기간도 너무 짧다. 2박 3일동안 이루어지는 단 두 번의 교회개척훈련에 참여하는 것으로 교회개척에 대한 준비가 이루어지기 힘들다. 지난 제69회 총회(2019년)에서 보고한 대로 교회개척훈련원이 시행하는 교육의 표준화가 시급하게 이뤄져야 한다. 총회가 인준한 개혁교회건설연구소에서 만든 『교회건설매뉴얼』(생명의양식)의 도움을 받아 우리가 세우려는 교회, 예배, 교회교육, 직분자 세우기, 신앙생활지도, 전도와 선교, 교회개척프로세스를 실습하도록 하면 좋을 것이다. 그래서 어디에서 교회가 개척되든지 역사적 개혁주의에 근거한 거룩한 공교회가 세워져야 할 것이다. 교회개척 운동도 개척자 개인의 결정이 아니라 교단 차원에서 고신교회가 없거나 인구가 증가하고 있는 지역을 중심으로 전략에 따라 진행되는 것이 바람직하다.

넷째, 3000교회 운동으로 개척된 교회의 지속적인 관리와 미자립교회의 지원 역시 병행되도록 대책을 수립해야 한다. 교세 통계를 보면 교인 수가 2012년을 기점으로 감소세에 있으나 다행히 교회 수는 상대적으로 조금씩 증가하였다(2012년-1,771 교회. 2020년-2,110 교회). 이는 총회가 2008년 이후 13년 동안 추진한 3000교회 운동의 결과로 생각할 수 있다. 그러나 제65회 총회(2015년)에서 고려 교단과 통합하여 163개 교회가 추가되고 지난 13년 동안 379개 교회가 새롭게 개척되어 산술적으로 총 542개 교회가 증가해야 하지만 통계에는 교회 수가 431개만 증가한 것으로 나와 있다. 111개 교회는 어디론가 사라지고 없는 셈이다. 따라서 앞으로도 3000교회 운동을 추진하되 이에 못지않게 이미 세운 교회나 미자립교회를 잘 돕고 관리하는 것 역시 중요함을 명심해야 한다. 그렇지 않으면 3000교회 운동은 미자립교회를 양산하는 운동이 될 수 있다.

향후 70년은 그동안 지나온 세기와 너무나 다른 상황이 펼쳐질 것이다. 4차산업혁명이라고 하는 너무나 급변하는 시대조류 속에서 구태의연한 전도방법을 지양하고 현대인들을 복음으로 이끌 과감하고 새로운 방법을 찾아야 할 것이다. 이제 전도는 프로그램이나 운동이 아니라 생활전도로 전환해야 하기에 성경언어를 세속언어로 번역해내는 것도 중요한 일이 될 것이다. 하나님을 대적하는 세상원리의

무자비함과 공허함을 드러내고 하나님을 믿고 교회생활을 하는 것이 얼마나 매력적이고 유익한 것인지를 드러내는 것 외에 다른 방법이 없을 것이다.

7장

개혁주의와 선교

지난 70년 동안 고신총회는 해외선교와 관련하여 무엇을 결정하였을까? 개혁주의를 표방하면서 어떤 선교를 해 왔을까? 이러한 결정과 실행에 관해 고신교회 설립 70년을 맞는 지금 우리가 어떻게 평가해야 할까?

1. 고신교회의 선교역사

1952년에 출발한 고신교회는 제4회 총회(1955년 4월)에서 선교를 담당하는 해외 선교부를 조직하고, 제6회 총회(1956년 9월)에서 총회조직을 기념하여 해외 선교사 파송을 결정하여 제7회 총회(1957년 9월)에서 최초의 선교지로 미국정통장로교 소속 한부선(Bruce F. Hunt) 선교사의 조언을 따라 대만으로 결정하고 김영진 선교사를 파송하는 예배를 드렸다. 고신 교회가 설립한 지 5년이 지난 시점이고 지금부터 65년 전의 일이다. 그리고 지난 2013년 9월에 열린 제63회 총회에 섭외위원회 이름으로 긴급 안건이 청원 되었다. 대만개혁종장로교회와의 자매 관계 체결 건이었다. 이 대만 개혁종장로교회가 바로 고신 교회가 총회를 조직하자마자 파송한 첫 선교사 김영진 선교사가 1957년에 파송되어 개척하여 시작한 교회다. 김영진 선교사는 대만에서 12개 교회를 개척하고 미국정통장로교회 선교부와 '개혁종 신학교'를 설립해서 많은 사역자를 배출하고 대만개혁종장로교회 조직에 기여하다가 1987년 2월부터 고신 총회 선교부 첫 전담 총무직을 수행하고 1990년 9월 제40회 총회에서 은퇴하였다. 총회의 자매 관계 결정 후에 대만개혁종장로교회의 쯔우런위 대표와 황병순 선교사가 답례의 인사를 하였다. 참으로 뜻깊은 순간이었다. 총회가 김영진 선교사를 파송한 열매가 56년 만에 고신 교회와 자매 관계를 맺는 교회로 결실되었기 때문이다.

김영진 선교사 파송 이후 1960, 1970년대는 고신 교회가 선교에 본격적으로 힘을 쏟기에는 아직 역량이 부족한 때였다. 1974년이 되어서야 제2호 선교사로 유환준 선교사를 대만으로 파송하였다. 그런데 이때 고신 교회 초창기 해외선교 발전에 역할을 한 분들이 바로 교포 선교사들이었다. 제32회 총회(1972년)는 미국, 캐나다, 호주, 스페인, 독일, 러시아, 홍콩, 포르투갈에서 한인 교포를 상대로 목회를 하는 고신 교회 출신 목회자를 교포 선교사로 공식적으로 명칭을 붙이고 이들의 사역을 후원하였다. 교포 선교사 제도가 제46회 총회(1996년)에서 폐지되기는 하지만 최근 21세기에 들어오면서 다시 '디아스포라' 선교가 부각되며 타문화 선교를 위한 한인 디아스포라 교회 개척이 지역마다 전략적으로 조심스럽게 시행되기 시작하는 것은 무척 고무적인 일이다.

감사하게도 제30회 총회(1980년)가 선교부 산하에 선교국을 설치하면서 선교개발연구원을 설립하고(1982년), 또 선교홍보지로 선교회보(1980년), 해외선교(1988년)을 발간하고 특히 선교훈련원(KMTI, 1988)을 개원하면서 해외선교가 활성화되기 시작하였다. 그러다가 현재 제7차까지(2015년) 이어지고 있는 제1차 고신세계선교대회(1992년, 미국 시카고, 고신세계선교협의회 구성) 개최를 기점으로 해외선교는 도약하게 된다. 제43회 총회(1993)에서 해외 선교부 전담 총무제를 시행하고, 1993년 4월 12일에 고신 교회와 우호 관계에 있는 미국장로교회(PCA)에게 대지와 건물을 기증받아 선교부 사무실을 1994년에 대전으로 이전하고, 제52회 총회(2002년)는 총회규칙 개정으로 세계선교위원회를 전도선교부에 두었으며, 제57회 총회(2007년)는 선교 전담 총무를 본부장으로 격상하였다. 그리고 2010년 6월에는 새로운 선교센터를 완공하였으나(총 1,281평, 센터 726평, 안식관 565평. 공사비 50억) 제60회 총회(2010년 9월)은 선교센터 확장과 비용 증액으로 인한 추가모금액 약 13억을 허락하여 전국교회의 동참을 독려하였고, 제63회 총회(2013년)는 고신세계선교회(KPM)를 그 규모에 맞게 준법인체제로 변경하는 것을 승인했다(총회규칙 제18조에서 8개 항목). 현재 고신세계선교회에 속한 선교들은 57개국 257세대 493명이며, 여기서 목회자 선교사는 207세대이며(80.8%), 전문인 선교사는 22세대이다(7.9%).

2. 총회의 해외선교지도

지금까지 총회의 결정을 중심으로 선교에서 외형적인 변화와 발전을 간략하게 보았다. 이제 내용 면에서 총회가 어떻게 해외선교를 지도했는지를 보자. 총회는 고신교회가 지향하는 개혁주의 원리를 따라 어떻게 해외선교 정책을 수립하고 감독했을까? 개혁주의 원리에서 선교의 주체는 개인이나 단체가 아니라 교회이기 때문이다. 교회가 주도하여 선교사를 파송하고 후원하는 것은 물론 교회에 의한 감독도 아주 중요하다. 교회를 대표해 감독의 책무를 맡은 총회는 선교사와 선교 정책과 선교 사역을 어떻게 감독하였을까? 몇 가지 중요한 결정을 중심으로 살피고자 한다.

첫째, 제16회 총회(1966년)는 외국 선교국이나 외국 선교사와 맺는 관계 절차를 분명히 하도록 하였다. 교회정치 제107조(외국선교사)에서 말한 대로 여기 나오는 선교사는 "본 장로회와 정식 우의 관계를 가진 교파에서 오는 선교사"만을 가리킨다고 보았다. 이 배경에는 신앙과 신학의 측면에서 우리와 정체성을 달리하는 개혁주의세계대회(R.E.S)와 맥킨타이어 박사가 이끄는 국제교회협의회(I.C.C.C)에 속한 선교사들과 임의로 관계를 맺는 것을 경계하고자 한 의도가 있었다. 이때 고신 교회는 화란의 31조파 개혁교회와 서로 우호 관계에 있었다. 또 제19회 총회(1969년)는 I.C.C.C의 라보도(Robert S. Rapp) 선교사가 불온한 문서로 본 교단을 언급한 것을 두고 엄중히 항의할 뿐 아니라, I.C.C.C 대표 맥킨타이어 박사의 환영만찬회 초청에도 참여하지 않을 것을 결정하였다. 즉 고신 교회는 초창기 해외 선교사와 선교국과 관계를 맺는 절차를 감독하였다.

둘째, 제40회 총회(1990년)는 해외 선교사가 본국 총회의 지역 노회에 노회원으로서 권리가 있는지에 관한 질의에 대해, 해외 선교사는 사역하는 선교지역의 총노회에 이명하여 해당 노회의 정회원이 되므로 국내 노회에서는 노회원으로서 정회원권이 없지만 언권회원으로 우대하는 것으로 결정하였다.[3] 사실 선교사는 목사, 장로 집사 외에 제4의 직분이 아니라 목사가 맡은 직무를 따라 붙이는 한 호칭이다. 교회정치 제42조는 목사의 호칭에서 이를 다루면서 선교사는 타문화권에 가서 전도와 교회개척하는 자라고 정의를 내렸다. 같은 연장선에서 제61회 총회(2011년)는 해외 선교사에게도 본국 총회 총대로 자격을 부여해줄 것을 청원한 것에 총회 총대는 해당 노회에서 선출하여 파송하는 것이 합당한 것으로 원칙을 재확인하였다. 선교사라 해서 보통의 목사 이상으로 이들에게 특혜를 베푸는 것을 꺼렸다.

셋째, 제53회 총회(2003년)가 당시 세계선교위원회 규정을 변경한 것에 주목할 필요가 있다. 1980년 12월 5일에 초안하여 총 7차례 수정한 것을 이때 제8차 수정을 했다. 변경안을 보면 기존 제1장(총회세계선교 발전과 정책 배경)과 제2장(세계선교부 선교헌장)을 대폭 삭제했다. 삭제한 규정에는 교단 역사, 선교부 조직, 선교 정책(선교목적, 선교목표, 선교표준, 선교 정책), 선교의 근거, 선교의 내용, 선교의 결과, 교회의 의무, 선교의 표준, 선교원리를 포함하여 본 교단

---

3 제40회 총회회록, 18.

의 세계선교 정체성과 방향이 분명하게 규정된 것이었다. 이같이 중요한 내용을 세계선교위원회 규정에서 거의 삭제한 것은 많은 아쉬움으로 남는다.

넷째, 제57회 총회(2007년)는 여성 선교사에게 선교지에서 세례를 베풀 권리를 한시적으로 부여하자는 전국여전도회연합회의 청원을 기각한 적이 있다. 이 사안은 제65회 총회(2015년)에 다시 청원되는데 총회는 제57회 총회의 결정에 따르는 것이 가하다고 결정하였다.

다섯째, 제62회 총회(2012년)는 총회 세계선교위원회에서 어떤 소송사건(2009년 1월~2011 5월. 2년 반 동안 진행)으로 징계를 받았으나 계속해서 이를 불복하고 동료 선교사를 현지 검찰에 명예훼손으로 고소하는 등 총회 세계선교위원회의 지도를 받지 않고 교단 선교사로서 부적절한 행위를 계속한 것 때문에 부득불 총회 세계선교위원회가 공식적으로 해임한 OOO 선교사를, 특정한 한 노회가 이를 무시하고 노회 파송 선교사로 임명한 처사는 행정적으로 부적절한 것이므로 시정을 요청하고 그 노회가 해당 선교사를 잘 지도해주도록 결정하였다. 또 제66회 총회(2016년 총회)는 해임된 선교사의 재허입은 불가하다는 원칙을 재확인하였다. 즉 총회는 세계선교위원회가 문제가 있는 선교사를 해임하고 또 해임한 선교사를 노회가 임의로 노회 선교사로 파송하는 일을 적절하게 감독하였다.

여섯째, 제67회 총회(2017년)와 제68회 총회(2018년)는 총회 파송 선교사들과 노회 파송 선교사들의 부동산 보유현황과 재산의 형성과정에 관한 내용과 부동산의 관리 방법과 실태를 정확하게 파악하여 차기 총회에 보고하게 하였는데, 이에 고신총회세계선교회는 제68회 총회와 제69회 총회(2019년)에서 이를 각각 보고하였다.

일곱째, 제68회 총회(2018년)는 선교사들이 선교 현지에서 신학교를 운영하는 것과 또 목사임직, 노회 설립과 운영에 관한 질의에 대해 본국 총회의 헌법을 엄격하게 적용하여 지도, 관리할 것을 결정하였다.

지난 70년간 총회는 선교의 주체로서 성실하게 감독의 역할을 해왔다. 앞으로 총회는 다음과 같은 과제를 가지고 있다고 하겠다. 지금까지 고신교회의 선교는 KPM이 주도해왔고 앞으로도 그리 해야 할 것이다. 그렇지만 나아가 개체교회, 노회, SFC, 남녀전도회, 전국주일학교연합회가 각각 분산해서 하는 선교활동을 서로 연계해서 자원을 낭비하지 않고 개혁주의 세계교회 건설이라는 고신 선교의 목표를 향해 함께 가도록 해야 한다. KPM 선교사들의 고령화와 신임선교사 지원자 감소로 10년 이내에 선교가 상당히 위축될 것으로 예상된다. 그러므로 선교사들이 일궈놓은 사역을 계속 이어갈 신임선교사와 목사 선교사들의 접근이 어려운 지역에 파송할 전문인 선교사 양성에 대한 체계적인 계획을 세우고 적극적으로 추진해야 하겠다.

8장

각종 연합회의 위치와 역할

고신교회 안에는 여러 '연합회'와 '친목단체'가 있다. <고신교단설립 50주년>(2002년) 기념 화보집을 보면 후반부에 고신교회 산하에 있는 '연합회'와 '친목단체'가 열거된다. '연합회'에는 학생신앙운동(SFC), 전국여전도회연합회, 전국남전도회연합회, 전국주일학교연합회, 전국기독청장년연합회를, '친목단체'에는 전국장로회연합회, 고려신학대학원총동창회, 은퇴목사회, 전국원로장로회, 전국원로장로연합회 등이 차례대로 나온다. 이 연합회와 단체는 그 이후 20년을 지난 고신교회 70년을 맞는 2022년 지금도 건재하다. 아니 규모가 더 확대되고 활동도 더 활발하다. 고신교회 안에는 연합회와 친목단체 이외에도 총회 봉사를 둘러싸고 활동하는 정치적인 계파도 있다. 지난 70년 동안 연합회와 친목단체, 그리고 정치적인 계파들은 고신교회에서 어떤 위치를 차지해왔고 어떤 역할을 해왔을까? 이들 연합회와 단체, 계파가 앞으로 고신교회 안에서 어떤 위치에서 어떤 역할을 하는 것이 바람직할까?

우리에게 가장 잘 알려진 단체로는 전국장로회연합회와 전국남녀전도회연합회, 고려신학대학원총동창회가 있다. 전국장로회연합회는 매년 주요 행사로 지도자초청신년인사회, 목사장로특별기도회, 장로부부 수련회를 열고 있다. 일부 선교사를 후원하고 있다. 전국여전도회연합회의 사업으로는 여성선교사 후원, 은퇴여교역자 후원 외에 여성지도자세미나, 신년산상부흥회, 24개 연합회가 모이는 총회(성경암송대회, 성가경연대회 등 개최)가 있다. 전국남전도회연합회는 지난 34년 동안 매년 국내교회 한 곳을 개척했고 최근에는 해외에도 교회를 세우고 있다. 고려신학대학원총동창회는 매년 전국목사부부 수양회, 체육대회 등의 사업을 하고 있다.

최근 들어 고신교회 언론지인 기독교보에 위 단체들의 행사나 총회, 순회예배 등이 이전과 확연하게 다르게 자주 기사로 실리고 있다. 이는 전과 달리 그 위상이 높아지고 더 큰 일을 한다는 뜻일 것이다. 또 본래 집중하던 사업을 넘어 그 범위를 넓히기도 한다. 전도에 집중하던 전국남전도회연합회(제35회기, 2022년)가 최근 총회 특정 임원 후보 예정자들이 속한 교회에서 순회예배를 한 것이나 제1회 고신 가족찬양대회(가족중창)같이 전도와는 거리가 먼 행사를 전국적인 규모로 개최하는 것은 분명하게 특이하다. 전국여전도회연합회가 여성 선교사 후원을 넘어 여성 선교사에게 선교지에서 세례를 베풀 권리를 한시적으로 부여하자는 청원을 총회(제57회, 2007년)에 직접 상정한 것은 자연스럽지 않다. 작년(2021년) 제41회 고려신학대학원총동창회 정기 총회에서 이례적인 일(수석부회장을 회장으로 추대하는 것을 투표로 변경한 것, 이전까지 참석하지 않았던 부교역자들의 참석 등)이 일어나면서 전국교회 이목을 받았다.

최근 총회적인 활동을 위해 일부 목사 장로들이 교회비전연구원, 고신포럼이라는 이름으로 보수진영과 개혁진영으로 대립하며 총회 요직을 차지하는 경쟁을 벌이고 선거 과열을 부추기면서 총회를 위해 일할 좋은 사람과 좋은 정책을 놓치는 것은 너무 안타깝다.

이런 연합회와 단체에 대해 우리 헌법은 어떻게 규정하며 총회는 어떤 결정을 해왔을까?

1. 헌법(교회정치)과 총회 결정으로 보는 '연합회'와 '친목단체'(임의단체)

1) 헌법: 소속회, 소속기관, 임의 단체

고신헌법(교회정치)은 어떤 기관을 정식으로 허용하고 있을까? 고신헌법은 치리회에서 임명하는 직할 조직체(예를 들면 성가대나 각종 교회 부서)인 <소속회>와 치리회 감독하에 있는 <소속기관/부속기관?(남녀 전도회 등), 그리고 소속회나 소속기관에 들지 않은 '임의단체'를 구분하고 있다(교회정치 제156조-157조).

<소속기관>은 각급 치리회가 교회의 발전을 위해 특히 교육, 선교(전도), 구제 등의 사업을 할 목적으로 치리회가 허락한 기관이다. 노회와 총회 산하에 전도를 위할 목적으로 세워진 남녀전도회, 교육을 위해 세워진 주일학교연합회가 여기에 속한다. 위에서 말한 '연합

회'가 바로 소속기관이다. 소속기관은 당연히 해당 치리회 감독하에 있어야 하며 재정 검사도 받아야 한다. 만일 치리회의 감독을 받지 않거나 정당한 지도를 거부할 때는 권고하고, 권고도 듣지 않을 때는 법적 조치와 해산을 명할 수 있도록 했다(제156조~157조).

<임의단체>는 헌법에서 명시되지 않은 단체이다. 교회정치 제157조는 소속기관과 함께 '임의단체'는 치리회의 감독을 받지 않거나 정당한 지도를 거부할 때는 권고하고, 권고도 듣지 않을 때는 법적 조치와 해산을 명할 수 있도록 했다. 이 임의단체에는 어떤 단체가 들어갈까? 대표적인 단체가 바로 전국장로회연합회다. 교단50주년 기념화보집에서 말하는 '친목단체'이다. 친목단체는 교육과 선교, 구제를 위할 특정한 목적으로 세워지지 않았고, 또 총회에서 재정감사도 받지 않는다.

2) 총회 결정

총회에서 여러 차례 거론된 것은 친목단체라 불리기도 하는 임의단체. 대표적인 것은 노회 소속 교역자들의 단체인 교역자회와 노회나 총회 소속 장로들의 단체인 장로회연합회. 제28회 총회(1978년)는 1년을 연구한 끝에 총회산하 헌법에 명시되지 않은 단체 등은 해체하고 대신 각 노회별 연합당회, 연합제직회 등을 강화하기로 하였다(교회정치 제31조, 46조).

제29회 총회(1979년)는 앞선 총회가 헌법에 명시되지 않은 기관을 해체하기로 가결함에 따라 그동안 존속한 장로회는 해체하고 대신 김선근 장로 외 56명이 청원한 '전국장로친목회'는 청원한 명칭과 목적대로 허락했다. 제40회 총회(1990년)는 장로회친목회를 장로회연합회로 개정하고 총회가 지도하자는 총회교단발전연구위원회의 보고를 보류하기도 했다. 제48회 총회(1998년)는 총회가 인정하지 않은 기관과 단체 해체의 결정 곧 제28회 총회 결의를 재확인하고, 당시 본 교단 일부 목사 장로로 구성된 임의 단체인 "고목협"(고신정신 잇기 목회자 협의회)의 명칭을 변경하여 순수학술연구단체로 전환하도록 결정했다. 제54회 총회(2004년)는 다시 미래정책연구위원회의 제안으로 교단분열의 위험성과 교단 발전을 저해하는 교단 내 사조직을 해체할 것을 결정하는데 2003년 5월 복음병원 부도와 고려학원의 관선이사 체제가 장기화되면서 고신교회의 위기감이 깊어지는 가운데 현안을 놓고 활발하게 활동한 고신목회자협의회(회장 장희종 목사)를 염두에 둔 것이었다. 또 제56회 총회(2006년)는 교단 현안을 논의하기 위해 개최된 미래교회포럼(준비위원장 정주채 목사)을 염두에 두고 제54회 총회(2004년)의 결정을 재확인하고 이를 불이행하는 자는 법대로 처리하도록 가결했다.

2. 연합회와 단체가 가질 바람직한 위치와 역할

고신교회안에서 연합회가 각종 단체가 가질 바람직한 위치와 역할은 무엇일까?

첫째, 각 연합회는 총회에서 허락받은 본래 설립 정신과 목적에 집중해야 한다. 전국남녀전도회연합회는 고신교회에서 전도(선교)를 위해 크게 헌신한 단체다. 헌법이 규정한 대로 고신교회 안에서 전도를 위해 결성된 연합회이자 소속기관이기에 앞으로도 가능하면 전도에 집중해야 한다. 해외선교사업도 중요하지만 총회 규칙에서 정한 대로 총회 국내전도위원회의 지도를 받으며 규모있고 내실있는 전도정책과 미자립교회 후원과 운영을 주도하며, 특히 총회적인 3000교회 운동에 앞장서야 한다. 전도사업을 위해 각 지회를 늘리고 지역순회예배를 하더라도 그 와중에 정치적인 힘을 이용하는 일이 있어서는 안 될 것이다.

둘째, 연합당회와 연합제직회(집사회)가 활성화 되어야 한다. 이로써 고신 교회가 세워져야 한다. 우리 헌법(교회정치)은 각 지역에서 2개 이상의 당회와 제직회가 공동의 사업을 위해 연합당회(제154조)와 연합 제직회(제155조) 구성을 허락하고 있다. 그런데 고신교회 노회와 총회에는 장로회연합회는 있어도 연합당회는 찾아보기 어렵다. 연합제직회 역시 마찬가지다. 제28회 총회(1978년)는 헌법에 명시되지 않은 단체(교역자회, 장로회) 등은 해체하고 대신 노회별 연합당회, 연합제직회 등을 강화하기로 결정한 적이 있다(교회정치 제31조, 46조). 치리회 중에서 유일하게 상설 치리회인 당회의 직무를 더 규모 있게 효율적으로 잘하기 위해 노회마다 연합당회를 강화하면 좋겠다. 당회 안에서 장로의 항존 직무가 무엇인지를 충분히 이해하고 목사와 협력하여 이를 실행에 옮기는 일을 함께 논의하고 공유하면 좋겠다. 전국장로회연합회가 고신교회를 위해 매년 귀한 일을 하지만 다른 기관이 얼마든지 할 수 있는 행사를 하는 것은 아닌지 살펴보아야 한다. 제직회는 본래 집사회가 여러 여건으로 구성이 어려울 때 임시로 생긴 것이므로 앞으로 연합제직회 대신 연합집사회가 노회와 총회에 구성되면 좋겠다. 물론 먼저 각 교회에서 집사회가 구성되어야 한다. 집사의 원래 직무는 구제와 나눔, 돌봄이다. 집사회가 노회와 총회에 구성되어 연합하여 지역과 전국 단위로 집사의 직무를 규모있게 하면 좋겠다. 고신교회 안에서 전국집사회가 구성되어 주도하여 예수 그리스도와 고신교회 이름으로 양로원, 요양원, 각종 사회복지시설을 세우고 운영하면 좋겠다.

셋째, 그 외 모든 다른 단체 역시 고신교회 안에서 자기 역할을 최소화해야 한다. 전국장로회연합회와 함께 고려신학대학원총동창회, 교역자회, 목양회 등은 치리회의 감독을 받지 않는 친목단체이며 임의단체다. 그래서 결성한 본래 취지를 따라 순수하게 운영하는 것이 바람직하다. 교회정치에 악용하는 일이 있어서는 안 되겠다. 그리고 총회적 활동을 위해 항상 있어 온 계파는 그 존재를 인정하되 다만 파벌주의에 빠지지 않고 정책 중심으로 서로를 보완하는 순기능을 하도록 해야 한다.

9장

국내외 교회 및 단체와의 연합과 교류

고신교회는 출발부터 하나의 거룩한 공교회를 고백하며 사도적 진리를 파수하는 국내외에 흩어진 교회, 단체와 교제하며 연합하는 것을 소홀히 여기지 않았다. 지난 70년 동안 고신교회는 국내외 교회, 단체와 구체적으로 어떻게 교류 해왔을까?

1. 총회 부서의 변천

총회에서 처음 공식적으로 국내외 교회(단체) 교류를 담당한 부서는 '섭외부'였다. 제14회 총회(1964년)는 이 부서를 설치하고 제15회 총회(1965년)에서 섭외부가 요청한 화란개혁교회(해방)와의 친선 체결과 세계개혁주의에큐메니컬대회(RES) 가입 보류를 결정한다. 섭외부가 맡은 국내외 교회(단체) 교류 업무는 제16회 총회(1966년)에서 '사무부'로 10년 동안 이관된다. 사무부는 총회 상비부 중 한 부서로 총회장, 서기(회계), 각 부장, 각 노회장이 부원이었다. 제22회 총회(1972년)는 총회 규칙을 개정하여 사무부의 직무를 국내외 교회(단체) 교류에만 국한하지 않았다. 정부와의 교섭 관계, 보수진영교회와의 협동 관계, 총회 파회 후 긴급 사건 처리 등도 다루었다. 그러다가 제26회 총회(1976년)는 교단발전연구위원회가 제안한 총회기구개편으로 다시 섭외위원회를 설치하고 국내외 교회(단체) 교류를 맡겼다. 현재 제72회 총회(2022년)에서도 행정법규부에 소속한 섭외위원회가 이 직무를 담당하고 있다("국내외 자매 교회 및 우호관계 교단과 관계를 연구 증진하고 국내에 파송된 외국 선교사와의 협력에 관한 일을 담당한다.")

2. 국외 교회(단체) 교류 역사

고신교회는 1952년 독노회를 조직할 때까지 한국에 정착한 세계교회협의회(WCC) 회원 교회인 기존 네 외국 교회 선교부(미국북장로교, 남장로교, 호주장로교, 캐나다연합교회)와 관계를 맺지 않고 고려신학교를 도운 선교사들과 관계를 맺었다. 미국 정통장로교회의 한부선(B.F. Hunt), 성경장로교회의 마두원(C. Malsbary), 최의손(C.H. Chisholm), 함일톤(F. Hamilton) 등이다.

고신교회가 외국 교회들과 공식적인 자매 관계를 맺은 것은 1960년대부터였다. 첫 번째로 자매 관계를 맺은 교회는 화란개혁교회(해방)다. 이 교회는 1944년 이미 신학과 교리적인 면에서 탈선한 총회에서 분열된 신생 교회로서 외국교회와의 관계는 고신교회가 처음이었다. 제15회 총회(1965년)는 이 교회와 우호친선 관계를 맺을 것을 결의하고 제16회 총회(1967년) 총회 시에 이를 재확인했다. 화란개혁교회 총회 역시 1967년 11월 고신 교회와 자매결연을 공식적으로 결정했다. 이후 우호 관계를 맺은 교회는 캐나다개혁교회(20회, 1970년), 남아프리카개혁교회(27회, 1977년), 미국장로교회(28회, 1978년), 일본개혁교회(31회, 1981년), 남아프리카자유개혁교회(32회, 1982년), 스페인개혁장로교회(36회, 1986년), 미국정통장로교회(43회, 1993년), 황상호 선교사가 설립한 러시아복음주의연맹회(53회, 2003년) 등이며, 자매 관계를 맺은 교회는 호주자유개혁파교회(26회, 1976년), 네덜란드기독개혁교회(50회, 2000년), 대만개혁종장로회(63회, 2013년) 등이다. 특히 대만개혁종장로회는 고신교회가 총회를 조직하자마자 파송한 첫 선교사 김영진 선교사가 1957년에 파송되어 개척하여 시작한 교회로, 김영진 선교사가 대만에서 12개 교회를 개척하고 미국정통장로교 선교부와 '개혁종 신학교'를 설립해서 많은 사역자를 배출하였으며 대만개혁종장로회 조직에 기여하였다.

고신교회는 국내외 교회(단체)와 교류하는 일에 매우 신중했다. 제16회 총회(1966년)는 외국 선교국, 선교사와 맺는 관계 절차 건은 정치 제107조(외국 선교사)와 제15회 총회(1965년 9월)에서 결의한 결정대로 반드시 헌법대로 시행할 것을 결정했으며, 제21회 총회(1971년)는 강단교류는 국내외를 막론하고 칼빈주의 보수 교단으로 본 교단 정신(신앙, 신학, 생활)에 맞지 않는 교단은 거부하기로 했다. 그리고 제20회 총회(1970년)는 본 교단과 우호 관계를 맺고 있는 ICCC(국제교회협의회)와 관계를 단절하고 본 교단이 가입한 세계개혁주의에

큐메니컬대회(RES)에서 탈퇴하는 것이 정당함을 확인했다. ICCC는 미국의 페이스(Faith) 신학교와 성경장로교회를 중심으로 칼 매킨타이어 박사가 주도하는 국제적인 단체로서 이들의 신학성향은 근본주의에 가까웠다. 또 제33회 총회(1983년)는 화란개혁교회(해방)가 대한예수교장로회(합동개혁) 총회와 우호 관계를 체결하는 것에 관해 본 총회의 의견을 요청한 일이 있을 때(1983년 4월 30일 발신) 신중을 기하기 위해 우선 대한예수교장로회 합동개혁총회에 대하여 교리표준과 관리표준과 기타 사정을 더 알아본 다음에 답변하도록 해달라는 섭외위원회의 보고를 받기도 했다. 또 제68회 총회(2018년)는 자매교회인 화란개혁교회(해방 측) 총회가 2017년 4월에 여성 임직을 결의한 것과 관련하여 고려신학대학원교수회가 제출한 "화란개혁교회와 고신총회의 관계에 대한 연구보고서"를 채택했다: "첫째, 화란개혁교회에 대해 2017년의 여성 직분 결정을 재고하도록 권면한다. 둘째, 국제개혁교회협의회(ICRC)의 결정에 따라 차기 국제개혁교회협의회(ICRC)회의(2021년) 때까지 예의주시하면서 기다린다. 셋째, 해외 자매교단들과 이 문제를 긴밀히 협의하고 논의하도록 한다." 결국 제71회 총회(2021년)는 '화란개혁교회(해방)와 맺은 자매교회 관계를 한 단계 낮춰 우호 관계로 변경하는 헌법개정 청원을 하게 된다.

국외 교회와의 교류는 서로를 감독하고 세우는 역할을 한다. 한 때 고신교회는 섭외부를 통해 캐나다개혁교회로부터 성찬식 시행과 관련해서 예배지침을 따라 엄격히 시행해달라는 요청을 받았다(제60회, 2010년). 성찬에 참석한 비회원과 손님에 대해 참석 여부를 신중히 검토하고, 총회와 노회에 참석한 방청객과 찬양대원에게도 1주일 전에 예고하고, 성찬을 하는 중에 성찬의 의미를 훼손하는 중창단의 찬양은 지양함으로 성찬을 거룩히 지키고 형제 교회들간에 거리낌이 없도록 요청한 것이다. 우리 총회는 그렇게 하기로 가결했다.

고신교회는 개혁주의 신앙고백 안에서의 교회일치를 귀중하게 여기기에 세계기독교연합회(WCC)는 물론 개혁교회연맹(ARC), 개혁주의 에큐메니컬협의회(REC), 국제기독교협의회(ICCC)에도 가담하지 않았다. 대신 1982년에 창립한 국제개혁교회협의회(ICRC)에는 처음부터 관계를 맺었다. 이 단체는 고신을 포함하여 회원 교단이 15개고, 참관인을 파송하는 교회는 18개인데, 회원교회들은 대부분 고신교회와 교류하는 교회들이다. 특히 고신교회는 1997년 10월 15-23일에 서울 서문교회에서 제4차 개혁교회국제협의회(ICRC)를 주관했고 회장에 허순길 박사가 봉사했다. 이는 고신교회가 50년 사상 처음으로 주관한 국제회의였다. 세계에서 전통적인 신학과 신앙을 파수하고 살아가는 교회의 수가 많지 않은 중에 우리 교회가 내적인 성장과 선교뿐 아니라 세계교회 속에서 개혁주의 신학과 신앙을 파수하고 전하는 일에도 적극적인 활동을 함으로 세계교회 개혁주의교회 건설에 이바지할 수 있는 계기가 됐다.

3. 국내 교회(단체) 교류

일찍이 고신교회가 국내에서 교회적인 친교관계를 공식적으로 가진 교회는 예장 합동교회다. 한때 합동했다가 상대방의 공약 파기로 다시 환원하게 되었지만 제13회(환원, 1963년) 총회에서 신앙과 신학이 같으므로 우호 관계를 갖기로 했다. 그러다가 고신교회는 제59회 총회부터 교단과의 교류에 적극적으로 임한다. 제59회 총회(2009년)는 타교단과의합동추진위원회를 구성해서 백석 교단과 교류했으며, 제61회 총회(2011년)는 합신과의합동을한합동추진위원회를 구성해서 합신교단과 교류했고(이후 난항을 겪고 합신과의교류추진위원회[64회, 2014년]), 대외교단과의교류위원회[68회, 2018년]로 전환된다), 또 대신측과의 교류를 허용했으며(64회, 2014년), 현재 순장교회와도 교류 중이다(67회, 2017년에 순장총회교류위원회가 설치). 무엇보다 제65회 총회(2015년)는 고려 측 교회들과의 통합을 결정했다(총 8개 노회, 271개 교회, 목사 222명, 선교사 16명, 시무장로 120명). 고려 측은 제26회 총회(1976년 9월)에서 "신자 간의 사회법정 소송"에 관한 이견으로 분열되어 생성한 교단으로 제51회 총회(1991년 9월)에서 당시 고려 측에 속한 58개 교회로 구성한 서경노회가 이보다 앞서 영입된 적이 있다.

고신교회는 신학과 교리를 초월한 교회일치운동은 반대해왔지만 건전한 연합 운동에는 적극적으로 가담해 왔다. 현재 고신교회가 가담하여 활동하는 국내 교회연합기구에는 한국교회총연합, 한국장로교총연합회, 한국기독교군선교연합회, 대한성서공회, 찬송가공회 등이 있다. 고신 교회는 본래 한국기독교총연합회의 회원이었으나 금권선거와 변승우 장재형의 이단성 부정 등을 이유로 제61회 총회(2011년)에서 탈퇴 청원을 논의하다가 마침내 제64회 총회(2014년)에서 탈퇴를 허락했다. 이후 제68회 총회(2018년)는 2017년 1월에 출범한 한국교회총연합(현재 제5기 대표회장 류영모 목사, 통합) 가입을 결정했다. 이 단체는 현재 고신을 비롯해서 34개 교단이 소속해 있다. 한국장로교총연합회는 장로교회 26개 교단이 회원인데 고신교회 총회장을 역임한 윤희구 목사가 본 기관의 대표회장일 제61회 총회(2011년)는 100주년기념대회준비위원회를 조직하고 한국장로교회의 날(2012. 7. 10), 한국장로교 총회설립 100주년 기념대회(2012. 9. 1)를 주관했다.

4. 대외관계에 대한 평가와 과제

이제 대외관계를 평가하고 과제를 찾아 보자.

첫째, 국외 교회들과의 관계는 상호방문을 넘어 공교회적인 교제 차원으로 심화시켜야 한다. 특히 국외 교회 사절이 우리 총회에 형식적으로 참여하는 것을 넘어 통역을 제공해서 총회 모든 일정과 토론에 참여하고 경청하도록 배려해야 한다. 나아가 우리 총회도 적극적으로 해외 교회에 사절을 보내어 보고해서 신학과 생활에서 상호 교제를 넓혀야 한다.

둘째, 섭외위원회는 현재 국외 교회들과의 교류만 담당할 뿐 국내 교회나 연합기관과의 교류는 사무총장이나 특별위원회가 다루는 실정이다. 헌법 교회정치 제14장(선교 및 교단[단체] 교류)과 총회규칙에서 정한 섭외위원회의 직무에 의해서 할 수만 있다면 섭외위원회가 이 모든 일을 관장하고 감독하는 것이 바람직하다. 예를 들어 대한성서공회에 총회가 이사를 파송하고 있으나 총회가 제대로 감독하고 보고 받지 못하고 있는 점은 속히 시정돼야 한다.

10장

고려학원(대학, 병원, 신대원)의 역할

고려학원은 고신교회 총회에 속한 학교법인이다. 현재 고신대학교와 고려신학대학원, 그리고 복음병원이 여기에 속해 있다. 고려학원이 1967년 5월에 설립 인가를 받았으나 위 세 기관의 역사는 고신교회 설립(1952년 9월)보다 길다. 고신교회 설립 이후 지난 70년 동안 고려학원은 고신교회와 함께 동고동락해왔다. 고려학원을 배제한 고신교회 역사는 상상할 수 없다. 고려학원은 고신교회의 자랑거리이면서 때로는 근심거리였다. 앞으로 고신교회가 고려학원과 어떻게 관계를 맺는 것이 바람직할까? 이를 위해 지난 고신교회 70년 동안 총회가 고려학원과 관련해서 어떤 결정을 내렸는지를 살펴보자.

1. 경남노회 승인을 받아 세워진 고려신학교와 복음진료소(경

324 _ 2부 고신총회 70년의 중요 결정을 돌아본다

남구제회)

고신대학교와 고려신학대학원의 전신인 고려신학교는 해방 이후 재건된 경남노회 제47회 1차 임시노회(1946년 7월 9일)에서 승인을 받고 1946년 9월 20일에 개교하여 제14회 총회(1964년 9월)에 총회 직영신학교가 되었고, 복음병원 설립 배경이 되는 대한기독교경남구 제회(대표 전영창) 역시 경남노회 제54회 정기노회(1951년 3월)에서 승인받아 1951년 6월 21일에 "복음진료소"를 개설하고 제5회 고신총 노회(1956년 4월)에서 소속 기관이 되어("복음의원") 이사회 조직이 이뤄졌다(초대 이사장: 박손혁 목사). 양 기관은 1967년 5월에 고려 학원 이름으로 함께 인가를 받는다. 따라서 고려학원의 세 기관은 고 신교회 설립 이전에 이미 경남노회의 전폭적인 공인과 지원으로 세 워졌다.

2. 고신교회 설립부터 역사를 함께 한 고려신학교, 복음의원

고려신학교 설립 허가와 학생 추천, 지원을 약속한 경남노회가 교 권주의자들의 횡포로 이후 두 차례나 고려신학교 인가 취소를 결정 한다. 또 제37회 총회(52.4.29)마저 고려신학교와 이를 지지하는 경 남(법통)노회와 공식적으로 단절하는 결정을 한다. 이에 경남(법통) 노회가 불가피하게 별도 치리회인 총노회를 조직하고 이로써 고신교 회가 설립된다(제57회 경남[법통]노회, 52.9.11). 따라서 경남노회에 서 공인과 지원을 받은 고려신학교와 복음의원은 자연스럽게 시작부터 고신교회와 함께 하게 되었다.

3. 고려신학교와 칼빈학원(대학), 그리고 기독교종합대학 설립을 위한 이상과 고려학원 설립

고려신학교는 개교 시부터 신학예비과정으로 예과 2년을 두고 인문학을 교육했으나(이후 3년은 본과에서 수학) 1955년 9월 감천에 있는 건물을 인수하여 칼빈학원(대학) 이름으로 개교하고 4년제 대학과정으로 독립했다. 문교부 대학인가 없는 사설학교이나 1956년 4월에는 신학과 외에 영문학과, 철학과를 증과하는데 이는 장차 기독교종합대학을 위한 것이었다. 그러나 부지 문제로 대학설립 이상이 어렵게 되자 칼빈대학은 고려신학교 부속기관(대학부, 고신대학)으로 흡수(1964년 1월)되면서 이후 고려신학교는 칼빈학원 4년제 기관을 대학부라 이름붙여 흡수한 후 대학인가 받는 일에 노력을 기울였다. 특별히 대학부 학생은 인가 없는 학교에 적을 두었기에 병무소집 연기가 불가한 여러 가지 제약을 받았다. 따라서 대학 인가는 매우 중요하고 시급한 요구였다. 이런 배경에서 제14회 총회(1964년 9월)는 고려신학교를 총회 직영으로 결정하고 처음으로 신학교 운영비를 노회에 할당하고 이사회는 각 노회가 파송하는 이사로 조직했다. 설립 18년 만에 고려신학교가 총회 직영신학교가 됐다. 그래서 교회의 기도와 재정지원은 물론 감독을 받음으로써 교회건설을 위한 책임 있는 신학교육을 하게 되었다.

새 이사회는 고려신학교에 복음병원(1961년 8월)을 함께 편입하여 총회 유지재단(1965년 9월)을 구성했다가 사립학교법 공포시행에 따라 대학 인가를 받기 위해서 학교법인 고려학원을 설립했다(1967년 5월). 설립 목적은 다음과 같다: "본 법인은 대한예수교장로회(고려파) 총회의 성경적인 신학사상에 입각하여 장로회 신조와 헌법에 기준한 교역자 양성과 기독교교육, 병원사업을 목적으로 고려신학교와 복음병원 및 부속 간호학교를 유지 경영한다." 그런데 고려학원 설립과정에 상당한 문제가 있었다. 우선 고려신학대학 설립 인가(1970년 12월)를 받기 위해 복음병원을 학교법인이사회의 수익기관으로 편입했기에 이때부터 구호를 목표로 하는 복음병원과 수익을 목표로 하는 총회 간의 갈등이 시작됐다. 또 인가 과정에 불법과 허위가 있었다. 학교법인 설립을 추진하면서 거짓으로 이사회를 만들어 인가 청원서를 당국에 제출한 것이다. 모순되는 일이 아닐 수 없다. 개혁신앙에 기반한 목사 양성을 목표로 하고 기독교 문화건설 취지로 기독교대학 설립을 추진하면서 정작 개혁주의 생활원리와는 거리가 먼 모습을 보였기 때문이다.

4. 고려신학대학에서 기독교대학으로 변신, 그리고 신급 제한의 사실상 폐지

1970년 12월 고려신학교 예과(대학부)가 "고려신학대학" 이름으로 인가를 받았다. 신학과 외에 종교교육과(1977년), 종교음악과(1978년)가 개설됐다. 이는 칼빈대학을 통해 시도한 기독교대학 설립의 시작이었다. 이사회는 신학대학인 "고려신학대학"을 일반대학인 "고신대학"으로 변경을 결정하고 이를 총회에 보고했다. 그러나 개혁주의 생활원리에 따른 교회와 신학교, 교회와 고등교육과의 관계 등에 관한 신중한 연구와 기획 없이, 더구나 교회의 충분한 이해와 합의 없이 특정인들에 의해 추진된 이 안건은 제28회 총회(1978년 9월)에서 부결된다. 결국 이듬해 제29회 총회(1979년 9월)가 의과대학 설립을 허락하면서 "고려신학대학"은 일반대학인 "고신대학"으로 변신하게 되었다(1980년). 고신대학은 다시 종합대학으로 발전하기 위해 학과를 계속 증설하고 영도에 제2캠퍼스를 조성했으며 1993년에는 "고신대학교"로 교명까지 변경했다. 그러나 신급제한 폐지 헌법소원(1996년), 고려학원 부도(2003년), 입학생감소 추세를 계기로 종전까지 고신대학교 입학생에게 요구한 신급 제한(학습 이상)은 제55회 총회(2005년 9월)가 "고신대학교 입학자격(신급)제도의 탄력적 운영허락 청원"을 허락하면서 사실상 폐지되고 말았다.

5. 복음병원의 성장과 시련

1970년 12월 고려신학대학 설립 인가와 함께 복음병원이 고려학원의 수익기관이 된 이후 1980년 10월 고려신학대학이 고신대학으로 변신하고 아울러 고신대학 의예과가 신설되면서 복음병원은 1981년 2월에 "고신대학 부속 복음병원"이 되고 "고신의료원"으로 개편되었다. 이후 병원은 날로 발전하여 병동 증축으로 한때 서울 이남에서 일천 병상 이상을 갖춘 제일 큰 병원이 되었다. 그러나 부실 의료재단 김해복음병원 인수(1984년), 고신의료원 노동조합결성(1987년),

고신의료원 소요 사건(병동 건축을 둘러싼 비리, 부정 입학으로 인한 원장 구속과 이사장의 입건, 1988년-1989년)과 이를 처리하기 위한 전권위원회 구성(제41회 총회, 1991년)과 총회 내 세력 간의 대립(45회, 46회, 47회 총회) 등으로 시련을 겪으면서 제51회 총회(2001년 9월) 시는 급기야 총회 장소를 노조원이 점거하는 사태까지 일어난다. 고신교회 50년을 경축한 지 1년도 되지 않아 김해복음병원 문제, 이 사회와 병원의 파행적 운영, 병원노조의 장기파업으로 교직원 임금 체불 등이 사회문제화되면서 마침내 복음병원이 부도가 나고 고려학원에 관선이사가 파송되기에 이르렀다(2003년 4월 1일).

6. 고려신학대학원의 이전과 단설대학원 추진

"고려신학교"는 1970년 12월 예과 과정인 대학부가 "고려신학대학" 이름으로 대학 인가가 나오자 "신학 본과" "신학 연구과" 이름으로 대학에 종속하는 기관이 되었다. 그러다가 1980년 10월 "고려신학대학"이 "고신대학"으로 일반대학이 되면서 11월 3일 교역자 양성 기관인 "신학대학원"(고려신학대학원) 인가가 나고, 제36회 총회(1986년)가 "신학대학원"만을 수도권으로 이전하기로 결의하고, 제38회 총회(1988년)는 신학대학원과 고신대학의 분리 운영을 허락하였다. 제43회 총회(1993년)가 "단설신학대학원" 설립 추진과, 학교법인 고려학원과는 별도로 "목사 양성 기관인 신학대학원을 관리 운영하기 위해서 이사회를 별도로 구성"하는 문제를 이사회에 맡겨 연구하도록 했으나 그 이후 이 사안은 지금까지 답보 상태에 있지만 고려신학대학원은 마침내 1998년 9월에 천안에 새 건물을 완공하고 이전하게 되었다.

7. 위기에 빠진 고려학원 세 기관의 현재

2011년 9월 고신대학교가 재정지원제한대학으로 선정되면서 제61회 총회(2011년)가 구성한 "고신대학교 총회대책위원회"는 제63회 총회(2013년)에서 "고신대학교 미래를 위한 특별대책위원회"로 바뀌고, 제64회 총회(2014년)는 앞의 위원회가 "대학의 특성화와 구조조정을 전제로 부산 영도와 천안의 캠퍼스를 하나로 통합하기로 한다"는 안건을 받고 "고신대학교 미래대책위원회"로 다시 조직했다. 제65회 총회(2015년)에서 앞 위원회의 "단설 신학대학원 설립과 수도권 이전 실현 불가, 총회 산하기관의 고려신학대학원 건물 사용 가능성" 보고를 끝으로 이후 총회 차원의 대책은 나오지 않고 있다. 현재 고신대학교는 입학생감소와 재정적 어려움을 겪고 있고, 고려신학대학원 역시 최근 급격한 입학생감소로 목회자 수급에 제동이 걸린 상태에 있으며, 복음병원은 2020년 말 상급종합병원 지정에 탈락하면서 고려학원 전체가 지금 어려움에 빠져 있다.

고려신학대학원장을 역임한 허순길교수는 1963년 환원 이후 고신교회가 겪은 큰 시험은 교회의 근본적인 문제인 신학이나 교리, 혹은 전도와 선교로 말미암은 것이 아니라 교회가 직영하는 대학과 병원을 둘러싼 문제들이라고 지적했다. 당장 학령인구감소로 인한 고신대학교의 존립여부, 복음병원에서의 비리와 노조문제, 교회쇠퇴와 맞물린 신대원의 입학생 급감과 질적 저하 등 고려학원이 직면한 문제는 한 두 가지가 아니다. 70년을 맞아 고신교회는 그동안 고려학원의 세 기관이 본래 설립 목적대로 유지되었는지, 불법과 과욕으로 변질하고 탈선한 것은 없었는지 살펴야 한다. 세 기관의 상호 관계 역시 바르게 정립되어야 한다. 아니, 개혁주의 생활원리를 따라 고신교회와 고려학원의 관계를 재조정할 것은 없는지 냉철하게 성찰해야 한다.

11장

대(對)정부 교류

고신교회는 지난 70년 동안 정부와 어떤 사안으로 어떻게 교류를 해왔을까? 총회에 여러 부서가 있지만 대정부 관계나 교류를 전담하는 상비부서가 없다. 그때마다 위원회를 조직하고 활동을 했을 뿐이며, 헌법 교리표준에 속한 <웨스트민스터신앙고백서>에서 '국가위정자'에 관한 조항(23장)이 있음에도 <교회정치>에는 이에 관한 조항이 없다. 그럼에도 고신교회는 지난 70년 역사에서 끊임없이 정부를 상대로 교류를 해왔고 지금도 하고 있다. 지난 총회 결정을 중심으로 대정부교류 70년 역사를 살펴보자.

1. 대(對) 정부 교류 70년의 역사를 개괄해 보자.

1) 우상숭배금지 계명(제1, 2계명)과 관련한 결정

고신교회는 <진리 운동>과 함께, 일제 강점기 동안 목숨을 바쳐서라도 "나 외에 다른 신을 두지 말라" "다른 형상을 만들지 말라"는 제1계명, 제2계명을 지키기 위해 일제가 강요한 신사참배를 거부한 <순교 정신>, 그리고 공적으로 사적으로 신사참배에 참여한 것에 대한 <회개 운동>으로 1952년 9월에 태동했다. 이런 배경에서 지난 70년 동안 우상숭배를 금지하는 제1, 2계명과 관련한 전통이 총회 결정에도 나타나는데 대표적으로 국기 경례 구호 반대, 단군상 철거 운동을 꼽을 수 있다.

1972년 유신 체제가 들어서면서 정부가 국기 경례와 국기에 대한 맹세를 요구하기 시작하는데 고신교회는 제22회 총회(1972년 9월)서부터 특별히 국기 경례 구호 변경 문제와 관련해서 정부 당국에 진정하기로 결정한다. 이때 1973년 9월 김해여고에서 국기 경례를 거부한 고신교회 소속 학생 6명이 제적당하는 일이 발생하는데 학생들은 헌법이 보장한 양심과 종교의 자유를 침해당했다면서 제적 처분 취소 소송을 내기도 했다. 제24회 총회(1974년 9월)도 "우리는 국기에 대하여는 주목으로 한다. 구호도 주목으로 변경해 주기를 바란다"로 정부에 진정하기로 결정했고, 제25회 총회는 이 문제를 전담하는 국기경례문제대책위원을 선정하기도 했으며, 제26회 총회(1976년 9월)는 위 건의가 관철될 때까지 관계 당국과 계속 교섭할 것을 결정했다. 이후 총회는 이 문제에 침묵하다가 유신 체제가 종식된 이후인 제39회 총회(1989년 9월)에서 다시 국기 경례 구호를 주목으로 변경해 줄 것을 정부에 건의하도록 결정하는데, 이 건의는 제45회 총회(1995년 9월), 제46회 총회(1996년 9월)에서도 가결되었다.

한문화운동연합(현 홍익문화운동연합)이라는 단체에서 1998년 11월부터 1999년 6월까지 8개월 동안 전국 초·중·고등학교 교정, 공원, 공공장소에 불법으로 369기의 단군상을 기습적으로 세운 일이 있었다. 단군상 건립은 단군신화를 기초로 단군을 국조로 섬기면서 숭배하는 종교적 행위이고 그 배후에는 대종교 단군교 한얼교 등의 교단이 포함돼 있었다. 이러한 단군상을 학교나 공공장소에 건립하는 것은 용납할 수 없는 일이었다. 일찍이 제37회 총회(1987년 9월)는 단군신화 사실화 반대를 위하여 7인 위원을 선정하고 정부에 대하여 건의하고 계속 투쟁할 것을 결정한 적이 있는데, 단군상 건립이 공공장소에 기습적으로 이루어진 직후에 열린 제50회 총회(2000년 9월)는 총회단군상철거대책위원회를 설치했고 이 위원회는 제51회 총회(2001년 9월)에 단군상 철거를 위한 지속적이고 조직적인 노력을 위해 총회 차원에서 대정부 건의와 성명서를 발표하도록 청원을 했으며, 제53회 총회(2003년 9월)는 노회별 대책위원회 조직과 한국기독교총연합회에 건의하여 11월에 서울에서 범교단적 철거 규탄대회 및 기도회를 개최하는 것과 후원(5천만원), 헌법소원을 결정했다. 나아가 제54회 총회(2004년 9월)는 시국선언문을 발표할 때 8개 항목 중에서 가장 먼저 단군상 철거를 적시하였고, 이 위원회는 2022년 현재까지 꾸준히 활동하고 있다(반기독교사회문화대책위원회 산하 세 소위원회 중 '단군상대책위원회' 이름으로 활동).

2) 종교활동 자유와 관련한 결정

종교활동의 자유와 관련하여 우리 총회가 정부에 촉구하거나 건의하기로 결정한 내용을 보면 다음과 같다: 정부의 교회 타종(打鐘) 금지 조치 건(28회, 31회), 주일성수를 위해 주일에 시행하는 행사와 각종 시험 요일 변경 건(37회, 57회, 58회, 60회, 61회, 68회), 교회당 건축에 방해되는 규제 완화 건(28회, 31회, 42회), 성직자 과세 건(18회, 64회, 65회, 66회), 정부의 특정종교편향정책 건(62회), 민방위대 편성에서 교역자 제외 건의(25회), 대면예배금지 행정명령에 대한 헌법소원(70회). 이 중에서 주일 시행 행사 및 각종 시험 반대 및 요일 변경 건의와 정부의 대면예배금지 행정명령에 대한 헌법소원은 십계명 중 예배와 관련된 계명(제1계명에서 4계명까지)과도 관계된다.

3) 반기독교적 입법 및 활동 반대

총회는 반기독교적인 입법 시도나 활동에 침묵하지 않았다. 국정교과서에 창조론을 삽입하는 것(46회)과, 인간 복제 금지와 윤리법 제정(47회)을 건의했으며, 공영방송에서 죽은 조상에게 제사 지내는 장면을 방영한 일과 화폐 도안에 특정 종교 상징물이 들어간 것에 대해서도 시정을 강력하게 요구했다(49회). 국공립공원 입장료와 사찰 입장료 요금 분리 징수 건(50회)을 건의하고, 또 통일교 문선명 집단의 정치적 행보 중단 요구와 병역을 거부하는 여호와증인을 위한 대체복무제 입법을 반대하는 한국기독교총연합회의 성명서를 채택했다(51회). 제69회 총회(2019년 9월)는 반기독교적인 입법과 사회문화에 효과적으로 대처하기 위해 반기독교사회문화대책위원회를 조직하고 그 아래에 낙태법방지위원회와 악법저지대책위원회를 두었다.

4) 대국민 사과성명서 발표

고신총회는 두 차례에 걸쳐 총회장의 이름으로 신문 지상에 사과성명서를 발표한 적이 있다. 첫째는 1982년 3월 18일 고신총회가 설립한 학교법인의 기관인 고신대학교 학생 몇 명이 미국정부가 5.18 광주학살을 용인했다고 비판하며 부산 미문화원에 방화하여 당시 도서실 안에 있던 동아대학교 학생 1명이 사망하고 3명이 화상을 입는 사건이 일어났을 때 총회장 명의로 일간신문 지상에 '사과성명서'를 발표했고, 총회운영위원회(1982. 4.1)는 이를 추인하고 제32회 총회(1982년 9월)는 이 보고를 그대로 받았다. 두 번째는 제41회 총회(1991년 9월)가 당시에 발생한 학교법인 기관인 고신의료원 사태(12명의 학생 부정 입학 등)로 교단의 명예가 실추되는 것에 주목하고 사회와 교계에 '사과와 우리의 결의'라는 제목의 성명서를 채택하고 이를 발표하기로 했다.

5) 시국선언문

총회는 지난 70년 동안 두 번 시국선언문을 발표했다. 첫째는 제54회 총회(2004년 9월)가 나라가 당면한 갖가지 혼란과 갈등, 체제와 안보, 경제와 사회전반에 걸친 위기상황을 염려하고 하나님 앞에서 허물과 죄를 통회하며 간절히 기도하면서 총 8개항에 걸쳐 입장을 밝혔다. 여기에는 단군상 설립 촉구, 친북 반미 좌경세력의 공공연한 활동을 두고 대통령이 국가의 정체성을 지켜줄 것과, 편파보도를 일삼는 어용 매체 분변, 국가보안법 폐지 금지, 탈북난민 보호와 북한 인권 촉구, 행정수도 이전을 국민투표로 실시할 것과 사립학교법

개정 반대, 현 정권이 민심의 소재를 정확히 파악할 것을 촉구하는 내용이 담겼다. 총회가 두 번째로 시국선언문을 발표한 것은 제69회 총회(2019년 9월)의 결정으로 이루어졌다. 다만 '시국선언'이란 용어 대신에 다른 적절한 용어를 선택하기로 하는데, 2019년 10월 27일자로 '현 시국에 대한 고신총회 성명'이란 제목으로 발표하게 된다. 여기에는 교회 개혁과 갱신을 위한 다짐(지나친 교파분열, 개교회 중심의 성장 우선주의, 일부 목회자들의 전횡과 윤리문제, 일부 대형교회의 대물림 등을 직면하여), 소수 인권 의 이름으로 양심과 종교의 자유가 침해되는 국가인권정책기본계획 추진 반대, 낙태법 개정 반대, 하나된 대한민국, 자유민주 평화 통일의 내용이 포함되었다.

2. 정부와의 접촉에 대한 평가와 전망

이제 총회가 정부와 접촉한 것에 대해 평가하고 전망해 보자. 지난 70년 동안 총회는 다양한 사안을 두고 정부와 접촉해왔다. 그런데 어떤 일이 생길 때마다 위원회를 만들어서 대처함으로써 일관성과 전문성이 떨어진 것도 사실이다. 예를 들어 제49회 총회(1999년 9월)는 국기 경례의 구호변경 촉구건에 관한 신학적 해답을 신학대학원 교수진에 맡기기로 결정했으나 어떤 연유인지는 모르겠으나 이후 이와 관련하여 고려신학대학원의 답변을 찾을 수 없고 이후 총회 역시 이 문제를 가지고 다시 언급하지 않은 것은 아쉽다.

제54회 총회(2004년)의 시국선언문 일부와 형식은 다소 문제가 있다. 시국선언문 채택이 우리 신앙고백서인 웨스트민스터 신앙고백서 제31장 제4항 "대회와 공회의는 교회적 사안만을 다루어야 한다. 비상시국에 겸허한 청원이나 국가공직자의 요청을 받아 양심상 행하는 조언 외에는 국가와 연관된 시민적 사안에 개입하지 말아야 한다"에 비추어 볼 때 치리회인 "총회"가 시국선언문의 주체가 된 것이 과연 적절한가에 대한 의문이 남는다. 시국 상황이 특별하다 하더라도 고백서에 있는 대로 "겸허한 청원"이 되어야 함에도 시국선언문은 적극적으로 "촉구"와 "천명" "결의"를 하기 때문이다. 그래서 제55회 총회(2005년 9월)에 "제54회 총회에서 결의한 시국선언문 채택이 우리의 신앙고백서와 일치하거나 옳은지에 대한 문의"가 제기된 것은 어쩌면 당연한 일이었다.

제언하자면 앞으로 총회에 대정부 교류 담당 부서를 두어서 전문성을 갖게 하고 일원화시키는 것이 바람직하다. 그리고 헌법 <교회정치>에도 정부와의 관계를 다루는 항목을 신설해서 한편으로 교회가 하나님께서 세운 정부와 공직자에 대해 이들이 불신자일지라도 기도하며 존중하고 납세의 의무를 다하며 합법적인 권위에 순종하면서도 다른 한편으로는 교회가 정부에 대해 종교의 자유를 보장할 의무와 주님의 이름이 공적으로 심각하게 훼손될 때 정부에 시정을 요구할 수 있음을 적시하는 것이 좋겠다.

12장

총회 운영

고신교회는 1952년 9월에 독노회로 시작하여 1956년 9월 20일에 총회로 개편했다. 이후 고신교회 70년을 맞는 2022년에 제72회 총회를 치렀다. 지난 70년 동안 최고 치리회인 총회는 어떻게 운영되었을까? 이를 어떻게 평가하고 내일을 전망해야 할까?

1. 총회 구성(총대 수와 총대파송기준)

교회헌법에 나오는 <교회정치>는 총회조직(구성)에 관해 각 노회에서 파송한 목사와 장로로 조직하되 목사와 장로는 그 수를 같게 한다고 규정한다. 이 원리는 지난 70년 동안 여러 차례 헌법개정이 이뤄졌음에도 변하지 않았다. 그런데 이 원리를 토대로 각 노회가 파송하는 총대 수(數)는 어떤 기준으로 결정했을까?

먼저 제6회 총회(1956년)에서 총회로 개편하여 총회조직법을 개정하고 매2당회마다 목사 장로 각 1인씩을 파송하여 총회를 조직했다. 종전까지 사용한 1934년 조선예수교장로회헌법은 매15당회에 목사 장로 각 1인씩이었다. 잠시 승동측과 합동했을 때는 합동헌법(1962년)을 따라 매7당회에 목사장로 각 1인씩이었다. 1972년 개정헌법(제22회)에서는 매4당회마다 각1인씩으로 기준이 강화되었다.

1992년 개정헌법에서 총대파송기준에 큰 변화가 있었다. 이전까지는 당회 수가 총대파송기준이었으나 이제 입교인 수가 양자택일로 첨가되었다. 입교인수를 따를 때는 입교인 700명마다 목사 장로 각1인씩을 파송하도록 했다. 사실 입교인(세례교인)을 총대파송기준에 포함해달라는 청원은 일찍이 제16회 총회(1966년)부터 시작되었다. 이때 총회는 총회 총대의 수를 세례교인 비례로 해 달라는 건은 노회 단위는 당회이고 총회 단위는 노회이기에 교인 수 비례로 총대를 파송하는 것은 헌법정신 상 부자연한 일이라고 하고 이 청원을 기각했다. 제38회 총회(1988년)는 제36회 총회(1986년)에서 구성한 위원회가 보고한 "세례교인 수가 적은 농촌교회는 당회 수가 많고, 세례교인 수는 많으나 당회 수가 상대적으로 적은 도시교회의 총대 수가 제한되는 권리와 책임의 균형이 맞지 않는 문제와 직면할 때 당회 수와 세례교인 수를 병행하는 것이 이 문제를 해결하는 현실적인 방안"이라는 보고를 듣고 "세례교인 700명에 목사 1인과 장로 1인씩 파송하되 양자택일하고"를 삽입하는 개정안을 노회 수의하기로 결정하고 그 결과 부결된 것인데 1992년 헌법개정에서 이를 다시 채택했다. 그리고 5년이 지나지 않아 제46회 총회(1996년)는 4개 당회를 5개 당회로, 입교인 700명을 900명으로 상향 조정했고, 제61회 총회(2011년)는 다시 6개 당회, 입교인 1200명으로 수정했다.

입교인 수와 당회 수에 비례한 총회 구성은 매년 교인 수가 폭발적으로 증가한 결과였다(1972년-23,182명, 1982년-54,620명, 1992년-122,017명, 2002년-213,746명). 결국 처음으로 총대 수가 500명을 넘긴(512명) 제52회 총회(2002년)는 향후 5년간 동결할 것을 결정하고 이후 10년이 지나 제63회 총회(2013년)에 가서야 비로소 이를 풀었다. 여기에는 아마도 2012년을 기준으로 입교인 수의 증가가 둔화 혹은 답보 상태에 머문 것이 작용되었을 것이다(2016년 이후론 2015년 고려측과의 통합에도 불구하고 계속 감소 추세에 있다).

총대 수 증가로 조직과 소통, 회의 운영에 어려움이 따르는 것은 당연한 일이다. 고육지책으로 제57회 총회(2007년)는 협력위원회 제도를 도입하여 협력위원은 노회에서 추천하는 상임위원과 달리 해당 상비부서에서 피선거권이 없고 총회가 폐회하자마자 임무가 종결되도록 했다. 이로 인해 노회가 파송한 총대들 간에 차별 문제가 발생하였고, 제64회 총회에 이를 개선하자는 청원이 시작된 이후 이를 연구하였으나 총대 수를 줄이지 않은 상태에서 다른 대안이 없음을 알고 제67회 총회(2017년)는 현행대로 할 것을 결정했다.

2. 총회 부서의 변천

1956년 제6회 총회는 총회 개편과 함께 조직을 규칙으로 정했다. 임원(회장, 부회장, 서기, 부서기, 회계, 부회계) 외에 11개의 상비부와

6개의 특별부와 6개의 정기위원을 두었다. 11개 상비부에는 정치부, 규칙부, 재정부, 학무부, 전도부, 선교부, 종교교육부, 신학부, 헌의부, 면려부, 구제부가 있고, 6개 특별부(원)에는 구제위원, 복음병원이사, 재판부원, 지방위원, 출판위원, 학생지도위원을 두고 총회장이 자벽(自辟)하는 6개 정기위원에는 총계위원, 공천위원, 노회록검사원, 절차위원, 지시위원, 흠석위원을 두었다. 임원은 무기명 투표로 선정하여 회장은 투표수 2/3 이상으로 하고 기타는 다점으로 결정했다. 상비부원과 특별부원은 공천위원이 총회 개회 전에 선정하여 총회에 보고하되 3년 조로 하고 매년 1/3씩 개선하였다.

특별부(특별위원)는 성격상 그때그때 상황에 따라 변경되는데 제13회 총회(환원총회, 1963년)는 순교자유가족구호위원과 총회기구연구위원을 두고, 제14회 총회(1964년)는 목사정년과은급대책을위한대책위원회를 신설하고, 15회 총회(1965년)는 섭외부의 요청으로 화란개혁교회(해방)와 개혁주의세계대회 건 등 타교단과 단체와의 교류 문제를 다룬 기록이 있고, 제25회 총회(1975년)는 교단발전연구위원, 헌법수정위원, 정관개정심의위원, 교계언론대책위원, 북한선교대책위원 등 무려 11개의 특별위원을 두기도 했다.

총회조직에서 상비부-특별부-정기위원 삼중구조는 제18회 총회(1968년)에서 상비부(12개, 사무부, 기획부, 행정부, 신학교육부, 교회교육부, 전도부, 선교부, 사회부, 농촌부, 재정부, 출판부, 재판부)-상임위원(6개, 공천위원, 헌의위원, 지방위원, 성서번역자문위원, 노회록검사위원, 고려학원재단이사) 이중구조로 개편되어 제52회 총회(2002년)까지 그대로 이어졌다. 제49회 총회(1999년)는 10개 상비부와 14개 상임위원회를 두었다.

　총회 규모가 커지면서 총회임원선거조례를 신설하고(7장 16 개조) 선거관리위원회를 두는 것은 불가피했다(제50회 총회, 2000년). 제52회 총회(2002년)는 유례없이 총회조직을 크게 수정했다. 총회 구조조정위원회의 보고를 받고 기존 상비부-상임위원회 구조를 대폭 변경하여 총회운영위원회와 재판부 외에 4개 부서를 신설하고(행정법규부, 신학교육부, 전도선교부, 재정복지부) 각 부 안에 여러 상임위원회를 두었다. 그래서 제3일에 각부별로 모여 상임위원회에 상정한 안건을 처리하고 본회는 각 부 보고를 받아 확정하도록 했다. 그리고 총회 직영기관과 재산관리를 위하여 4개 법인(유지재단, 고려학원, 의료법인 고신의료재단, 은급재단)으로 구성하는 법인총회를 별도로 두었다(법인총회는 구성 때부터 논란이 있었는데 결국 제58회 총회(2008년)에서 폐지된다). 또 이때 감사위원회를 신설하고 총회 감사규정을 만든다(제53회).

　제62회 총회(2012년)는 제59회 총회(2009년)가 조직해서 활동한 총회기구개혁위원회의 보고를 받아 저비용 고효율의 예산 절감을 위해 30개에 해당하는 상임위원회를 다시 조정하여 재판국, 감사국, 선거관리위원회 외에 21개 위원회를 15개로 축소하지만 부회(4개)-상임위원회(15개) 기본 구조는 그대로 이어간다. 한편 총회회관구조조정위원회의 보고를 받고 각 부서가 각각 시행하는 인사와 임금제도를 통일하며 각 부서에서 분산 처리하는 동일 업무를 이관하는 것 등 대대적인 조정을 결정했다.

3. 총회(회의)운영

총회운영과 회의진행에 관해서는 총회규칙(제6장)과 회의진행세칙이 자세하게 규정하고 있다.

지난 70년 동안 총회소집 일자를 두고 몇 차례 변경이 있었다. 제6회 총회(1956년)는 9월 셋째 주일 지난 화요일 저녁이었으나 제16회 총회는 9월 셋째 주일 지난 목요일로, 제26회 총회(1976년)는 9월 넷째 주일 지난 화요일로, 제29회 총회(1979년)는 다시 9월 셋째 주일 목요일로 변경했다. 제35회 총회(1985년)까지 총회는 소집 일자는 정했을 뿐 마치는 시간을 정하지 않았다.

제36회 총회(1986년)는 총회 기간을 9월 셋째 주일 월요일부터 금요일까지로 한정했다. 제51회 총회(2001년)는 여기에 금요일 19시를 폐회 시간으로 정하고 이를 변경할 수 없도록 결정하는데 아이러니하게도 이를 결정한 제51회 총회가 이 규칙에 매여 정한 시간에 회무를 마치지 못하는 일(복음병원 노조의 시위로)이 일어나고 결국 남은 안건 처리를 위해 소(小)총회를 다시 열 수밖에 없었다. 여기서 생각할 점이 있다. 과연 총회가 중요한 안건을 충분히 토의하여 처리하지 않은 채 폐회할 수 있는지, 중요한 미진 안건을 일부 총대가 모인 회의에서 처리하는 것이 과연 합당한가에 대한 것이다. 제65회 총회(2015년)는 회기를 화요일 오후 3시부터 금요일 정한 시간까지로 하되 예정한 주간이 부득이한 사정으로 연기할 때는 임원회의 결의로 수정할 수 있도록 했다.

4. 총회운영과 총대구성에 대한 평가와 전망

이제 총회운영과 총대구성에 대해 평가하고 전망해 보자.

첫째, 지난 70년 동안 이어져 온 총회 구성과 총대파송기준을 어떻게 평가해야 할까? 현재 당회 수나 입교인 수에 따라 총대를 결정하는 제도는 민주주의 원칙에는 부합하나 장로회정치원리에서 볼 때 부당한 교권이 발생할 수 있는 유혹과 위험이 있다. 장로회정치원리는 직분의 동등만 아니라 교회들의 동등, 치리회 간의 동등 또한 소중하게 생각한다. 큰 노회가 작은 노회 위에 군림할 수 없도록 과감하게 개정하는 것이 좋다. 노회 총대파송기준과 함께 총회 총대파송기준을 수정하여 우리 총회조직과 부서에 적합하고 충분히 효율적으로 회의를 할 수 있는 적정 수를 파악하여 전향적으로 총대 수를 줄이고 노회마다 동등한 수를 파송하도록 해야 한다. 또 총대 연령을 지금보다 대폭 낮추고 자문위원을 확대하여 고신교회 안에 있는 다양한 구성원을 총회에 초청하여 그들의 목소리를 경청할 수 있어야 한다.

둘째, 헌법이 규정한 총회의 고유한 직무 수행 목표에 얼마나 부합하여 조직, 인적 구성, 회의 진행을 하는지를 성찰하고 평가해야 한다. 의사결정이 얼마나 규칙을 따라, 또 구성원의 합의로 진행하고 있는지도 점검해야 한다. 그리고 총회의 전문성을 위해 총대가 아닌 목사 장로 중에서도 전문위원을 발굴해야 한다. 총회에 상정된 많은 안건을 심사하고 분류할 때는 물론 이를 제대로 연구하고 토론하고 결정하는 문화를 이뤄가야 한다. 70년 동안 있은 총회 결정을 모은 판례집을 속히 발간해야 한다.

셋째, 지난 70년 동안 운영위원회와 임원회가 총회가 위임하지 않은 사안을 월권하여 처리한 일에 대해 총회 앞에 공식적으로 사과한 적이 있다(제56회 총회, 2006년). 어디 이뿐이겠는가? 종종 일부 부서가 월권하여 논란이 된 적이 있었다. 이는 치리회에 위임한 그리스도의 권세를 부당하게 사용하는 것으로 다시는 있어서는 안 될 것이다.

13장

사무총장(행정지원실)의 역할

고신교회는 설립 24년을 맞은 제25회 총회(1975년)에서 총무제도를 신설했다. 이후 제57회 총회(2007년)가 이를 사무총장제로 전환하고 지금까지 이르고 있다. 그런데 어떤 배경에서 이 제도를 만들고, 또 지난 역사에서 총무(사무총장)는 어떤 역할을 했으며 고신교회 70년을 맞아 지금 어떻게 이를 평가하고 앞으로 사무총장과 행정지원실에 대해 무엇을 기대해야 할까?

1. 총무제도의 역사

총무제도를 신설한 것은 제25회 총회(1975년)였다. 경기노회(노회장 민영완 목사)의 헌의로 다뤄진 이 건은 총회가 기획부의 보고를 받은 후에 총무제도 신설을 결정하고 규칙부를 통해 규칙제정을 하

였다: 총회규칙 제5조 3항, "총무 1인을 둔다." 제10조 3항, "총무는 총회와 사무부에서 맡기는 업무를 권장한다(단, 임기는 2년으로 하고 연임할 수 있다)." 그리고 총회는 당시 총회 서기 한학수 목사에게 총무 직명을 부여하고 활동하도록 했다. 따라서 고신교회 제1대 총무는 한학수 목사이다. 다음 총회인 제26회 총회(1976년)에서 한학수 목사가 1년간 활동한 총무 상황 보고를 한다. 그 일부를 보면 우선 총회가 맡긴 일, 즉 선교사에 대한 외환사용추천신청서, 선교활동세부계획서, 교세통계표, 현황보고서를 작성하여 정부(문공부)에 제출한 일과 대외활동으로 한국기독교지도자협의회(19개 교단)에 참석하여 국기경례문제와 사립학교법 개정 문제를 건의하여 관련 위원회를 조직하고 한국교회 찬송가 통일과 사이비종교 연구와 대책 수립, 종교 법인세 제정 건을 협의한 일과 각종 언론과 수차례 가진 기자회견으로 교단의 업적과 전망 등을 홍보한 것 등이 나온다.

제25회 총회가 총무제도를 신설하고 관련 규칙을 개정했으나 당시 총회는 이 문제를 심도 있게 논의하지 못했다. 제26회에 제출된 교단발전연구위원회의 보고를 보면 제26회 총회를 앞두고 모인 회의(1976.5.20.)에서 총무와 직능과 지위에 관해 토의하고 결정하는데 여기서 어떤 배경에서 어떤 목적으로 총무제도를 신설하는지와, 동시에 이 제도로 인한 우려도 볼 수 있다. 총무의 역할과 지위는 "대외적으로 교단을 대표하는 대변자로서 직능을 수행하고" "대내적으로 교단이 위임한 권한 내에서 그 수임 사무를 처리하는 실무자로서 집무하는 것"이라고 보았다. 그래서 한편으로 소신껏 일할 수 있는 충분한 권리와 생계 및 신분을 보장해야 함과 동시에 총무가 독주함으로 초래될 교단 손상의 가능성을 충분히 배제할 수 있는 제도적 보완이 요청된다는 견지에서 운영위원회의 감독하에 두고 총회나 운영위원회 또는 임원회에서 언권회원 자격을 부여하되 총회 총대권은 없고 지교회 담임을 못하도록 했다.

교단발전연구위원회의 결정은 제26회 총회에서 관련 규칙 개정으로 이어진다. 즉 "총무의 임기는 3년으로 하고 연임할 수 있으며 자격은 본 교단 소속 목사로서 목사 경력 10년 이상인 자 중에서 운영위원회가 배수 공천 한 자를 총회가 선출하며 아울러 임면도 한다"로 하고 총무의 직무를 다음과 같이 규정했다: (1) 총회 및 각 부, 각 위원회의 위탁업무를 처리하는 일 (2) 기획조정, 통계조사 업무를 관장하는 일 (3) 대외적인 본 교단 대변인의 역할을 하는 일 (4) 교재출판 및 보고업무를 관리하는 일 (5) 총무는 총대가 되지 못하고 지교회 담임을 할 수 없으며 각급 회에 언권 회원이 된다." 그리고 제2대 총무로 직전 총회장(제25회) 민영완 목사를 선출하였다(1976년 9월~82년 9월).

제31회 총회(1981년)는 총무실 운영강화를 위해 연구위원(5인)을 세웠고 제32회 총회(1982년)는 최해일 목사를 총무로 선출했다(1982년 9월~1991년 9월. 1984년 3월 29일 최 목사의 사면으로 9월까지 총회서기 김용도 목사가 임시 대행). 최 목사는 제33회 총회(1983년)에서 총무 보고를 통해 교단본부회관건립 5개년계획과 고신교회의 공식 명칭을 제정, 교단 내 각 기관(선교부 교육부 출판부 주교연합 C.E. SFC. 여전도회연합회)의 업무를 집중해서 관장할 수 있는 제도적 조치, 교단 문서관리 규정 제정, 교역자 연수교육제도, 교계 찬송가의 급격한 변화로 순수하고 건전한 찬송가 보급과 전승 연구 등 포부를 밝혔다. 총회회관건립계획은 제33회 총회(1983년)에서 노회별 모금계획을 세우기까지 했으나 지지부진하다가 제38회 총회(1988년)가 추진을 재확인 훈에 착수하여 마침내 제44회 총회(1994년)에서 회관건립보고가 이뤄졌다(대지 318평. 건물 연건평 1,226평 지하 2층 지상 7층). 한편 제35회 총회(1985년)는 규칙을 개정하여 총무는 사정에 따라 개체교회 담임목사를 겸임할 수도 있고 또 총회 총대권을 제약하지 않기로 결정하고 최해일 목사를 다시 선출했다. 최 목사는 10년을 봉사했고, 제55회 총회(2005년)는 그의 공로를 인정하여 격려와 감사를 표하였다.

제40회 총회(1990년)는 전담 총무제(담임목사 겸직 불가)로 다시 전환하기로 결정하고 제41회 총회(1991년)는 심군식 목사를 총무로 선출했다. 심 목사는 2000년 8월에 투병 끝에 소천하기까지 9년을 봉사했다. 제50회 총회(2000년)에서 선출된 전호진 목사는 2004년 9월까지 봉사하였고, 제54회 총회(2004년)에서 선출된 임종수 목사는 2012년 9월까지 봉사하는데 임기 중인 제57회 총회(2007년)에서 총무의 직책이 사무총장으로 변경된다. 임종수 목사 후임으로는 구자우 목사가(2012년 9월 2018년 9월), 이어서 이영한 목사가 2018년 9월부터 현재까지 봉사하고 있다.

2. 사무총장의 직무

현재 총회규칙이 정하는 직무는 다음과 같다: 1. 회장의 지휘 감독을 받아 총회의 제반 사무를 헌법과 규칙과 총회 결의 범위 안에서 기획 이행하고 그 결과를 총회에 보고한다. 2. 본회 및 임원회의 언권 회원이 되어 업무 상황을 보고한다. 3. 총회의 모든 문서를 보관하며 사무직원들을 통솔한다. 4 총회 출판물 및 보급 업무를 담당한다. 5. 총회 역사에 관한 자료를 수집하여 자료집을 만들어 배포하고 보관한다. 6. 산하 각 기관의 유급 실무 대표자를 소집하며 정책과 사업에 관한 정보를 협의할 수 있다. 7. 각 상비부와 상임위원회에 언권 회원이 된다. 8. 기획 조정, 통계 조사 업무를 관장한다. 9. 대외적으로 본교단 대변인의 역할을 한다.

제26회 총회(1976년)에서 처음 만든 것과 비교해보면 크게 차이가 나지 않는다. 다만 눈에 띄는 것은 첫째 직무인 "회장의 지휘 감독을 받아.."이다. 그런데 이 문구는 처음 규정에는 없던 것이다. 본래는 "총회 및 각 부, 각 위원회의 위탁업무를 처리하는 일"이다. 그런데 이것이 제49회 총회(1999년)에서 현 조항으로 개정됐다. "총회 및 각 부, 각 위원회"가 "(총)회장의"로 바뀐 것이다. 이렇다 보니 이후 사무총장은 총회장과 동행하고 그를 보좌하는 직무를 우선시해왔다. 따라서 대외적으로 고신교회 대변인 역할에는 소홀할 수밖에 없었다. 교단 대변인의 역할, 총무제도를 신설할 때 총회가 총무에게 요구한 가장 큰 직무였다. 위 문구를 다시 원래대로 복구할 필요가 있다.

한편 임종수 사무총장은 제56회 총회(2006년)에서 세 차례에 걸쳐 불법 문서를 작성하여 교육인적자원부에 제출하고 총회 직인을 부정 사용하여 교단의 명예를 실추시킨 일로 3개월 정직과 총회 앞에서 사과하는 징계를 받은 일이 있었다. 이런 일은 일찍이 제26회 총회(1976년)에서 교단발전연구위원회가 총무의 독주로 인한 교단의 손상을 우려하여 제도적 조치를 보완하도록 한 일이었다. 이 일로 제60회 총회(2010년)는 총회규칙을 개정하여 사무총장의 임기를 4년으로 3년으로 줄이고 1차례 연임과 정년 65세로 제한하여 사무총장의 권한을 대폭 축소했다. 제62회 총회(2012년)에 가서야 임기가 다시 4년 연임으로, 제68회 총회(2018년)에서 정년이 68세로 연장되었다.

3. 사무총장에게 기대하는 역할

지난 역사와 평가를 통해 사무총장에게 기대하는 역할을 다음과 같이 대내적인 것과 대외적인 것으로 크게 나누어 보자.

대내적인 직무는 무엇보다 총회임원회와 상임위원회, 모든 기관을 조율하여 고신교회에 필요한 정책과 사업을 협의 조정하는 것과 개체교회를 세우는 일을 위해 현재 교회상황을 끊임없이 파악하는 일이다. 그래서 누가 물어도 교회의 정확한 현재 데이터를 제공할 수 있어야 한다. 행정지원실은 단순한 행정이 아니라 교회를 적극적으로 세우기 위한 기획력을 갖추어야 한다. 사무총장 아래에 싱크 탱크나 연구소가 있어야 한다. 연구소를 세워 최소한 박사급 직원을 세워서 현안에 대한 긴급한 분석과 교회에 이 사실을 알리고 환기할 뿐만 아니라 교단의 미래를 위한 정책들을 꾸준히 연구하여 제안하는 지휘소 역할을 해야 한다.

대외적인 직무는 고신교회 대변인과 복음을 위한 협력이라고 말할 수 있는데 사무총장의 이름을 알리는 것 정도가 아니라 고신교회와 교류하는 국내 연합단체와 교류를 적극적으로 도모하되 신앙고백에 근거한 협력과 대사회적인 일을 위해 일반적인 협력을 하는 것을 분명하게 구분하고 복음과 교회를 세우기 위해 실사구시의 길을 택해야 한다. 복음을 적대하거나 우리 사회를 혼란에 몰아넣는 사안에 대해서는 타 교단이나 기독교기관 등과 협력해 고신교회 대변인으로서 시의적절한 성명서 등을 발표하여 복음을 아주 구체적으로 선포하고 드러내므로 고신의 주도권을 확립해야 한다. 섭외위원회가 하는 해외 자매교회들과의 협력을 강화해 총회 시 사절들이 인사하는 것을 넘어 함께 복음을 대적하는 이 세상에 대해 적극적으로 대응하도록 해야 한다. 전 세계적으로 복음을 대적하는 사안에 대해 긴급하게 논의할 자매교회와의 핫라인을 구축하고 그때그때 마다 실제적인 세미나와 자료교환을 통해 실질적인 협력과 대처를 해 나가야 한다.

나아가 사무총장의 감독하에 총회행정지원실의 역량을 강화해야 한다. 먼저 총회와 노회, 그리고 각종 기관에서 생산한 문서가 소실되지 않도록 잘 수집, 보관해야 한다. 이를 기초로 개체교회에 필요한 문서와 자료를 디지털로 전환하여 행정데이터베이스를 구축하는 것이 필수적이다. 또 총회 자료가 개체교회에 실질적으로 도움이 될 수 있도록 그 자료를 다양한 방식으로 가공하여 자료집을 만들어 전달하는 일을 해야 한다. 총회역사자료만이 아니라 고신교회 역사자료를 수집하고 잘 가공하여 개체교회가 활용할 수 있도록 전달할 수 있어야 한다. 예를 들면 현재 고신교회 모습을 그대로 드러낼 수 있는 자료를 정리하여 그때그때 마다 개체교회와 각 기관에 전달하여 각종 사업을 기획하는 일에 원자료가 될 수 있도록 해야 한다. 이 일을 위해 적절한 실무자를 양성하든지 아니면 채용해야 할 것이다.

14장
총회 재정정책

총회는 총회운영을 위하여 필요경비를 지급한다. 예·결산위원회에서 재정 정책을 수립하며, 예산편성 후 총회의 승인을 득한 후 집행하고 집행 후 결산을 총회에 보고하여 심의를 득한다. 그동안 총회의 재정정책이 어떻게 진행되어 왔는지 구체적으로 살펴보자.

1. 총회상회비 배정 기준의 변천 과정

고신총회는 총회상회비 산출 기준 세례교인으로 하다가 재정(교회결산)으로 총회상회비 산출 기준이 변천되었다. 그 과정을 살펴보면, 제1회 총회(1952년)에서는 세례교인 당 500원으로 시작하여 제6회 총회(1956년) 세례교인 당 30환으로 세례교인을 기준으로 하다가, 제18회 총회(1968년)에서는 세례교인도 아니고 재정도 아닌 노회별 등급제를 실시하여 A급 65원, B급 55원, C급 45원으로 상회비를 배정하였다. 제33회 총회(1983년)부터는 교회 재정을 기준으로 하는 교회별 예산총액명세서를 제출토록 하면서 분납도 허용하였다.

총회상회비는 9월 총회에서 노회에 배정되지만 상회비를 납부할 각 교회의 예산은 12월 또는 익년 1월부터 시작되는 어려움을 해소하기 위해 제40회 총회(1990년)에서 "총회 개회 전에 상회비의 30%를 총회회계에게 납부하는 것"을 가결하여 총회이후 6-7개월의 춘궁기 같은 시절을 지낼 수 있는 방안을 마련하여 지금까지 선납금 제도로 시행되어 오고 있다. 또한 2000~2010년 경 총회출판국의 수입이 총회재정에 도움을 주는 때에 총회준비금 5억 원을 마련해 놓게 되어 현재는 자금조달에 큰 어려움 없이 재정운영을 하고 있다.

2. 총회상회비의 수입 재원과 예산 편성

총회상회비 수입 예산 편성 절차는, 국가예산 편성과 같이 먼저 지출부 예산을 편성하고 수입부 예산을 편성하며, 총회규칙 제13조 4항 1호에 의하여 1차적으로 당회기 예·결산위원회에서 지출 예산을 편성하여 심의 의결하며, 2차로 차기 예·결산위원회에서 수정 보완 후 지출 예산이 확정되면 확정된 금액만큼을 노회에 배정하여 수입부 예산을 편성하고 결의한 후 총회의 승인을 득하여 총회 회계가 집행한다.

수입 예산의 대부분을 차지하는 노회에 배정하는 상회비 산출의 기준은 제38회 총회 결정대로 노회 산하 교회들의 전년도 결산 중

십일조, 감사, 주일헌금의 합계금액을 산출하여 구성비의 비율에 의해 노회의 등위 구분을 하여 노회별 총회 상회비를 산출한다.

상회비의 기준이 되는 교회의 십일조, 감사, 주일헌금 합계는 2002년부터 2021년까지 20년 동안 계속 증가되어 오다가 코로나가 심했던 2020년은 4.86% 감소되었으나 2021년은 다시 회복하여 5.04% 증가되었다. 그러나 문제점은 상회비의 기준이 되는 교회 헌금의 증가율보다 총회예산의 증가율이 점점 더 높아지고 있다는 것이다.

3. 지출예산 제한 결정과 산출 기준

예결산 위원회는 총회 상회비의 지출 예산 편성 시 지출할 금액이 교인들의 헌금임을 알기에 냉정하게 예산편성을 하려고 많이 노력하고 있다. 예를 들어 초창기에는 예산 외 청구한 건에 대하여 십시일반 힘을 모아 지급하였던 결정들이 많고, 도농교회와 연결하여 돕게 하였고, 한 주일 헌금으로 해결한 흔적들이 많은데 그 중 제14회 총회에서는 "총회재정상 어려움을 고려하여 총회 산하 온 교회가 10월 중 한 주일 특별헌금하기로" 가결하기도 하였다.

시간이 지남에 따라 총회부담금을 줄이려고 시작한 한 주일 헌금 횟수가 많아져 교회 입장에서는 상회비는 상회비 대로 한 주일 헌금은 한 주일헌금 대로 부담하게 됨으로써 교회 입장에서는 상회비의 부담이 가중되었다. 그러므로 제63회 총회에서는 "총회가 매년 한 주간 헌금하기로 결정한 것은 당해 연도에 한하며, 한 주일 헌금이 결정되어 개 교회에 헌금 요청 시에는 몇 회 총회에서 결정했는지 밝혀서 헌금요청하기로" 가결해 달라는 건의가 있었다.

개체 교회는 한 주일 헌금뿐만 아니라 선교헌금, 미자립교회 지원 헌금 등으로 재정적인 부담이 가중되고 있으므로 미자립 교회 헌금은 주는 교회와 받는 교회를 살펴서 편중되지 않도록 하기 위해 제 46회 총회(1996년)에서 "타 교회로부터 도움을 받는 교회와 돕는 교회는 총회 전도부를 통하여 실시하기로 가결"하고 확인해보니 편중됨이 드러나 이를 편만하게 하기 위해 전도부에서 책자를 만들어 배포하였으나 오래 가지 못했다.

상회비를 줄이려는 노력은 이렇게 여러 방면으로 흔적을 볼 수 있으며, 특히 우리나라가 IMF를 시절을 겪고 있었던 제48회 총회(1998년)의 결정을 보면 다음과 같이 구체적으로 결의하였다. ① 각종 교통비는 100% 삭감, 실비는 개체교회 또는 본인 부담을 원칙으로 함 ② 회의 시 실비 50% 감축, 회의 장소는 교회당 사용, 회의 빈도를 효과 있게 감축하여 실행함 ③ 사건에 따른 소송비용은 당사자가 부담하는 것을 원칙으로 함 ④ 해외 출장 여비는 대표성을 띤 경우 본인이 50% 부담하기로 하는 결정을 하였다. 그러나 처음에 잠시 시행되다가 IMF가 종결되기도 전에 시행에 한계를 느껴 제대로 시행되지 못했다.

제61회 총회에서는 총회상회비 삭감을 위한 연구위원회 구성을 요청하였으며, 이 일을 총회 예·결산위원회에 맡겨 연구하기로 가결하였다. 예·결산위원회에서는 총회상회비 삭감 방안으로 총회 예산 중 많은 부분을 차지하고 있는 회의비 절감 방안과 해외출장 시 필요한 인원만 참석하는 방안과 총회임원과 법인 이사들의 등록금 인상과 각 위원회 임원 활동비 지급 중단과 세미나를 할 경우 등록금을 받아 운영토록 함과 특별위원회 신설 자제와 총회회관 임대수입금의 일부 전입 등을 제안하였으나 총회임원의 등록금 인상만 지켜지고 대부분 지켜지지 않았다.

제62회 총회 시에는 미래정책연구위원회에서 총회 예산 절감의 필요성을 인식하고 "예산절감을 위한 총회와 산하 기구의 운영 방법에 대한 개선 청원"을 청원한 바 있다. 예산 절감 방안으로 회의 방법 개선, 여비 소모가 적은 모임 장소 선정, 해외 사절단의 참석 대상 제한, 개척교회 설립 지원금 전달 방안 변화, 각 재단의 재정 독립, 특별위원회 신설 억제, 감사 방법 개선, 선거관리위원회 비용 절감 방법 등을 제안하였으나 그 당시 총회부담금으로 몇 천 만원을 배정받은 은급재단과 1억2천만 원을 배정받은 유지재단이 재정 독립을 하여 총회부담금 배정을 받지 않는 것 외에는 큰 성과를 보지 못하였다.

4. 학교법인을 위한 헌금

학교법인 산하 고려신학대학원은 고려신학교 시절부터 학교 운영비를 각 노회에 할당하여 매월 지급한 것을 시작으로 현재까지 운영비의 일부를 지원해 오고 있다. 총회 지원비 배분은 제40회 총회(1990년)에서 "고신대 25%, 신대원 75% 배분하기로 결의하였으며, 때로는 교사택지조성기금, 운동장부지 매입비 등을 위해 한 주간 헌금을 해서 지원해 왔다. 제25회 총회(1975년)때는 고려신학대학 건축을 위해 "금년 내 빠짐없이 한 주일 정하여 연보하기로" 가결하였다. 부산노회에서 제61회 총회 때 오래 전에 총회가 결정해 놓은 신대원에 1% 지원하기로 한 결의 철회 청원을 하였지만 현행 지원 수준에서 지원하기로 가결하였다.

학교법인 산하 고신대에게도 제41회 총회(1991년)에서 도서관 및 기숙사 건축을 위해 전국 교회가 헌금하기로 결의하여 헌금하였고, 복음병원 부도로 빚을 갚는 시기 외에는 지금까지도 적은 금액이지만 고신대에도 지원하고 있다. 학교법인 산하 복음병원에게도 제17회 총회(1967. 9)에서 "복음병원 주일을 6월 셋째 주일로 정하고 연보할 것"과 제25회 총회(1975. 9)에서 "복음병원 주일을 5월 마지막 주일로 정하여 연보하기로" 가결하였다. 김해복음병원 부도로 인건비 및 부채를 위해 한 주간 헌금하기로 제54회 총회(2004년)에서 결의하였고, 이와 관련하여 복음병원과 관련되어있는 채무 20억원도 총회가 수년에 걸쳐서 상환하였다.

이렇게 총회는 산하 기관들이 어려울 때마다, 재정청원 할 때마다 최선을 다해왔음을 고려학원과 산하기관에 소속한 교직원들은 총회의 고마움을 기억하고 설립정신을 이루어 내도록 힘써야 한다.

5. 재정 규정 제정

제50회 총회(2000년)에서 "각 부서나 노회 회계는 헌금 관리의 안정성에 대한 제도적 보완을 하도록" 결의하였고, 제52회 총회(2002년)에서 "재정운영에 관한 재무회계의 표준 규정 제정을 위해

전국 지교회 회계기준, 노회 재무규정, 총회재무관리 표준 규정을 제
정하기로" 가결하였고, 그동안 "노회나 상임위원회의 통장을 회계 명
의로 하여 공금을 관리해 오던 것을 회계 개인 구좌를 폐지하고 총
회 구좌로 통일하기로" 가결함으로써 재정의 운영기준 마련과 투명
한 재정운영을 하는 계기를 마련하였다.

5. 재정정책에 대한 평가와 제언

총회 재정을 담당하는 예결산위원회와 총회 정책안을 마련하는
미래정책연구위원회는 총회 재정 마련의 근원인 총회 산하 교회 성
도들의 헌금이 허비되지 않고 재정운영의 투명성과 공정성 등에 수
고를 아끼지 않았던 흔적들은 감사할 일이며, 투명하고 효율적인 총
회 재정 운영에 대해 다음과 같이 제언한다.

첫째, 총회부담금 배정 시 총회부담금 산출 기준이 되는 교회 헌
금 증감내역을 고려하여 예산 편성하여야 한다.

둘째, 총회가 어떠한 결정(재정 절감 정책 결의, 감사지적 사항 불
이행시 총회 배정금 삭감)을 하여도 잘 실행되지 않는데 실행되지 못
한 점을 파악하여 조치하여야 하겠다.

셋째, 총회상회비를 사용하는 상임위원회와 기관에서는 총회가
규정한 여비규정을 포함한 각종 규정을 준수하고 추가비용을 지출
하지 않도록 노력해야 하겠다.

넷째, 신설위원회는 위원회 신설 및 존속 청원 시 필요한 예산을
어떻게 충당할 것인지에 대한 계획과 예산금액을 표시해 주어야 한

다. 그래서 총회가 신설위원회 허락 시 예산도 고려하도록 정보를 제공해야 한다.

다섯째 총회가 결정한 재정 관련 규정은 계속 수정 보완하여 실행에 지장이 없도록 하여야 한다.

여섯째, 총회재정의 건전화를 위해 총회상회비 배정을 받는 위원회와 기관은 총회의 결정사항을 준수하여야 하고, 감사국의 역할을 강화함으로써 성도들의 헌금이 총회 사역에 잘 사용되도록 해야 한다.

15장

미자립교회 지원, 그리고 목회자 생활대책

고신교회는 1952년에 302개 교회로 시작한 이래 하나님의 놀라운 은혜와 섭리 속에서 지난 2022년에 설립 70주년을 맞았고 2022년 2월 기준 2,124개 교회, 목사 4,163명, 전체 교인 388,682명(세례교인 273,435명)을 가진 한국의 대표적인 교회로 성장했다. 그러나 전체 교인 수는 2012년(482,488명)을 기점으로 해마다 급격하게 감소하여 10년이 지난 작년에는 약 10만 명이 줄고 있고, 이에 비해 교회 수는 비록 <3천 교회> 운동으로 해마다 약간씩 증가하는 것은 사실이나(2012년-1,771 교회) 그럼에도 2021년을 기준으로 세례교인 30명 이하 교회가 고신 교회 약 2천 교회 중에서 거의 절반을 차지하는 939개이고 또 2021년 결산을 기준으로 광역시 이상에서 미자립교회에 해당하는 액수인 연 3,500만 원 미만 교회가 전체 2,124개 중에서 763개라는 점은 우리 모두에게 뼈아픈 대목이 아닐 수 없다. 앞으로도 <3천 교회> 운동이 계속되고 이미 개척된 교회의 지속적 관리도 중요하지만 이와 함께 이러한 미자립교회를 잘 돕고 관리하는 것 또한 중요하다. 더구나 급격한 인구 감소에 잇따른 교인의 감소는 이미 우리 교회를 여러 측면에서 위협하고 있다. 이와 관련하여 고신교회는 지난 70년 동안 미자립교회 지원과 목회자 생계대책과 관련하여 어떤 결정을 하였을까? 또 앞으로 이 문제를 어떻게 해결하는 것이 바람직할까?

1. 미자립교회에 대한 논의

총회가 본격적으로 미자립교회 지원 논의를 시작한 것은 제26회 총회(1976년)가 5차 5개년(총 25년) 교회증가계획을 시작하면서 농어촌 미자립교회를 위해 매년 12월 첫째 주일에 전 교인이 1인당 10원 헌금을 결정한 때부터였다. 이후 제34회 총회(1984년)부터 제41회 총회(1991년)까지는 노회 차원에서 미자립교회를 지원했으나 (도시지역의 노회들과 약체 노회들을 서로 연결하여), 제42회 총회(1992년) 이후로 현재까지 개체교회 재량에 맡긴 실정이다.

다행히 제51회 총회(2001년)의 <미자립교회 보조 현황 실태조사>와 또 총회설립 60주년 기념사업으로 시행된 <2012 미조직교회 현황 기초조사>와 같이 미자립교회 실태조사와 또 지원을 전략적으로 하기 위한 중요한 자료가 나왔지만 '미자립교회'의 기준에 대한 정의는 제70회 총회(2020년)에 가서야 비로소 나왔다. 즉 예산 기준안을 따를 때는 ① 광역시 이상 연 예산 3500만 원 이하 교회 ② 중소도

시 연 예산 2500만 원 이하 교회 ③ 농어촌지역 연 예산 1500만 원 이하 교회를, 목회자 기준을 따를 때는 위임목사나 전임목사가 없는 교회를, 후원금을 기준으로 할 때는 매월 50만 원 이하로 다른 곳으로부터 재정후원을 받는 교회라고 정의를 내렸다. 한편 제71회 총회(2021년)는 '미자립교회' 용어를 '미래자립교회'로 변경해 쓸 것을 결정했다.

미자립교회는 결국 목회자 생계 문제와 직결된다. <목회와신학> 잡지가 발간 25년(2014년)을 기념하여 실시한 통계를 보면 한국 목회자 10명 중 6.7명 혹은 8.7명이 매달 받는 평균 생활비가 최저생계비에 미치지 못하는 것으로 나왔다. 고신 제60회 총회(2010년)에 사회복지위원회가 이와 유사한 보고를 한 적이 있는데, 2009년 4인 가족 기준으로 최저생계비가 130만 원인데, 2010년 7-8월 2개월 동안 38개 노회 대상(26개 노회 응답)으로 150만 원(5-6인 가족을 기준으로 할 때) 이하 생활비를 지급하는 교회는 205개로 조사되었다. 물론 이는 조사대상에서 12개 노회(전체 1/3에 해당)가 제외된 통계라는 것을 염두에 두어야 한다.

위 2010년 통계가 그나마 고신 교회 목회자 생활비 실태 파악에 참고되는 것은 사실이나 고신총회는 아직도 미자립교회 교역자 지원을 위한 가장 기초적인 단계인 목회자 생활비 실태조사조차 하지 못하고 있다. 사정이 이러하다 보니 제60회 총회(2010년)에 미래정책연구위원회가 교역자 최저 생활비 책정과 지원문제 연구를 청원하나 제61회 총회(2011년)는 이에 대한 예산 대책이 없으므로 실현 불가능하다는 보고를 승인할 수밖에 없었다. 제69회 총회(2019년)에 다시 "목회자 최소생활비 지급 연구 청원" 건이 상정되고, 총회는 다시 이를 국내전도위원회로 이관하여 살펴 시행하고, "미자립교회 은퇴목회자와 시무 중 갑자기 소천하신 목사님의 생활대책을 위한 총회 대책마련을 위한 연구 청원" 건은 사회복지위원회로 이관하여 살펴 시행할 것을 결정하고, 이 와중에 제71회 총회(2021년)는 '목회자 사례비 표준 제정 청원' 건과 미래정책연구위원회에서 청원한 '미자립교회 목회자의 생활비 문제와 은퇴준비를 위한 위원회 구성 건'을 사회복지위원회에 맡겨 1년간 연구하여 차기 총회에 보고하기로 하였으나 제72회 총회(2022년)는 다시 1년 연구 연장을 결정했다. 따라서 미자립교회와 목회자 생계대책과 관련하여 지난 70년을 돌이켜보면 총회는 총회은급재단을 통한 교역자 은퇴 연금제도(2022년 통계-총 4,163명 목사 중에서 은급재단에 가입한 목사는 2,121명으로 전체 목사 절반을 약간 상회한다)를 운용하는 것 외에 미자립교회 지원이나 목회자 생계대책에 관한 체계적 실태조사와 전략적 지원이라는 큰 과제 앞에 감히 엄두를 내지 못하고 눈치를 보며 서로에게 이 과제를 미루는 실정이라고 말할 수 있다.

2. 미자립교회 지원에 대한 평과와 대책

고신교회 70년을 보내며 미자립교회 지원과 목회자 생계대책과 관련해서 이를 어떻게 평가하고 어떤 대책을 세워야 할까?

첫째, 총회가 현재 국내전도위원회와 농어촌위원회, 사회복지위원회를 중심(물론 노회 차원에서는 사회부 등을 중심으로)으로 관련 사역을 나름대로 최선을 다해 수행하고 있으나 체계적인 연구와 전략적 지원에는 아직 미치지 못하고 있는 것이 사실이다. 물론 해당 사역 역시 필요하고 유의미한 활동으로 볼 수 있으나 앞으로 체계적인 지원을 위한 종합적인 행정 플랫폼 체제를 갖추고 전문성 있는 접근과 분석이 요청된다. 총회 차원의 '전문적인 전담기구 혹은 상설기구' 조직이 필요하다. 이 조직은 교회개척, 미조직교회를 포함해서 미자립교회, 목회자 복지를 총괄하는 부서가 되어야 하고 그래서 이를 연구하는 전문인력을 배치하는 것은 물론 관리와 지원을 위한 총회와 노회의 역할을 강화하는 시스템 구축이 필요하다.

둘째, 행정적으로 종합적인 전담기구나 상설기구를 만든 후에 총회는 전문기관에 맡겨 고신교회에 속한 모든 목사의 생활비 실태조사를 전면적으로 해야 한다. 은퇴목사는 물론이다. 그리고 목사의 표준 생활비에 대해 전국교회에 가이드라인을 제시해야 한다. 비록 구속력을 가질 수는 없더라도 이를 참고로 해서 각 개체교회가 생활비를 책정할 때 도움을 줄 수 있어야 한다. 그 가이드라인에는 나이, 목사 시무 기한, 시무 교회의 교인 수, 자녀 수, 거주 지역 등을 고려해야 할 것이다. 지역마다 재정 지출이 다를 수 있다. 여기에 신학교 다니면서 학비와 도서비 등으로 진 빚에 대해서도 어떤 식으로든 해결이 있으면 더 좋을 것이다. 이를 근거로 목사 가정의 최저생계비를 제시하고, 미자립교회 목사의 부족한 생계비를 정기적으로 지속적으로 지원할 방안을 강구하고 대책을 세워야 한다. 또 모든 목사는 의무적으로 총회은급재단에 가입하도록 하고 그 재원은 노회와 총회가 협력해서 제공함으로 목사 은퇴 이후 노후 대책을 총회적으로 함께 책임을 지고 제시할 수 있어야 한다. 적어도 다음 세대 목사 수급을 위해서라도 이는 반드시 필요하다. 일관되고 지속적인 정책을 세우는 것이 바람직하다. 그래서 목사의 통상적인 복지 이외에도 만60세가 되기 전에 예기치 않게 번아웃(burnout)된 목사, 질병으로 직무를 수행하지 못하는 목사, 재정적인 문제가 있는 목사, 교회와 갈등을 가진 목사, 목사 사망 시 유가족 부양에 대한 문제 등에 대해 총회적 차원에서 도와주고 대안을 연구하고 제시할 수 있어야 한다.

셋째, 미자립교회 '목회자 자녀의 교육(중·고 및 대학)지원을 위한 방안, 구성원(목회자, 성도)들을 위한 목회상담 프로그램, 체계적인 은퇴 준비(4가지 측면: 재정, 시간 활용, 정체성 및 사명, 건강관리), 평신도 파견 네트워크 계발, 교회교육 전문가 지원사업 등이 뒷받침되어야 한다.

넷째, 재정 확보 및 재정 관리 측면에서 전략적 지원이 이루어져야 한다. 이를 위해 '미자립교회의 재정에 대한 부채 위험 및 부담 완화 지원방안 구축, 지원을 위한 기금 확보, 목회자와 은퇴목회자 최저 생활비 지원을 위한 기금이 마련되어야 한다.

다섯째, 미자립교회 교육 인프라를 확충하고 지원하는 것을 고려해야 한다. '지역별/특성별 담임목회자와 목회자 부인을 위한 교육 프로그램의 계발, 직분자 및 교사양육 프로그램의 계발, 교회교육기관을 위한 교육 전문컨설팅 프로그램 계발, 신학대학 및 신학대학원 재학생의 목회 전문성 강화 및 지원, 총회교육원의 안정적인 활동을 위한 지원(영상/비대면 컨텐츠 계발 포함), 포스트 코로나 사역을 위한 개인별/소그룹별 신앙교육 프로그램 및 컨텐츠 계발, 포스트 코로나에 따른 가정 내 신앙교육 강조, 목회자들을 위한 설교 컨설팅 지원, 표준화된 교육과정 운영(수련회 및 교사강습회 포함)과 특화된 교육과정 제공'이 이루어져야 한다.

여섯째, 미자립교회를 지원하기 위한 분위기를 고신 교회 전체에서 형성하는 것도 중요하다.

일곱째, 미자립교회를 지원하는 것도 중요하나 필요하다면 교회합병도 하나의 대안으로 고려할 필요가 있다. 총회와 노회 차원에서 교회합병 조정위원회를 세우고 교회합병을 위한 다양한 모델을 개발하면 좋을 것이다.

마무리하며

4차 산업혁명시대에 개혁주의교회를
반듯하게 세우기 위해

    고신교회가 70년을 지나 새로운 70년을 향해 출발했다. 우리가 과거를 제대로 정리하지 않고서는 새로운 70년을 향해 바른 길로 나아가기 힘들 것이다. 이에 우리는 지난 70년동안 고신교회가 걸어온 길을 간략하게 스케치하고(1부), 개혁주의 교회건설을 위해 고신총회가 각 분야(예배와 예식, 교회질서, 교회교육, 신학교육, 직분자교육, 선교, 전도, 각종 연합회, 국내/외단체교류, 고려학원, 대정부관계, 총회운영, 행정실/사무총장역할, 총회재정정책, 교회자립과 목회자생계대책)에 대해 무엇을 결정하고 어떻게 실행했는지를 회고하고 미래를 전망해 보았다(2부). 지난 70년을 회고해 보자면 교회의 최고치리회인 총회가 개혁교회건설을 위해 애를 썼음에도 불구하고 예배와 교리와 권징을 통일하여 거룩한 교회, 하나된 교회를 세우기 위해 매진하기보다는 부정적인 의미에서의 교회정치와 교회행정에 더 많은 노력을 기울이기도 했다. 지난 70년을 반면교사로 삼아서 새로운 70년은 개혁주의 교회를 반듯하게 세우기 위해 모든 노력을 경주해야 할 것이다.

제4차 산업혁명의 거대한 파고 앞에서

우리는 과거 그 어느 때보다 더 큰 변화와 위기에 직면해 있다. 제4차 산업혁명이란 말이 회자되고 있다. 인류역사에서 농업혁명, 산업혁명, 컴퓨터기술혁명에 이어 전무후무할 제4의 혁명이 일어나고 있다고 말한다. 인공지능이 제4차혁명을 이끌 것이라고 한다. 물론 제4차 산업혁명은 아직까지 그 실체가 없다. 우리가 주목해야 하는 것은 물질적인 혁명이 아니라 정신적인 혁명이다. 지금 자라나는 청소년들은 진화론을 포함한 과학기술혁명으로 인해 엄청난 가치관의 혼란 속에 있다. 하나님이 세상을 만드신 것이 아니라 이제는 사람이 자신의 능력으로 무엇이든지 만들 수 있다고 생각하고 있다. 물질만능주의, 쾌락주의가 온 세상을 사로잡고 있을 뿐만 아니라 종교와 이념의 대결도 치열하다. 이렇게 우리 사회가 너무나 빠르게 변하고 있기에 교회는 성장은커녕 생존을 위해서 몸부림쳐야 하는 시대가 되었다.

예배와 교리를 든든히 세우고

새로운 70년을 향해 출발했는데, 우리는 어떻게 개혁주의 교회를 세워갈 수 있을까? 우리는 세계의 개혁주의 교회들과 연대해야 한다.

우리 시대의 도전이 무엇인지, 복음을 왜곡하는 것이 무엇인지 서로 정보를 공유하면서 기도하면서 함께 교회를 세워가야 한다. 총회에서 가장 중요한 순서가 바로 자매교회들과의 친교일 것이다. 그동안 이것을 너무 형식적으로만 생각하지 않았는지 돌아보아야 한다.

교회는 성도의 교제인데, 이 교제에서 무엇보다 중요한 것은 예배와 교리이다. 작금에 교회의 정치화가 심각한 수준에 이르렀다. 교회는 복음을 전해야 하는데 정치이념을 전하는 경우가 많다. 좌파이념이나 우파이념을 복음인 것처럼 전하는 경우가 많다. 남북이 대치한 상황이기에 친북 반북, 그리고 친미 반미가 복음을 대신하고 있다. 그만큼 교회가 힘을 가졌다는 증거이기도 하다. 교회가 정치화되고, 교회가 세상에 영향을 미치려고 할 때 교회는 문을 닫을 수밖에 없다는 것을 알아야 한다. 우리는 교회 내에 침투해 있는 자본주의와 이데올로기를 버리고, 삼위 하나님을 바르게 예배하는 교회, 가난하게 되기를 주저하지 않는 교회가 되어야 하겠다. 모쪼록 총회는 예배와 교리를 논의하고 그것을 통해 교회가 하나될 수 있도록 해야 할 것이다.

치리회와 집사회(현재의 제직회)가 제 기능을 발휘하며

우리 장로교회는 직분으로 세워지는 교회를 추구한다. 총회도 직분자들의 모임이다. 너무나 일반적인 이야기 같지만 직분자가 하나님을 보여주어야 한다. 직분자는 하나님의 형상의 회복된 첫 번째 주자일 뿐만 아니라 하나님께서 행하시는 것을 보여주는 이들이다. 회중은 직분자를 통해 하나님을 볼 수 있다. 하나님의 말씀을 들을 수 있고, 하나님의 다스림을 받을 수 있고, 하나님의 긍휼을 누릴 수 있다. 직분자는 그 기능이나 자리 때문이 아니라 예수님을 닮은 사람이 되어야 성도들을 훈련하여 이 세상에서 봉사하는 이들로 살아가게 할 수 있다. 이 모든 것이 직분자들에게 달렸다고 하겠다.

개교회의 두 기둥과 두 날개는 대그룹과 소그룹이 아니라 당회와 집사회이다. 당회가 교회를 잘 치리해야 하겠고, 집사회(현재의 제직회)가 구성되어서 교인들을 잘 돌아보아야 하겠다. 당회와 집사회가 제대로 자리잡지 않고서는 교회가 제대로 설 수 없을 뿐만 아니라 전도도 할 수 없다. 그동안 우리 총회에서는 장로회가 크게 자리를 잡았다. 사실, 목사와 장로의 회, 즉 당회 노회 총회가 장로회이다. 그런데 장로들만의 장로회가 자리를 잡은 것은 무엇을 말하는 것일까? 장로회는 총회의 공식기관이 아닌 임의단체인데 교회를 잘 세우기 위해 기도하는 장로회가 되어야 하겠다. 이 장로회와 더불어 집사회가 세워져야 한다. 개체교회에서 장로와 집사 사이의 갈등이 커져가는데 그것을 노회와 총회단위로 확대하여 조장하려는 것이 아니다. 집사는 교회를 교회를 세우는 가장 유용한 직분이기 때문이다.

개체교회 제직회가 사실 집사회인데, 집사회가 제대로 그 역할을 감당할 수 있어야 교회가 세상으로부터도 칭송을 받을 수 있을 것이다. 초대교회를 보라. 집사를 세워 가난한 과부들의 필요를 채워 주었더니 교회가 칭송을 받았다. 로마황제가 기독교를 미워하면서도 가난한 이들을 위한 사역을 보면서 내심 부러워했다. 기독교회가 로마제국의 종교가 되면서 교회는 부유해졌지만 그때부터 가난한 이들을 돌아보지 않았기에 이슬람이 발흥했다는 것을 잊지 말아야 한다. 종교개혁도 사제를 보조하던 집사직을 원래 직무인 가난한 이들을 돌아보는 직으로 회복한 운동이었다. 그래서 종교개혁은 들불처럼 번져나갔던 것이다. 공산주의가 일어난 것도 제정 러시아의 교회가 권력다툼과 돈놀이에만 빠져 있었기에 일어난 것이다. 이에 집사회가 회복되어 교회 내의 가난한 이들을 돌아볼 뿐만 아니라 이웃의 어려움과 고통을 끌어안을 때 비로소 교회는 그 이름을 회복하게 될 것이다. 총회는 개교회에서부터 시작하여 노회단위로, 그리고 전국적인 단위의 집사회가 조직되어 긍휼의 사역을 제대로 감당할 수 있도록 지원해야 하겠다.

모든 세대를 격려하여

앞으로의 교회가 제대로 서기 위해서는 다음 세대를 일으켜야 한다고 말한다. 온통 다음 세대 이야기이다. 당연한 일이다. 이미 너무 늦었다는 생각이 들기는 하지만 말이다. 하지만 교회의 대세는 노령층이 될 것이다. 그분들이 소외되지 않도록 해야 한다. 자녀들이 다 달라 붙어도 부모님 한 분을 돌아보기 힘들다. 데이케어센터와 요양원, 요양병원이 있어도 그 도움을 받지 않으려고 하는 어르신들이 많다. 이에 노회 단위로 집사회가 믿을만한 요양원을 만들어 어르신들을 돌볼 수 있도록 해야 할 것이다. 그것이 앞으로 복음을 변증할 수 있는 가장 중요한 일도 될 것이다. 정부에서도 교회가 믿을만한 요양원을 만들어 일해 주기를 바라고 있다.

현대사회에서는 청장년층이 직장과 사업터에서 믿음으로 살아가는 것이 너무나 어려운 상황이다. 그들을 격려해야 한다. 소위 말하는 가나안교인들 문제와 함께 청년들이 교회를 떠나고 있다. 교회 직분자들의 추문이 끊이지 않기 때문이다. 더 나아가 교회에서 선포하는 복음이 자기들의 삶과 아무런 관련이 없다고 생각하기 때문이다. 교회에 다니는 것을 부끄러워한다. 진화론과 상대주의가 지배하는 세상에서 절대 진리를 주장하면 우습게 생각하기 때문이다. 이들에게 복음이 가장 현실적이고, 생명력이 충만한 것임을 가르쳐야 하겠다. 이제는 성경을 앵무새처럼 전할 것이 아니라 현대문화와 사상의 허구를 드러내고 복음이 인생의 진정한 갈망을 충족시켜준다는 것을 구체적으로 보여주어야 할 것이다. 총회에서는 이것을 위해 테스크포스팀을 만들어서 작금에 발생하고 사람들에게 크게 영향을 미치는 이슈들에 대해서 즉각적으로 그 전모를 파헤치고 개혁주의적인 답을 제시해 줄 수 있어야 하겠다. 그런 팀이 즉각적으로 개혁주의적인 반응을 내보내고 교회에 즉각적으로 투입되어서 답답함과 혼란을 해결해줄 수 있어야 하겠다.

주일학교가 없는 교회들이 많다고 한다. 이제는 결혼이나 출산이 먼 나라 이야기가 되어가고 있다. 이것은 청년들을 잘 교육한다고 되는 문제가 아니다. 청년때에 가르치는 것은 너무 늦다. 어릴 때부터 하나님의 말씀을 잘 가르쳐서 결혼하고 자녀를 낳아 양육하는 것이 가장 큰 복이라는 것을 가르쳐야 한다. 이것을 위해서는 기독교학교를 만들어야 할 수도 있다. 굳이 기독교학교가 아니라도 반기독교적인 가르침이 난무하는 일반학교에서 생존하는 법을 가르쳐서 교회의 사람으로 자라게 해야 한다. 이것은 다음 세대만 가르쳐서는 안되고, 좋은 부모되기 등 모든 세대가 함께 마음을 모아야 한다. 총회는 총회교육원, 교회건설연구소 등을 적극적으로 활용하여 성경을 제대로 가르쳐서 생명을 일으키는 이들을 키워야 한다.

거룩한 공교회를 세워야 하겠다

마지막으로 총회가 힘써야 할 것은 교회의 하나됨이다. 사도신경에서 고백하고 있듯이 교회는 '거룩한 공교회'이다. 몇몇 교회가 잘한다고, 성장한다고 되는 문제가 아니다. 우리는 공교회로 함께 제대로 서야 한다. 한 곳이 무너지면 전체가 무너진다. 요즘 사람들은 브랜드를 보고 결정하는데 그것처럼 교회의 평판이 중요하다. 우리 고신교회는 예배와 교리에서 하나되어야 할 뿐만 아니라 재정적인 면에서도 서로 도와야 한다. 가면 갈수록 미자립교회들이 재정적으로 어려움을 겪을 것이다. 십시일반 서로 도와도 밑빠진 독에 물붓기가 될 것이다. 이에 어떤 교회들은 폐쇄해야 할 수도 있고, 어떤 교회들은 합병해야 할 수도 있다. 총회는 교회가 살아남을 수 있는 구체적인 길을 제시해야 할 것이다. 목회자 최소생활비 지원부터 시작하여 은퇴를 위해 은급제를 활용하는 등 구체적인 방안을 마련하여 실행해야 할 것이다. 우리가 평균케 하는 복음을 믿지 않는데 우리가 전하는 것이 어떻게 복된 소식이 될 수 있겠는가? 세상이 우리를 향해 너희나 잘하라고 하지 않겠는가? '교회는 믿을 수 있다'는 말을 세상으로부터 들을 수 있다면 참 좋겠다.

교회건설연구소 총서 2

고신교회 70년과 나아갈 길

2023년 9월 1일 초판 1쇄 발행

지은이	성희찬 안재경
발행인	최정기
기획책임	박진필
디자인	조은희
마케팅	최성욱
마케팅 지원	박수진
인쇄	유성드림

펴낸곳	고신언론사
주소	서울시 서초구 고무래로 10-5(반포동) 고신총회 고신언론사
전화	02-592-0981, 02-592-0985 (FAX)

※ 본문 및 제목에서 을유1945 서체를 사용했습니다.